Ciro Massimo Naddeo • Euridice Orlandino

DIECI

Italian Course
for English Speakers

from **NOVICE LOW**
to **NOVICE HIGH**

ALMA
Edizioni

redazione: Diana Biagini, Marco Dominici e Chiara Sandri

apparati
grammatica: Francesca Beretta, Diana Biagini, Marco Dominici e Ciro Massimo Naddeo
vocabolario, esercizi: Diana Biagini e Euridice Orlandino
cultura: Marco Dominici, Ciro Massimo Naddeo e Euridice Orlandino
progetto, fonetica: Euridice Orlandino
videocorso (script e attività): Marco Dominici

ascolto immersivo®: Ciro Massimo Naddeo

traduzioni: Raffaella Galliani

copertina e progetto grafico: Lucia Cesarone

impaginazione: Lucia Cesarone e Sandra Marchetti

illustrazioni: Manuela Berti

revisione: Tania Convertini [Dartmouth College]

sperimentatori: Nicholas Albanese [Texas Christian University] • Francesca Beretta [University of Kansas]
Ilaria Bevilacqua [University of Arkansas - Rome Program] • Silvia Castellini-Patel [West Valley College]
Sydney Conrad [Virginia Commonwealth University] • Jolie Cuminale [College of Mount Saint Vincent]
Anna De Marchi [West Valley College] • Rossella Di Rosa [University of Pennsylvania] • Matteo Gilebbi [Dartmouth College]
Laura Marzia Lenci [Boston University Italy] • Giorgio Melloni [University of Delaware]
Roberta Morrione [University of Delaware] • Riccarda Saggese [University of Delaware]
Carlotta Silvagni [Trinity College Rome] • Gabriella Valsecchi [Virginia Commonwealth University]
Lillyrose Veneziano Broccia [University of Delaware] • Nunzia Travaglione [Sant'Anna Institute]

Printed in Italy
ISBN 978-88-6182-809-4

ALMA Edizioni
via Bonifacio Lupi, 7
50129 Firenze
info@almaedizioni.it
www.almaedizioni.it

INDICE

INDICE

ALMA Edizioni | DIECI

INDICE

	COMUNICAZIONE	GRAMMATICA	LESSICO

INDICE

INDICE

DIECI è un manuale diverso dagli altri. Perché?

1 Perché è scientificamente testato

DIECI è il risultato di un lavoro di ricerca
e sperimentazione pluriennale, che tiene
conto delle più recenti e innovative scoperte
in campo neuroscientifico e glottodidattico.

2 Perché ha una struttura agile e innovativa

Ogni lezione di DIECI è composta da una
pagina introduttiva di presentazione del tema
e da **4 sezioni** su doppia pagina affiancata.

1A **1B** **1C** **1D**

Le sezioni, anche se collegate tematicamente,
prevedono **percorsi autonomi** che l'insegnante
può completare in uno o due incontri.

3 Perché è induttivo

In DIECI tutti i percorsi hanno un carattere
rigorosamente induttivo. I testi, e la lingua in essi
contenuta, sono sempre il punto di partenza di ogni
proposta, la base a partire dalla quale si sviluppa
tutto il percorso didattico.
Lo studente è dunque messo al centro del processo
di apprendimento, e assume il ruolo di costruttore
attivo e autonomo del proprio sapere.

1A

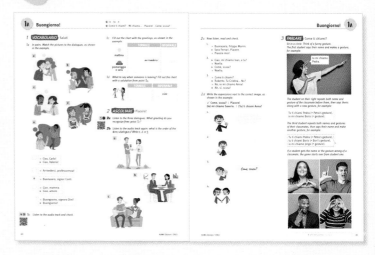

1B

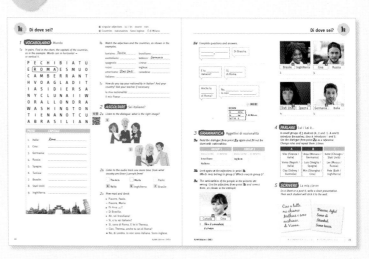

4 Perché ha i testi parlanti

Oltre agli audio dei dialoghi, ogni lezione propone un **testo parlante**: una lettura ad alta voce di un testo scritto della lezione.

In un momento successivo al lavoro in classe, lo studente può così tornare su un testo già noto e concentrarsi su intonazione e pronuncia, scoprire ulteriori sfumature di significato, rinforzare la memorizzazione di vocaboli, espressioni o costrutti.

5 Perché ha i decaloghi

Alla fine di ogni lezione DIECI propone una **lista riassuntiva** con i 10 elementi lessicali, grammaticali o comunicativi più importanti appena presentati. Un modo efficace per fissare le strutture studiate in classe e un utile strumento di consultazione che lo studente può usare per recuperare parole, forme grammaticali o espressioni.

6 Perché ha l'ASCOLTO IMMERSIVO®

Come compito finale, lo studente è invitato ad ascoltare (preferibilmente in cuffia) un audio di durata più lunga che ingloba parti di dialoghi proposti nella lezione appena conclusa. La traccia, accompagnata da una **base musicale**, favorisce l'**acquisizione profonda** di forme linguistiche, formule comunicative, costrutti analizzati nella lezione.

L'**ASCOLTO IMMERSIVO®**, ideale per lo studio individuale a casa, può essere proposto anche in classe dagli insegnanti interessati a sperimentare nuove tecniche di apprendimento.

7 Perché ha
una grammatica con esercizi e video

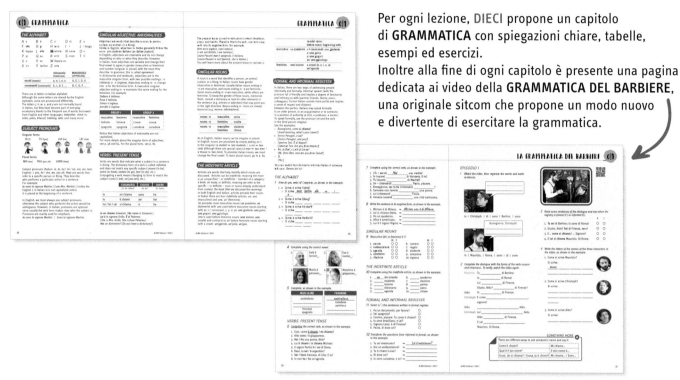

Per ogni lezione, DIECI propone un capitolo
di **GRAMMATICA** con spiegazioni chiare, tabelle,
esempi ed esercizi.
Inoltre alla fine di ogni capitolo è presente una pagina
dedicata ai video della **GRAMMATICA DEL BARBIERE**,
una originale sitcom che propone un modo nuovo
e divertente di esercitare la grammatica.

8 Perché ha
un vocabolario illustrato con esercizi

Per ogni lezione, DIECI propone anche un capitolo
dedicato al lessico, con un **VOCABOLARIO** illustrato
che presenta le parole e le espressioni comparse
nella lezione e una ricca sezione di esercizi
per praticare, memorizzare e ampliare il lessico.
Sono disponibili anche gli **audio** delle liste di parole
per facilitare l'apprendimento della corretta pronuncia.

9 Perché ha
un **videocorso a puntate**

DIECI è accompagnato da un **VIDEOCORSO a puntate**.
Si tratta di una vera e propria **sitcom**, con finali "sospesi", personaggi
che vengono svelati progressivamente, enigmi da risolvere.
Gli episodi sono disponibili con o senza sottotitoli.

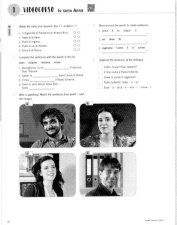

10 Perché è **flessibile** e **adattabile**
alle diverse esigenze

DIECI ha una struttura che facilita il lavoro degli insegnanti, perché li lascia liberi
di decidere di volta in volta se seguire in tutto o in parte il percorso proposto
nelle lezioni, in base al tempo e ai bisogni specifici degli studenti.

In particolare la sezione **COMUNICAZIONE** raccoglie le attività e i giochi di coppia
o di gruppo, il cui **carattere opzionale** permette di scegliere se adottare una modalità
di lavoro più o meno dinamica e di decidere se dedicare più o meno tempo
all'approfondimento di determinati argomenti della lezione.

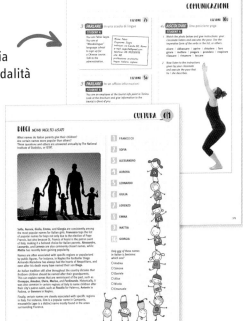

La sezione **PROGETTI** propone per ogni
lezione dei percorsi *task-based learning*,
che consentono di riutilizzare attivamente
quanto appreso e di focalizzare
l'attenzione sul *saper fare* con la lingua.

Per ogni lezione è proposta
anche una pagina di **CULTURA**
che presenta, sempre in dieci punti,
un sintetico "manuale d'uso" per scoprire
l'Italia, sfatare cliché, evitare malintesi.

E non finisce qui! Con l'EBOOK puoi fruire di tutti
i materiali del corso da computer, tablet o smartphone,
sia online che offline.
Con centinaia di esercizi interattivi e la possibilità
per l'insegnante di creare e gestire la classe virtuale,
assegnare compiti, far svolgere test e monitorare il lavoro
e i progressi degli studenti.

USEFUL WORDS IN THE CLASSROOM

STUDENTESSA [student]

STUDENTE [student]

MAPPA [map]

LAVAGNA [blackboard]

INSEGNANTE [teacher]

FOCUS

COME SI DICE?
- Come si dice?
- Si dice libro.

USEFUL WORDS IN THE CLASSROOM

ASCOLTARE
[to listen]

LEGGERE
[to read]

SCRIVERE
[to write]

PARLARE
[to talk]

ABBINARE
[to match]

COMPLETARE
[to complete]

SOTTOLINEARE
[to underline]

LEZIONE 0

LETTERE E NUMERI

In this lesson, I will learn how to:
- do the spelling
- count from 0 to 20

COMINCIAMO

a Write the Italian words that you know. What letter do they start with? For example: P = pizza.

A	B	C	D	E
F	G	H	I	L
M	N	O	P	Q
R	S	T	U	V
Z				

b In pairs: do you know the words written by your classmate? Are they the same or different from yours?
Complete your list with the new words of your classmate. Change classmate and do it again.

c When the teacher says STOP!, return to your seat. How many Italian words do you know?

0 · Lettere e numeri

G alphabet · sì / no
V Come si scrive? · numbers from 0 to 20 · Ciao!

1 GRAMMATICA Alfabeto

1 ▶ 1a *Listen and repeat.*

a	bi	ci	di
Amore	**B**acio	**C**iao	**D**ieci

e	effe	gi	acca
Espresso	**F**irenze	**G**razie	**H**otel

i	elle	emme	enne
Italia	**L**asagna	**M**amma	**N**apoli

o	pi	qu	erre
Opera	**P**asta	**Q**uesto	**R**oma

esse	ti	u	vu
Spaghetti	**T**iramisù	**U**no	**V**espa

zeta
Zanzara

1b *Read these acronyms in Italian.*

1. DVD
2. TV
3. GPS
4. SPQR
5. USB
6. PDF

2 ▶ 1c *Listen to the letters that are not part of the Italian alphabet and repeat them.*

J i lunga   **K** kappa   **W** doppia vu   **X** ics   **Y** ipsilon

1d *In pairs. One at a time, select a noun from the list. The other student will guess the noun. Follow the example.*

bravo | grazie | ✓cappuccino
pizza | ciao | maestro | bellissimo
mamma | gelato | pasta

EXAMPLE: **cappuccino**
● **Come si scrive?**
▶ **Si scrive** ci – a – pi – pi – u – ci – ci – i – enne – o.
● Cappuccino?
▶ ✓ Sì! (✗ No!)

2 **VOCABOLARIO** Numeri da 0 a 20

2a Read and listen to the numbers.

3 ▶

0 zero

1 uno	2 due	3 tre	4 quattro	5 cinque
6 sei	7 sette	8 otto	9 nove	10 dieci
11 undici	12 dodici	13 tredici	14 quattordici	15 quindici
16 sedici	17 diciassette	18 diciotto	19 diciannove	20 venti

2b In pairs (student A and student B). Memorize the numbers from 0 to 20, then close your book.
Count together: A says 0, B says 1, A says 2 and so on. Then start over: B says 0, A says 1 etc. Attention: if a student gets it wrong, you must start over from 0!

2c All together. Start by counting from 0. Each student says a number.
When you get:
• to number 4
• to a multiple of 4 (for example 8)
is forbidden to say the number: you must <u>stand up and say</u> CIAO!
When a student gets it wrong, start over from 0.

CIAO!

Cinque!

Tre!

Uno!

Due!

Zero!

▶ *GRAMMATICA* ES 1 ▶ *VOCABOLARIO* ES 1

In this lesson, I will learn how to:
- greet
- introduce myself
- introduce someone
- ask questions in class

COMINCIAMO

In pairs. Find and <u>underline</u> four greetings in Italian.
Then fill in the gaps with the remaining letters and make a sentence with them.

BENCIAOVEBUONGIORNONUTIBUONASERAINDIEARRIVEDERCICI

☐☐☐☐☐☐☐☐ ☐☐ ☐☐☐☐☐!

1A Buongiorno!

1 VOCABOLARIO Saluti

1a In pairs. Match the pictures to the dialogues, as shown in the example.

a

b

c

d

e

e	● Ciao, Carlo! ▶ Ciao, Valerio!
	● Arrivederci, professoressa!
b	● Buonasera, signor Conti.
	● Ciao, mamma. ▶ Ciao, amore.
	● Buongiorno, signora Dini! ▶ Buongiorno!

4 ▶ 1b Listen to the audio track and check.

1c Fill out the chart with the greetings, as shown in the example.

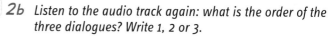

	FORMAL	INFORMAL
mattina	....	....
pomeriggio e sera	arrivederci	....

1d What to say when someone is leaving? Fill out the chart with a salutation from point **1c**.

	FORMAL	INFORMAL
	....	ciao

2 ASCOLTARE Piacere!

5 ▶ 2a Listen to the three dialogues. What greeting do you recognize from point **1c**?

2b Listen to the audio track again: what is the order of the three dialogues? Write 1, 2 or 3.

a

b

c

2c *Now listen, read and check.*

1.
- Buonasera, Filippo Marini.
- ▶ Sara Ferrari. Piacere.
- Piacere mio!

2.
- ▶ Ciao, mi chiamo Ivan, e tu?
- Noelia.
- ▶ Come, scusa?
- Noelia.

3.
- Come ti chiami?
- ▶ Roberto. Tu Cristina... No?
- No, io mi chiamo Anna!
- ▶ Ah, sì, scusa!

2d *Write the expressions next to the correct image, as shown in the example.*

✓ **Come, scusa?** | **Piacere!**
(Io) mi chiamo Saverio. | **(Tu) ti chiami Anna?**

1.

2.

3.

Come, scusa?

4.

3 **PARLARE** Come ti chiami?

Sit in a circle. Think of a funny gesture.
The first student says their name and makes a gesture, for example:

Io mi chiamo Pedra.

The student on their right repeats both name and gesture of the classmate before them, then says theirs along with a new gesture, for example:

Tu ti chiami Pedra (+ Petra's gesture),
io mi chiamo Boris (+ gesture).

The third student repeats both names and gestures of their classmates, then says their name and make another gesture, for example:

Tu ti chiami Pedra (+ Petra's gesture),
tu ti chiami Boris (+ Bori's gesture),
io mi chiamo Jorge (+ gesture).

If a student gets the name or the gesture wrong of a classmate, the game starts over from student one.

G singular adjectives · lui / lei · essere · non
V Countries · nationalities · Sono inglese. · È di Milano.

1 VOCABOLARIO Mondo

1a In pairs. Find in the chart, the capitals of the countries, as in the example. Words can in horizontal → or vertical ↓.

P	E	C	H	I	B	I	A	T	U
E	R	O	M	A	E	S	M	U	O
C	A	M	B	E	R	R	A	N	T
H	V	O	A	G	L	A	D	I	T
I	A	S	I	D	I	E	R	S	A
N	Y	C	L	U	N	A	I	I	W
O	R	A	L	L	O	N	D	R	A
W	A	S	H	I	N	G	T	O	N
T	I	E	N	A	N	O	T	C	U
A	B	R	A	S	I	L	I	A	N

COUNTRY	CAPITAL
1. Italia:	Roma
2. Cina:	
3. Germania:	
4. Russia:	
5. Spagna:	
6. Tunisia:	
7. Brasile:	
8. Stati Uniti:	
9. Inghilterra:	

1b Match the adjectives and the countries, as shown in the examples.

tunisino: _Tunisia_   brasiliano: _____
australiano: _____   tedesco: _Germania_
spagnolo: _____   cinese: _____
russo: _____   inglese: _____
americano: _Stati Uniti_   canadese: _____
italiano: _____

1c How do you say your nationality in Italian? And your country? Ask your teacher if necessary

la mia nazionalità: _____
il mio Paese: _____

2 ASCOLTARE Sei italiano?

6 ▶ **2a** Listen to the dialogue: what is the right image?

1

2

2b Listen to the audio track one more time: from what country are those 3 people from?

☐ Theresa   ☐ Maria   ☐ Paolo

a Italia   **b** Inghilterra   **c** Brasile

2c Now read and check.

▶ Piacere, Paolo.
● Piacere, Maria.
▶ Di dove sei?
● Di Brasilia.
▶ Ah, sei brasiliana!
● Sì, e tu sei italiano?
▶ Sì, sono di Roma. E lei è Theresa.
● Ciao, Theresa, anche tu sei di Roma?
◆ No, di Londra. Io non sono italiana. Sono inglese.

2d Complete questions and answers.

> _____ _____
> _____?

> Di Brasilia.

> E tu _____ italiano?

> Sì, _____ di Roma.

> Anche tu _____ di Roma?

> No, _____ _____.
> Io non _____ _____.

3 GRAMMATICA Aggettivi di nazionalità

3a Read the dialogue from point **2c** again and fill out the chart with nationalities.

GROUP 1		GROUP 2	
MASCULINE	FEMININE	MASCULINE	FEMININE
brasiliano		inglese	
italiano			

3b Look again at the adjectives in point **1b**.
Which ones belong to group 1? Which ones to group 2?

3c The nationalities of the people in the pictures are wrong. Use the adjectives from point **1b** and correct them, as shown in the example.

Canada | Cina

1. *Non è canadese,*
   è cinese.

Brasile | Inghilterra

2.

Cina | Russia

3.

Stati Uniti | Spagna

4.

Germania | Italia

5.

4 PARLARE Lui / Lei è...

In small groups of 3 students (A, B and C). A and B introduce themselves, then A introduces C and B. Use the dialogue from point **2c** as a reference. Change roles and repeat them 3 times

A	B	C
Vito (Firenze / Italia)	Anja (Monaco / Germania)	Katie (Chicago / Stati Uniti)
Vania (Napoli / Italia)	Luis (Siviglia / Spagna)	Lev (Mosca / Russia)
Clay (Sidney / Australia)	Min (Shanghai / Cina)	Pete (Bath / Inghilterra)

5 SCRIVERE La mia classe

On a sheet or a post-it, write a short presentation. Then each student will stick it to the wall.

> *Ciao a tutti,*
> *mi chiamo*
> *Mathias e sono*
> *austriaco,*
> *di Vienna.*

> *Piacere, Ayla!*
> *Sono di*
> *Istanbul.*
> *Sono turca.*

G avere • un / una • singular nouns
V Ho un dizionario. • Hai una penna?

1 *LEGGERE* Oggetti per studiare

Read the flyer then respond to the question.

testo parlante 7 ▶

Benvenuto alla scuola di lingue **UNO DUE TRE**

Sei uno **studente**? Hai una **lezione** gratis!
E con l'iscrizione un regalo fantastico per te:

 uno **zaino**

 un **dizionario**

una **penna**

 un'**agenda**

una **matita**

 un **evidenziatore**

 un **quaderno**

 una **chiave USB**

Ci vediamo in classe!

Which items do you have among those featured in the flyer?

Ho un quaderno...

💡 **FOCUS**

AVERE

io	ho
tu	hai
lui / lei	ha

2 *GRAMMATICA* Articolo indeterminativo

2a *Memorize the items in the text with each article* un, un' *and* una.

2b *In pairs. Taking turns, select a box and write a sentence, as in the example. If the sentence is correct, you will score the position. The person who scores the most boxes, wins the game.*

EXAMPLE:

Non è una sedia, è un libro.

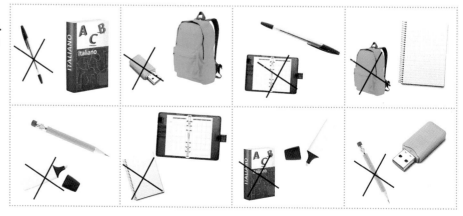

2c Complete the chart with the indefinite articles in the list.

un' | un | una | uno

MASCULINE		FEMININE	
....	....	....	....
quaderno	zaino	penna	agenda
dizionario	studente	matita	
evidenziatore		chiave	

3 PARLARE Hai...?

3a Look at what is inside your bag or backpack. If necessary, ask the teacher the names of items in Italian.

3b You go around your class with your bag / backpack. Ask a classmate if he / she has an object in their bag, as in the example. Then ask another classmate if he / she has another object. Ask 4 or 5 mates and memorize their answers.

Hai un libro?

Sì.

3c Do you remember what objects your classmates have? Make a list for the class.

> Miguel **ha** un libro,
> Katarina **ha** un quaderno,
> Alexander **ha** una penna...

4 GRAMMATICA Maschile e femminile

Complete the chart with the **highlighted** words from point 1, as shown in the examples.

LAST LETTER

-o masculine
1. zaino
2. ....
3. ....

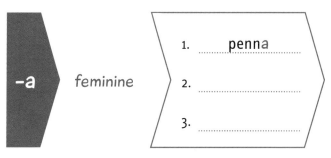

-a feminine
1. penna
2. ....
3. ....

-e masculine
1. studente
2. ....

or

feminine
1. lezione
2. ....

1 ASCOLTARE Come, scusi?

8 ▶ **1a** *Listen to the dialogue: where are the two people?*

1. ○ in a restaurant   2. ○ in a hotel   3. ○ at the hospital

1b *Listen to the audio track again and pick the correct ID belonging to the man.*

1

PASSAPORTO REPUBBLICA ITALIANA

Nome:
ALDO
Cognome:
STANKOVIC
Residenza:
ROMA

2

REPUBBLICA ITALIANA

CARTA D'IDENTITÀ
COMUNE DI TRIESTE

Nome:
ALDO
Cognome:
STANKOVIC

1c *Match the sentences with each corresponding reaction, as shown in the example. Then read the dialogue and check.*

1. Salve.   a. Sì, va bene la carta di identità?
2. Come si chiama?   b. Prego.
3. Come si scrive il cognome?   c. Buonasera.
4. Ha un documento, per favore?   d. Aldo Stankovic.
5. Grazie.   e. Esse – ti – a – enne – kappa – o – vu – i – ci.

- ▶ Salve.
- ● Buonasera.
- ▶ Ho una prenotazione.
- ● Bene! Come si chiama?
- ▶ Aldo Stankovic.
- ● Come, scusi? Può ripetere?
- ▶ Aldo Stankovic.
- ● Come si scrive il cognome?
- ▶ Esse – ti – a – enne – kappa – o – vu – i – ci.
- ● Ok... Signor Aldo... Stankovic. Ha un documento, per favore?
- ▶ Sì, va bene la carta di identità?
- ● Certo... Ah, Lei è di Trieste! Una città bellissima! Allora... Camera diciotto.
- ▶ Grazie.
- ● Prego. Buonanotte!

2 GRAMMATICA Formale o informale?

2a The sentences in the chart are informal. Read the dialogue again from point **1c** and write the formal version of the sentences.

INFORMAL	FORMAL
1. Come ti chiami?	
2. Tu sei di Trieste.	
3. Hai un documento?	

2b Complete the rule.

The pronoun used in a formal context is:
○ tu   ○ lui   ○ Lei

💡 **FOCUS**

INFORMAL	FORMAL
Puoi ripetere?	Può ripetere?
Come, scusa?	Come, scusi?

3 PARLARE In un hotel

In pairs (student A and student B). Do a role-play using the formal register while in a hotel in Italy. Read the instructions.

STUDENT A You are an Italian receptionist. A tourist arrives. He / She has a reservation. Ask questions to collect information.

STUDENT B You are a tourist in Italy, you are at the reception of a hotel and you have a reservation.

DIECI domande utili

1 Come ti chiami?

2 Puoi ripetere?

3 Di dove sei?

4 Come si dice?

5 Sei italiano?

6 Che significa?

7 Sei di Roma?

8 Anche tu?

9 Come si scrive?

10 Come, scusa?

Read the 10 questions: one of them is not part of what we studied in *Lesson 0* or *Lesson 1*. Which one is it? Ask the teacher what that question means. ☺

  ASCOLTO IMMERSIVO®

Scan the QR code to the left, close your eyes, relax and listen.

▶ GRAMMATICA ES 11 E 12 ▶ VOCABOLARIO ES 6 ▶ FONETICA 27

THE ALPHABET

A a	B bi	C ci	D di	E e
F effe	G gi	H acca	I i	J i lunga
K kappa	L elle	M emme	N enne	O o
P pi	Q qu	R erre	S esse	T ti
U u	V vu	W doppia vu		
X ics	Y ipsilon	Z zeta		

	minuscolo [lowercase]	MAIUSCOLO [UPPERCASE]
vocali [vowels]	a, e, i, o, u	A, E, I, O, U
consonanti [consonants]	b, c, d, f, …	B, C, D, F, …

There are 21 letters in Italian alphabet.
Although the same letters are shared by the English alphabet, some are pronounced differently.
The letters *j*, *k*, *w*, *x*, and *y* are not normally found in Italian, but they have become part of everyday vocabulary thanks to the frequent use of words borrowed from English and other languages: *babysitter*, *check-in*, *extra*, *jeans*, *kitesurf*, *trekking*, *web*, and many more!

SUBJECT PRONOUNS

Singular forms

IO [I] TU [you] LUI [he] LEI [she]

Plural forms

NOI [we] VOI [you all] LORO [they]

Subject pronouns (Italian: *io, tu, lui / lei / Lei, noi, voi, loro*; English: *I, you, he / she, we, you all, they*) are words that refer to a specific person or thing. They describe who performs a particular action in a sentence.
For example:
Io sono la signora Martini. [*I am Mrs. Martini.*] Unlike the English *I*, in Italian *io* is not capitalized unless it is placed at the beginning of a sentence.

In English, we must always use subject pronouns, otherwise the subject who performs the action would be ambiguous. However, in Italian, pronouns are optional since usually the verb form makes clear who the subject is. Pronouns are mainly used for emphasis.
Io sono la signora Martini. | *Sono la signora Martini.*

SINGULAR ADJECTIVE: NATIONALITIES

Adjectives are words that describe a noun (a person, a place, an animal, or a thing).
Unlike in English, adjectives in Italian generally follow the noun: *uno studente **italiano** [an **Italian** student]*
In English, adjectives are invariable and do not change depending on who or what they describe. However, in Italian, most adjectives are variable and change their final vowel to agree in gender (masculine or feminine) and number (singular or plural) with the noun they describe. In grammar, this is called *agreement*.
In dictionaries and textbooks, adjectives are in the masculine singular form, with two possible endings: *-o* (*italiano*) or *-e* (*inglese*). Adjectives ending in *-o*, change into *-a* for the feminine form. A masculine singular adjective ending in *-e* maintains the same ending for the feminine. For example:
Stefano è italiano.
Rosa è italiana.
Simon è inglese.
Jennifer è inglese.

GROUP 1		GROUP 2	
masculine	feminine	masculine	feminine
italian**o**	italian**a**	cines**e**	cines**e**
spagnol**o**	spagnol**a**	canades**e**	canades**e**

Notice that Italian adjectives of nationality are not capitalized.
For more details about the singular form of adjectives, see p. 46 and 64. For the plural form, see p. 82.

VERBS: PRESENT TENSE

Verbs are words that indicate what a subject in a sentence is doing. The dictionary form of a verb is called *infinitive* and does not match any specific subject (*essere* [*to be*]; *avere* [*to have*]; *andare* [*to go*]; *fare* [*to do*], etc.).
Conjugating a verb means changing its form to match the subject (*sono* [*I am*]; *sei* [*you are*], etc.).

	CHIAMARSI [to be called]	ESSERE [to be]	AVERE [to have]
io	mi chiamo	sono	ho
tu	ti chiami	sei	hai
lui / lei / Lei	si chiama	è	ha

Io mi chiamo Giovanni. [*My name is Giovanni.*]
Lei è la signora Grillo. È di Palermo.
[*She is Mrs. Grillo. She is from Palermo.*]
Hai un dizionario? [*Do you have a dictionary?*]

The present tense is used to talk about current situations, plans, and habits. Placed in front of a verb, *non* turns any verb into its negative form. For example:
Non *sono inglese, sono tedesco.*
[*I am not British, I am German.*]
Laura Pausini **non** *è spagnola, è italiana.*
[*Laura Pausini is not Spanish, she is Italian.*]
You will learn more about the present tense in LEZIONE 2.

SINGULAR NOUNS

A noun is a word that identifies a person, an animal, a place, or a thing. In Italian, nouns have gender (masculine or feminine). Usually Italian nouns ending in -*o* are masculine, and nouns ending in -*a* are feminine. Some nouns ending in -*e* are masculine, while others are feminine. To know the gender of these nouns, memorize them, consult a dictionary or look for other elements in the sentence (e.g. articles or adjectives) that may point you in the right direction. Nouns ending in -*zione* are always feminine (e.g. *lezione, informazione*).

nouns -*o*	masculine	zaino
nouns -*a*	feminine	matita
nouns -*e*	masculine	studente
	feminine	chiave

As in English, Italian nouns can be singular or plural. In English, nouns are pluralized by simply adding an *s* to the singular (*a student* ➡ *two students* | *a car* ➡ *two cars*) although there are special cases (*a man* ➡ *two men* | *a mouse* ➡ *two mice*). To pluralize Italian nouns, we must change the final vowel. To learn plural nouns, go to p. 64.

THE INDEFINITE ARTICLE

Articles are words that help identify which nouns are discussed. Articles can be indefinite, meaning the noun is an unspecified – or indefinite – member of a category: *a book, an essay*; or definite, meaning we refer to the specific – or definite – noun or nouns already understood from context: *the book (that we discussed this morning).*
In both English and Italian, articles precede their nouns. In Italian there are four indefinite articles: *un, uno* (masculine) and *una, un'* (feminine).
Un precedes most masculine nouns (**un** quaderno, **un** dizionario) with *uno* used before masculine nouns starting with an *s* + consonant, *z, y,* or *ps*: **uno** <u>st</u>udente, **uno** <u>z</u>aino, **uno** <u>y</u>ogurt, **uno** <u>ps</u>icologo.
Una is used before feminine nouns (**una** lezione, **una** scuola) and contracts to *un'* before feminine nouns starting with a vowel: **un'**<u>a</u>genda, **un'**<u>i</u>sola, **un'**<u>o</u>asi.

		special cases before nouns beginning with
masculine	un quaderno	*s* + consonant: **uno** <u>st</u>udente *z*: **uno** <u>z</u>aino *y*: **uno** <u>y</u>ogurt *ps*: **uno** <u>ps</u>icologo
feminine	una lezione	a vowel (*a, e, i, o, u*): **un'**agenda

FORMAL AND INFORMAL REGISTER

In Italian, there are two ways of addressing people: informally and formally. Informal speech (with the pronoun *tu*) is friendly and implies a degree of familiarity and intimacy (as with partner, friends, family, peers, colleagues). Formal Italian sounds more polite and implies a sense of respect and distance between the parties. Italians may speak formally to an older person, to an acquaintance or to someone in a position of authority (a CEO, a professor, a doctor). To speak formally, use the pronoun *Lei* and the verb in the third person singular.
See the examples:
- *Buongiorno, come* **si chiama**?
  [*Good morning, what's your name?*]
- *Enrico Perugini, e* **Lei**?
  [*Enrico Perugini, and you?*]
- *Caterina Tosi.* **È** *di Napoli?*
  [*Caterina Tosi. Are you from Naples?*]
- *No, di Bari, e* **Lei** *è di Siena?*
  [*No, from Bari, and are you from Siena?*]
- *Sì.*
  [*Yes.*]

You can switch from formal to informal Italian if someone tells you: *Dammi del tu!*

THE ALPHABET

1 *How do you write it? Complete, as shown in the example.*

1. ▶ Come si scrive Sylvie?
   ● Si scrive <u>*esse*</u> <u>*ipsilon*</u> <u>*elle*</u> <u>*vu*</u> <u>*i*</u>
   <u>*e*</u> .

2. ▶ Come si scrive Qiang?
   ● Si scrive _____ _____ _____ _____ _____.

3. ▶ Come si scrive Absbert?
   ● Si scrive _____ _____ _____ _____
   _____ _____.

4. ▶ Come si scrive Heikichi?
   ● Si scrive _____ _____ _____ _____
   _____ _____ _____.

0|1 GRAMMATICA

SUBJECT PRONOUNS

2 Complete using the correct pronoun.

1. _____ sono austriaca, e _____ di dove sei?
2. ▶ _____ è americano? ● No, è inglese.
3. _____ ti chiami Anne?
4. _____ è italiana, di Genova.
5. ▶ _____ sei di Venezia? ● No, _____ sono di Trieste.
6. Ciao, io mi chiamo Romeo, e _____?

SINGULAR ADJECTIVE: NATIONALITIES

3 Write the adjectives in the correct group, as shown in the example.

✓ irlandese | giapponese | turco | peruviano | cinese
portoghese | australiano | ungherese | tunisino | greco

GROUP 1	GROUP 2
turco tunisino peruviano greco australiano	*irlandese* portoghese giapponese ungherese cinese

4 Complete using the correct vowel.

1. Said è tunisin_.
2. Eva è svedes_.
3. María è peruvian_.
4. Motohiro è giappones_.

5 Complete, as shown in the example.

MASCULINE	FEMININE
australiano	*australiana*
canadese	canadese
austriaco	austriaca
francese	francese
spagnolo	spagnola

VERBS: PRESENT TENSE

6 <u>Underline</u> the correct verb, as shown in the example.

1. Ciao, come **ti chiami** / **mi chiamo**?
2. Aiko **sono** / è giapponese.
3. **Hai** / **Ho** una penna, Nick?
4. Lui ti chiami / si chiama Michael.
5. Il signor Partini è / sei di Siena.
6. Raul, tu sei / è argentino?
7. **Sei** / **Sono** francese, di Lilla. E tu?
8. Io non ha / **ho** un'agenda.

7 Complete using the correct verb, as shown in the example.

1. (Tu – avere) ____Hai____ una matita?
2. Io (essere) _____ di Varsavia. E tu?
3. Tu (essere) _____ di Madrid?
4. (Io – chiamarsi) _____ Paolo, piacere.
5. Buongiorno, Lei come (chiamarsi) _____?
6. Samuele non (avere) _____ una penna.
7. Lei (chiamarsi) _____ Flavia.
8. Venezia (essere) _____ una città bellissima.

8 Write the sentence in its negative form, as shown in the example.

1. Miriam è di Milano. ➡ *Miriam non è di Milano.*
2. Lei si chiama Stella. ➡ _____
3. Ho un quaderno. ➡ _____
4. Alice è americana. ➡ _____
5. Lui è il signor Rigoni. ➡ _____

SINGULAR NOUNS

9 Masculine (M) or feminine (F)?

	M F		M F
1. penna	○ ○	6. camera	○ ○
2. evidenziatore	○ ○	7. regalo	○ ○
3. agenda	○ ○	8. studente	○ ○
4. quaderno	○ ○	9. soluzione	○ ○
5. stazione	○ ○	10. signora	○ ○

THE INDEFINITE ARTICLE

10 Complete using the indefinite article, as shown in the example.

1. __un__ documento
2. _____ studente
3. _____ lezione
4. _____ dizionario
5. _____ agenda
6. _____ quaderno
7. _____ stazione
8. _____ penna
9. _____ zaino
10. _____ chiave

FORMAL AND INFORMAL REGISTER

11 Select (✓) the sentences written in formal register.

1. Ha un documento, per favore? ○
2. Sei spagnola? ○
3. Cosimo, piacere. Tu come ti chiami? ○
4. Io sono brasiliano, e Lei? ○
5. Signora Lenzi, è di Firenze? ○
6. Paola, di dove sei? ○

12 Transform the questions from informal to formal, as shown in the example.

1. Tu sei messicano? ➡ *Lei è messicano?*
2. Hai un evidenziatore? ➡ _____
3. Tu ti chiami Luisa? ➡ _____
4. Di dove sei? ➡ _____
5. Io sono canadese, e tu? ➡ _____

EPISODIO 1

1 Watch the video, then organize the words and make sentences.

_____

_____

Io | Christoph, | di | sono | Berlino. | sono

Buongiorno, Christoph!

_____

_____

Io | Maurizio, | Roma. | sono | di | sono

2 Complete the dialogue with the forms of the verbs essere and chiamarsi. To verify, watch the video again.

Maurizio Tu _____ di Berlino;

io _____ di Roma!

Lui _____ di Firenze.

Giusto, Aldo? _____ di Firenze?

Aldo Sì, _____ di Firenze.

Christoph E come _____ _____,

signore?

Aldo _____ _____ Aldo.

Christoph Lui _____ _____ Aldo.

Aldo _____ di Firenze.

E Lei _____ _____

Maurizio. Di Roma.

3 Read some sentences of the dialogue and say when the registry is formal (**F**) or informal (**I**).

	F	I
1. **Tu sei** di Berlino; io sono di Roma!	○	○
2. Giusto, Aldo? **Sei** di Firenze, vero?	○	○
3. E... **come si chiama**? ... Signore?	○	○
4. E **Lei si chiama** Maurizio. Di Roma.	○	○

4 Write the letters of the names of the three characters in the video, as shown in the example.

1. Come si scrive Maurizio?

Si scrive:

emme _____ _____ _____

_____ _____ _____ _____

2. Come si scrive Christoph?

Si scrive:

_____ _____ _____ _____

_____ _____ _____ _____

_____

3. Come si scrive Aldo?

Si scrive:

_____ _____ _____ _____

SOMETHING MORE ➕

There are different ways to ask someone's name and say it:

Come ti chiami?	Mi chiamo...
Qual è il tuo nome?	Il mio nome è...
Scusi, Lei si chiama? / Scusa, tu ti chiami?	Mi chiamo... / Sono...

0|1 VOCABOLARIO

NUMBERS FROM 0 TO 20

V1 ▶

0	zero		
1	uno	11	undici
2	due	12	dodici
3	tre	13	tredici
4	quattro	14	quattordici
5	cinque	15	quindici
6	sei	16	sedici
7	sette	17	diciassette
8	otto	18	diciotto
9	nove	19	diciannove
10	dieci	20	venti

MEMORY TIP

To remember numbers, you can count from the smallest number to the largest (*1, 2, 3...*) and then from the largest to the smallest (*20, 19, 18...*).
How do you count after 10?
From number **11** to number **16**, the word *dici* goes at the end;
from number **17** to number **19**, the word *dicia* goes at the beginning!

GREETINGS

V2 ▶

FORMAL		INFORMAL	
WHEN YOU ARRIVE	**WHEN YOU LEAVE**	**WHEN YOU ARRIVE**	**WHEN YOU LEAVE**
buongiorno buonasera salve	arrivederci	ciao salve	ciao

GREETING	WHEN DO YOU USE IT?
buongiorno	morning
buonasera	afternoon and evening
buonanotte	night

DID YOU KNOW ❓

Useful information about greetings
When to use **buonasera**?
It's not possible to define precisely the moment when you switch from **buongiorno** to **buonasera**.
It depends on individual or regional habits, but generally you can use this greeting after lunch.

When to be formal or informal?
If it's a difficult decision, use **salve**!

WORLD: COUNTRIES, NATIONALITIES, AND CAPITALS

V3 ▶

- 🏴 = PAESE [Country]
- 👤 = nazionalità [nationality]
- ⦿ = capitale [capital]

 mondo

ARGENTINA [Argentina]
👤 argentino/a
⦿ Buenos Aires

AUSTRIA [Austria]
👤 austriaco/a
⦿ Vienna

AUSTRALIA [Australia]
👤 australiano/a
⦿ Canberra

BRASILE [Brazil]
👤 brasiliano/a
⦿ Brasilia

CANADA [Canada]
👤 canadese
⦿ Ottawa

CINA [China]
👤 cinese
⦿ Pechino

EGITTO [Egypt]
👤 egiziano/a
⦿ Il Cairo

FRANCIA [France]
👤 francese
⦿ Parigi

GERMANIA [Germany]
👤 tedesco/a
⦿ Berlino

GIAPPONE [Japan]
👤 giapponese
⦿ Tokyo

GRECIA [Greece]
👤 greco/a
⦿ Atene

INDIA [India]
👤 indiano/a
⦿ Nuova Delhi

INGHILTERRA [England]
👤 inglese
⦿ Londra

IRLANDA [Ireland]
👤 irlandese
⦿ Dublino

ITALIA [Italy]
👤 italiano/a
⦿ Roma

MAROCCO [Morocco]
👤 marocchino/a
⦿ Rabat

MESSICO [Mexico]
👤 messicano/a
⦿ Città del Messico

PERÙ [Peru]
👤 peruviano/a
⦿ Lima

POLONIA [Poland]
👤 polacco/a
⦿ Varsavia

PORTOGALLO [Portugal]
👤 portoghese
⦿ Lisbona

RUSSIA [Russia]
👤 russo/a
⦿ Mosca

SPAGNA [Spain]
👤 spagnolo/a
⦿ Madrid

STATI UNITI [USA]
👤 americano/a statunitense
⦿ Washington

SVEZIA [Sweden]
👤 svedese
⦿ Stoccolma

SVIZZERA [Switzerland]
👤 svizzero/a
⦿ Berna

TUNISIA [Tunisia]
👤 tunisino/a
⦿ Tunisi

TURCHIA [Turkey]
👤 turco/a
⦿ Ankara

WORLD: CONTINENTS

V4 ▶

NORD AMERICA
EUROPA
ASIA
SUD AMERICA
AFRICA
OCEANIA

IN THE CLASSROOM

V5 ▶

LA LAVAGNA
LA PORTA
LA FINESTRA
IL TAVOLO
IL LIBRO
LA PENNA
IL QUADERNO
IL FOGLIO
LO ZAINO
LA SEDIA

- **LA CLASSE / L'AULA** [classroom]

- la lavagna [blackboard]
- la porta [door]
- la finestra [window]
- il tavolo [table]
- il foglio [piece of paper]
- il quaderno [notebook]
- la penna [pen]
- il libro [book]
- la sedia [chair]
- lo zaino [backpack]

NUMBERS FROM 0 TO 20

1 Complete the numbers with the missing letters.

a. 17 → D ☐ ☐ I A ☐ ☐ E ☐ T E
b. 13 → T ☐ E D ☐ C ☐
c. 4 → Q ☐ ☐ T R ☐
d. 18 → D ☐ C I ☐ T ☐ O
e. 5 → C ☐ ☐ Q ☐ E
f. 12 → D O ☐ I ☐ I
g. 16 → S E ☐ ☐ ☐ I
h. 2 → ☐ U ☐

GREETINGS

2 ~~Delete~~ the incorrect greeting, as shown in the example.

1. quando arrivo — ~~arrivederci~~ | buonasera | ciao
2. quando vado via — arrivederci | buongiorno | ciao
3. informale — salve | buonasera | ciao
4. formale — arrivederci | buonasera | ciao
5. mattina — ciao | arrivederci | buonanotte
6. pomeriggio — buongiorno | ciao | buonasera

3 Match the images with the greetings.

`18:30` `23:30`
`19:00` `09:00`

a   b   c   d

1. Buonasera, signora Feltri. ☐
2. Buongiorno, signor Franchi. ☐
3. Buonanotte, amore! ☐
4. Ciao, Paola! ☐

WORLD: COUNTRIES, NATIONALITIES, AND CAPITALS

4 Create the adjectives of nationalities, as shown in the example

✓indi | peruvi | tunis | australi | franc
messic | argent | ingl | canad | egizi
marocch | sved | brasili | cin. | giappon
itali | americ | portogh | irland

	-ano
indi	
	-ese
	-ino

IN THE CLASSROOM

5 Organize the letters and create meaningful words. Then write the highlighted letters and complete the word, as shown in the example.

1. N | A | P | E | N → P E N N A

2. D | E | S | A | I → ☐ ☐ ☐ ☐ ☐

3. T | O | R | P | I A → ☐ ☐ ☐ ☐ ☐

4. O | R | I | I | L | B → ☐ ☐ ☐ ☐ ☐

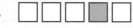
5. N | O | I | I | Z | A → ☐ ☐ ☐ ☐ ☐

→ A ☐ ☐ U C C ☐ ☐

USEFUL QUESTIONS

6 Connect the sentences, as shown in the example.

1. Io sono Paola.
2. Come ti chiami?
3. Grazie!
4. Di dove sei?
5. Sei spagnolo?
6. Come si dice hi?
7. Come si scrive il tuo cognome?

a. Si dice ciao.
b. No, messicano.
c. BI – A – GI – I.
d. Emma, e tu?
e. Di Napoli.
f. Piacere, Matteo.
g. Prego!

DIECI *NOMI MOLTO USATI*

What names do Italian parents give their children?
Are certain names more popular than others?
These questions and others are answered annually by The National Institute of Statistics, or ISTAT.

Sofia, **Aurora**, **Giulia**, **Emma**, and **Giorgia** are consistently among the most popular names for Italian girls. **Francesco** tops the list of popular names for boys not only due to the election of Pope Francis, but also because St. Francis of Assisi is the patron saint of Italy, making it a beloved choice for Italian parents. **Alessandro**, **Leonardo**, and **Lorenzo** are also commonly chosen names, while **Mattia** has recently been gaining popularity.

Names are often associated with specific regions or popularized by public figures. For instance, in Naples the footballer Diego Armando Maradona has always had the hearts of Neapolitans, and even after his death many have named their son **Diego**.

An Italian tradition still alive throughout the country dictates that firstborn children should be named after their grandparents. This can explain names that are reminiscent of the past, such as **Giuseppe**, **Amedeo**, **Elvira**, **Marisa**, and **Ferdinando**. Historically, it was also common in certain regions of Italy to name children after their city's patron saint, such as **Rosalia** for Palermo, **Antonio** in Padova, or **Gennaro** in Naples.

Finally, certain names are closely associated with specific regions in Italy. For instance, **Ciro** is a popular name in Campania, meanwhile **Lapo** is a distinct name mostly found in the areas surrounding Florence.

1	FRANCESCO
2	SOFIA
3	ALESSANDRO
4	AURORA
5	LEONARDO
6	GIULIA
7	LORENZO
8	EMMA
9	MATTIA
10	GIORGIA

Only one of these names in Italian is feminine: which one?

○ Andrea
○ Simone
○ Daniele
○ Alice
○ Nicola
○ Emanuele

VIDEO

1 *Watch the video and respond: true (T) or false (F)?*

	T	F
1. Il cognome di Francesca e Anna è Busi.	○	○
2. Ivano è romano.	○	○
3. Paolo è inglese.	○	○
4. Paolo è un architetto.	○	○
5. Anna è di Roma.	○	○

2 *Complete the sentences with the words in the list.*

sono | chiamo | romana | nome

1. Buongiorno. Io mi _____ Francesca Busi. Piacere.
2. Salve! Io _____ Ivano! Sono di Roma.
3. Il mio _____ è Paolo Scherini.
4. Ciao! Io sono Anna! Anna Busi. Sono _____.

3 *Who is speaking? Match the sentences from point 2 and the images.*

4 *Move around the words to create sentences.*

1. **come** | **E** | **tu** | **chiami** | **ti**
   _____?

2. **sei** | **dove** | **Di**
   _____?

3. **cognome** | **Come** | **il** | **si** | **scrive**
   _____?

5 *Organize the sentences of the dialogue.*

- [ ] Come, scusa? Puoi ripetere?
- [ ] Il mio nome è Paolo Scherini.
- [ ] Come si scrive il cognome?
- [ ] Paolo Scherini. Sche – ri – ni.
- [ ] Esse – ci – acca – e – erre – i – enne – i.

a

b

c

d

LEZIONE 2

PERSONE E PROFESSIONI

In this lesson, I will learn how to:
- say my age
- say which languages I speak
- say what job I do
- introduce a person
- say where I live

COMINCIAMO

a Complete the form belonging to Sofia with the words in the list, as shown in the example.

città | e-mail | ✓cognome | professione | nazionalità
paese | nome | numero di telefono | ✓indirizzo

b Respond to the question, as in the example:
in Italian, what do people write in capital letters?

○ nome
○ cognome
○ città
⊘ paese
○ nazionalità
○ professione

_____	: Sofia
cognome	: Fantini
indirizzo	: piazza Giuseppe Verdi, 9
_____	: Bologna
_____	: Italia
_____	: 051 / 61713210
_____	: s.fantini@gmail.com
_____	: italiana
_____	: insegnante

1 LEGGERE Tre studenti

1a Complete with numbers, as shown in the example.

6 (sei) | **26 (ventisei)** | ✓ **31 (trentuno)** | **53 (cinquantatré)**

Questo è Juan, un ragazzo spagnolo. Ha ____ anni e studia italiano in una scuola di Madrid. Juan è un interprete. Parla spagnolo, inglese e tedesco.

Questa è Katy, una ragazza americana. Ha _31_ anni. Katy è di Boston ma abita in Italia, a Firenze. Studia italiano perché ama l'Italia e l'arte italiana.

Questa è Mei, una signora cinese. Mei ha ____ anni e abita a Shangai. Studia italiano perché è una cantante d'opera. Il cane di Mei si chiama Figaro e ha ____ anni.

1b Complete the chart, as shown in the example.

1. Come si chiama?

2. Quanti anni ha?

26			

3. Di dov'è?

È spagnolo.			/

4. Dove abita?

A Madrid.			/

5. Perché studia italiano?

Perché è un interprete.			/

6. Che lingue parla?

		Cinese.	/

2 GRAMMATICA Verbi

2a Complete the chart. If necessary, read the texts again.

REGULAR VERBS IN -ARE			
	PARLARE	**STUDIARE**	**AMARE**	**ABITARE**
io	parlo	studio	amo	abito
tu	parli	studi	ami	abiti
lui/lei/Lei				

> 💡 **FOCUS**
>
> **QUESTO / QUESTA**
> Questo è Juan.
> Questa è Katy.

2b Complete the dialogues.

Che lingue parli?

_____ JUAN
_____

_____
_____ ?

Ho 31 anni.

Dove abiti?

_____ MEI
_____

_____
_____ ?

Perché sono una cantante d'opera.

MEI

_____
_____

KATY

2c And you, why are you studying Italian?

Studio italiano perché _____

3 VOCABOLARIO Numeri da 21 a 100 **9** ▶

3a Complete the chart, then listen to the audio track and check.

21 ventuno	30 trenta	50 _____
22 _____	31 trentuno	51 cinquantuno
23 ventitré	32 _____	54 _____
24 ventiquattro	33 trentatré	60 sessanta
25 _____	38 trentotto	69 _____
26 _____	40 quaranta	70 settanta
27 _____	41 _____	80 _____
28 ventotto	42 quarantadue	90 _____
29 _____	48 _____	100 cento

3b Listen to the audio track and select the numbers you hear. **10** ▶

35 32 29 40 48 50 51 66
77 67 68 80 99 90 70 100

3c Let's play! The teacher says a number, the students continue the sequence of numbers, one at the time, taking turns.

Ottantacinque.

Ottantasei. Ottantasette.

3d More difficult! The teacher says a number, the students continue the sequence going backward, one at the time, taking turns.

Sessanta! Cinquantanove! Cinquantotto! ...

4 PARLARE Domande personali

4a Interview a classmate. Ask the questions of point 2b. Then respond to their questions.

4b Introduce your classmate to another couple of classmates.

Questo è Hans. Ha 25 anni. Parla...

5 SCRIVERE
Una foto

5a Look at the picture: what is her name? How old is she? Where is she from? Where does she live? Why is she studying Italian? What languages does she speak? Write a paragraph. Use your imagination.

5b Discuss with a classmate. What are the differences?

11 ▶ **1** **VOCABOLARIO** Luoghi di lavoro

Listen to the audio track and write the correct word under each image.

ristorante | fabbrica | ospedale | scuola | ufficio

| a. | b. | c. | d. | e. |

2 **ASCOLTARE** Tu che lavoro fai?

FOCUS

FARE	
io	**faccio**
tu	**fai**
lui / lei / Lei	**fa**

12 ▶ *2a* *Listen to the interviews and select who is the person who <u>didn't</u> speak.*

2b *Listen to the audio track again and select what each person does. Attention: one person does <u>two</u> things.*

Che cosa fa?

1. ○ la segretaria   ○ la direttrice

2. ○ l'insegnante   ○ l'operaio

3. ○ il cameriere   ○ lo studente

4. ○ la studentessa ○ l'insegnante

2c *Now read the interviews and verify the solution.*

1.
● Lei che lavoro fa?
▶ Lavoro in un ufficio.
● Fa la segretaria?
▶ No, sono **la** direttrice!
● Oh, scusi!

2.
▶ Lei che lavoro fa?
● Io faccio **l'**operaio, lavoro in una fabbrica.
▶ Per un'azienda famosa?
● Sì, per la Pirelli.

3.
▶ Tu che lavoro fai?
● Sono uno studente, ma lavoro anche.
▶ Che cosa fai?
● Faccio **il** cameriere in un ristorante.
▶ Studi e lavori. Bravo!

4.
● Lei che lavoro fa?
▶ **L'**insegnante. Lavoro in una scuola di lingue.
● Un lavoro interessante!
▶ Sì, molto.

3 GRAMMATICA L'articolo determinativo

3a *Complete the chart with the singular definite article (il, l',
la). Then complete the rule, as shown in the example.*

MASCULINE		FEMININE	
___	cameriere	___	segretaria
___	operaio	___	direttrice
lo	studente	___	insegnante

MASCULINE NOUNS beginning with		EXAMPLES
consonante	→ il	il cameriere
vocale (a, e, i, o, u)	→	
s + consonante	→	

FEMININE NOUNS beginning with		EXAMPLES
consonante	→	
vocale (a, e, i, o, u)	→	

3b *In pairs. Each sentence on the left has a wrong article
that goes well with a sentence on the right and vice
versa. Place the articles in the correct spot, as shown in
the example.*

Ho **lo** camera numero 15. *(la)*

Paula ama **il** arte italiana.

Veronica fa **lo** cantante.

Hai **la** dizionario d'italiano?

Giulio ama **la** sport.

Mario fa **la** operaio.

La studente francese
si chiama Pierre.

Va bene **lo** carta
d'identità?

Il ragazza americana
si chiama Jenny.

Dario ama **la** *(lo)*
snowboard.

L' studentessa
spagnola è di Madrid.

L' ragazzo tedesco
parla 3 lingue.

4 PARLARE Fa l'insegnante.

4a *Pick a person and read the information.*

NOME	Antonio	Luigi	Giacomo	Bruno	Edoardo
PROVENIENZA	Milano	Roma	Roma	Roma	Milano
RESIDENZA	Roma	Roma	Firenze	Milano	Milano
LUOGO DI LAVORO	ufficio	ospedale	gelateria	negozio	ristorante
LAVORO	impiegato	infermiere	gelataio	commesso	cuoco

NOME	Aurora	Paola	Martina	Sofia	Elisa
PROVENIENZA	Milano	Roma	Milano	Roma	Roma
RESIDENZA	Roma	Roma	Milano	Milano	Firenze
LUOGO DI LAVORO	ufficio	ospedale	gelateria	negozio	ristorante
LAVORO	impiegata	infermiera	gelataia	commessa	cuoca

4b *In pairs. Per turn, guess the person who was chosen by your classmate. Follow the example, then pick another person and
repeat the game.*

Paolo
Roma
Firenze
scuola
insegnante

Di dov'è?	Dove abita?	Dove lavora?	Che lavoro fa?	È Paolo?
Di Roma.	A Firenze.	In una scuola.	L'insegnante.	Sì!

1 LEGGERE Talento giovane

1a *In your opinion, what job do they do? Pick the profession and then discuss it with a classmate. Attention: one person has two jobs!!*

insegnante | architetto | architetta | modella | modello | cuoco | cuoca

Pietro Boselli: _____   Isabella Potì: _____   Federico Schiano: _____

1b *Read the article and find out the profession of the 3 guys.*

testo
parlante
13 ⏵

Talento giovane

Siamo un Paese d'arte? Non solo.
Amiamo anche la moda, la cucina e il design.
Come Pietro, Isabella e Federico.
Di dove sono? Di Brescia, Lecce, Roma.
Dove lavorano? In Italia, ma anche a Londra,
Parigi, Madrid. Hanno meno di 30 anni, amano
l'Italia, fanno *made in Italy*, ma in modo nuovo.

1 **Pietro Boselli** è di Brescia
ma abita a Londra, dove insegna
matematica alla University College.
Ma Boselli non è solo un professore
universitario. Ha una vita straordinaria:
è un modello famoso.

2 **Isabella Potì** ha 22 anni
ed è una ragazza italiana di talento.
Dopo esperienze in Spagna e Francia,
ora fa la cuoca in un ristorante a Lecce,
in Puglia. Il suo segreto? Unire tradizione
e modernità.

3 **Federico Schiano**
è un architetto romano. A 28 anni
ha un'idea geniale e crea CoContest,
un sito web innovativo per l'*interior design*
famoso anche nella Silicon Valley.

1c Read the article and choose whether the senteces are true (T) or false (F).

T　F

a. Pietro, Isabella e Federico lavorano in Italia e in altri Paesi. ○ ○

b. Pietro Boselli fa il modello a Londra e insegna a Brescia. ○ ○

c. Isabella Potì lavora in Puglia. ○ ○

d. Federico Schiano è di Roma. ○ ○

1d Match the words in the 5 columns and create sentences, as shown in the example.

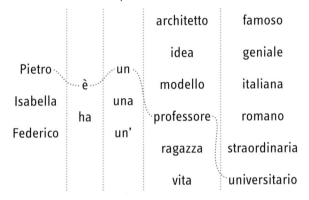

		architetto	famoso
		idea	geniale
Pietro	un	modello	italiana
è		professore	romano
Isabella	una		
ha		ragazza	straordinaria
Federico	un'	vita	universitario

1e Work in groups of 3 students. You are the three characters of the text: Pietro (student A), Isabella (student B), Federico (student C). Introduce yourself to the other 2 mates with your new identity.

> Piacere, mi chiamo Pietro Boselli. Sono...

2 GRAMMATICA Plurale dei verbi

2a Match the infinitive verbs with the **verbs in the present tense**, as shown in the example.

avere　essere　amare

Siamo un Paese d'arte? Non solo. Amiamo anche la moda, la cucina e il design. Come Pietro, Isabella e Federico. Di dove sono ? Di Brescia, Lecce, Roma. Dove lavorano ? In Italia, ma anche a New York, Londra, Parigi, Madrid. Hanno meno di 30 anni, amano l'Italia, fanno *made in Italy*, ma in modo nuovo.

lavorare　fare

2b Fill out the chart with the verbs in point **2a**.

REGULAR VERBS IN -ARE		
	AMARE	**LAVORARE**
io	amo	lavoro
tu	ami	lavori
lui/lei/Lei	ama	lavora
noi		lavoriamo
voi	amate	lavorate
loro		

IRREGULAR VERBS			
	AVERE	**ESSERE**	**FARE**
io	ho	sono	faccio
tu	hai	sei	fai
lui/lei/Lei	ha	è	fa
noi	abbiamo		facciamo
voi	avete	siete	fate
loro			

3 PARLARE Domande e risposte personali

In pairs. Per turn, a student asks a question with some elements from the 3 groups and the other student responds. Use your imagination.

> io | tu | l'insegnante | Antonio | noi | voi
> Anna e Rita | Marco e Valerio | John e Miriam

> che | che cosa | di dove | dove
> perché | quanti

> abitare | amare | avere | essere
> fare | lavorare | parlare | studiare

> Tu che lingue parli?

> Italiano e inglese.

> Dove abita Antonio?

> A Milano.

2D · Qual è il tuo numero di telefono?

G a / in · formal / informal
V Qual è il tuo numero di telefono? · Qual è la tua mail?

1 LEGGERE E PARLARE Biglietti da visita

1a Fill out the business card with the words in the list.

e-mail | numero di telefono | sito web | indirizzo

Giacomo Vinci

ARCHITETTO

via Massa 14, 50142 Firenze
055 301340
giacovin@studiovinci.com
www.studiovinci.com

1b Fill out your own business card, then ask questions to a classmate and complete their card.

1. Qual è il tuo numero di telefono?
2. Qual è la tua mail?
3. Qual è il tuo indirizzo?
4. Hai un sito internet personale?

my business card

my classmate's business card

FOCUS

A or IN?

Be careful:
● **Dove abiti?**
■ **A** Roma. / **A** Milano... **In** via Puccini 12. / **In** piazza Toti 15...

But:
● **Qual è il tuo indirizzo?**
■ Via Puccini 12. / Piazza Toti 15...

2 ASCOLTARE Un corso di lingua

14 ▶ *2a Listen to the dialogue happening at the administration office of a language school and then select the right answer.*

1. Che corsi ha la scuola?
a. ○ Italiano per stranieri, tedesco, spagnolo.
b. ○ Inglese, tedesco, spagnolo.
c. ○ Italiano per stranieri, inglese, spagnolo.

2. Quanti anni ha Sofia?
a. ○ 25.
b. ○ 35.
c. ○ 53.

3. Che cosa insegna Sofia?
a. ○ Tedesco.
b. ○ Italiano.
c. ○ Spagnolo.

4. Che cosa studia Sofia?
a. ○ Tedesco.
b. ○ Italiano.
c. ○ Spagnolo.

5. Perché Sofia fa il corso?
a. ○ Perché ama la Spagna.
b. ○ Perché ama un ragazzo spagnolo.
c. ○ Perché è sposata con un argentino.

FOCUS

HOW TO READ PHONE NUMBERS
0 - 6   6 - 1 - 7 - 1 - 3 - 2 - 1 - 0
06   61 - 71 - 32 - 10

2b Listen to the audio track again and flip the message from informal to formal, as shown in the example.

INFORMAL	FORMAL
1. Abiti a Roma?	_Abita_ a Roma?
2. Qual è il tuo indirizzo?	Qual è il _____ indirizzo?
3. Qual è la tua mail?	Qual è la _____ mail?
4. Qual è il tuo numero di telefono?	Qual è il _____ numero di telefono?
5. Quanti anni hai?	Quanti anni _____?
6. Che lavoro fai?	Che lavoro _____?
7. Che cosa insegni?	Che cosa _____?
8. Perché fai questo corso?	Perché _____ questo corso?

3 **PARLARE** In una scuola di lingue

In pairs (student A and student B).
Go to the ▶ COMUNICAZIONE section: A goes to
p. 200, B goes to p. 204. Do a role-play at a foreign
language school.

DIECI domande personali

1 Dove abiti?

2 Quanti anni hai?

3 Che lavoro fai?

4 Dove lavori?

5 Che lingue parli?

6 Perché studi italiano?

7 Qual è il tuo numero di telefono?

8 Qual è la tua mail?

9 Qual è il tuo indirizzo?

10 Sei sposato/a?

To what question can you respond sì / no?

ASCOLTO IMMERSIVO®

Scan the QR code to the left, close your eyes, relax and listen.

2 GRAMMATICA

UPPERCASE AND LOWERCASE LETTERS

In Italian, uppercase letters are necessary for:
• first and last name: *Sofia Fantini*
• countries and cities: *Italia, Bologna*
• at the beginning of a sentence and after a period (.), an exclamation mark (!) and a question mark (?)
• with the formal pronoun *Lei*: *Mi chiamo Ugo, e Lei?*

SINGULAR DEFINITE ARTICLES

Like in English, definite articles refer to someone or something specific. While in English there is only one definite article (*the*), in Italian there are seven (*il, lo, la, l', i, gli, le*), which agree in gender and number with the nouns they precede.
The singular definite articles are: *il, lo, la, l'*. *Il* precedes most masculine nouns (*il cameriere, il dizionario, il signore*) with *lo* being used before masculine nouns starting with an s + consonant, *z, y,* or *ps*: *lo studente, lo zaino, lo yogurt, lo psicologo*. *La* is used before most feminine nouns (*la lezione, la classe, la penna*). *L'* is used before singular masculine and feminine nouns starting with a vowel. For example:
masculine: *l'impiegato, l'orologio, l'amore, l'amico*
feminine: *l'operaia, l'isola, l'oasi, l'amica*

		special cases
masculine	**il** cameriere	before nouns beginning with: s + consonant: **lo** studente z: **lo** zaino y: **lo** yogurt ps: **lo** psicologo a vowel (*a, e, i, o, u*): **l'**impiegato
feminine	**la** dottoressa	before nouns beginning with a vowel (*a, e, i, o, u*): **l'**operaia

For plural definite articles see p. 65.
One important difference from English: in Italian the definite article is used before Countries (*l'Italia, la Germania, gli Stati Uniti, il Brasile*), regions and States (*la Toscana, il Texas*), and languages (*l'italiano, il russo, lo spagnolo*).

SINGULAR ADJECTIVES

In Italian, most adjectives change their final vowel to agree in gender and number with the noun they describe. The adjective is masculine if it describes a masculine noun or feminine if it describes a feminine noun. Singular adjectives ending in *-o*, change into *-a* for the feminine form. A masculine singular adjective ending in *-e* maintains the same ending for the feminine.

GROUP 1		GROUP 2	
masculine	feminine	masculine	feminine
piccol**o**	piccol**a**	grand**e**	grand**e**

Remember that it is not specific letters or sounds that indicate agreement, i.e., an adjective in *-o* may have to agree with a noun in *-e* or conversely an adjective in *-e* may have to agree with a noun in *-o* or *-a*.

un ufficio (m.) *piccolo* (m.) [*a small office*]
un'azienda (f.) *famosa* (f.) [*a famous company*]
un negozio (m.) *grande* (m.) [*a big shop*]
un'idea (f.) *interessante* (f.) [*an interesting idea*]

While in English a shout of *bravo* is used to praise someone, generally a performer, in Italian *bravo* works as a regular adjective:
Bravo, Roberto! | *Brava, Laura!*

Attention! Adjectives that refer to a city are always feminine:
Roma è antica. [*Rome is ancient.*]
New York è grande e caotica. [*New York is big and chaotic.*]
● *Com'è Milano?*
  [*What is Milan like?*]
▶ *È bella e moderna.*
  [*It's beautiful and modern.*]

VERBS: PRESENT TENSE

The basic form of a verb, found in the dictionary, is called the infinitive. It does not match any specific subject or tense. In English, infinitives are composed of two words: *to eat, to see, to sleep*. However, in Italian, the infinitive is always one word falling into three groups: *-are* verbs (first conjugation), *-ere* verbs (second conjugation), or *-ire* verbs (third conjugation).
For example: *parlare* [*to speak / to talk*], *vedere* [*to see / to meet*], *dormire* [*to sleep*].

Regular verbs: first conjugation (*-are*)
To conjugate any regular *-are* verb in the present tense, drop *-are* and add *-o, -i, -a, -iamo, -ate, -ano* to match the subject of the sentence.

Io abito a Milano, Linda abita a Roma e loro abitano a Firenze.

ABITARE	
[to live]	
io	**abito**
tu	**abiti**
lui / lei / Lei	**abita**
noi	**abitiamo**
voi	**abitate**
loro	**abitano**

First conjugation (-are): special cases

Some -are verbs require special attention in the tu and noi form. Verbs ending in -care (e.g. cercare [to look for]) and -gare (e.g. pagare [to pay]) add an h before the ending -i (for the tu form) and -iamo (for the noi form) to preserve the hard sounds: tu cerchi, noi cerchiamo, tu paghi, noi paghiamo.

Verbs ending in -iare (e.g. studiare [to study] drop the i before the tu and noi forms: tu studi, noi studiamo.

	CERCARE	PAGARE	STUDIARE
	[to look for]	[to pay]	[to study]
io	cerco	pago	studio
tu	cerchi	paghi	studi
lui / lei / Lei	cerca	paga	studia
noi	cerchiamo	paghiamo	studiamo
voi	cercate	pagate	studiate
loro	cercano	pagano	studiano

Irregular verbs: avere, essere, fare

Some widely used Italian verbs are irregular and do not follow any specific pattern or rule. Memorize them. Look at the chart to review the irregular forms of avere [to have] and essere [to be], and learn fare [to do / to make].

	AVERE	ESSERE	FARE
	[to have]	[to be]	[to do / to make]
io	ho	sono	faccio
tu	hai	sei	fai
lui / lei / Lei	ha	è	fa
noi	abbiamo	siamo	facciamo
voi	avete	siete	fate
loro	hanno	sono	fanno

These three verbs are used in many common expressions:
- Di dove sei?
  [Where are you from?]
- ▶ Sono di Venezia.
  [I am from Venice.]

- Quanti anni hai?
  [How old are you?]
- ▶ Ho diciotto anni | Diciotto.
  [I am 18.]

- Che cosa fai? | Che lavoro fai?
  [What do you do?]
- ▶ Faccio l'insegnante. | L'insegnante.
  [I am a teacher.]

INTERROGATIVE PRONOUNS / ADJECTIVES

Like in English, many questions in Italian are introduced by words like what, who, how, when, etc.
Che lavoro fai? | **Che cosa** fai? [**What** do you do?]
Come stai? [**How** are you?]
Di **dove** siete tu e Gianna? [**Where** are you and Gianna from?]
Qual è il tuo numero di telefono? [**What's** your phone number?]
Dove lavori? [**Where** do you work?]
Perché studi italiano? [**Why** do you study Italian?]
Quanti anni hai? [**How old** are you?]

PREPOSITIONS

A preposition is a word that connects different elements of a sentence to indicate place, time, direction, possession, location... For example:
I live **in** Boston. | I go **to** the supermarket. | Supper is **at** 6. | The cat is **on** the tree.
Three common prepositions in Italian are di [of / from], a [at / in / to] and in [in].
To tell about your origin and discuss where your are currently living, follow the examples:

di + city	Sono **di** Barcellona.
a + city	Abito **a** Monaco.
in + Country	Abito **in** Argentina.
in + street / square	Abito **in** via Foscolo.

Be careful! Stati Uniti is a plural noun and it works differently. We say: Abito **negli** (in + gli) Stati Uniti. [I live in the United States.]

FORMAL AND INFORMAL REGISTER

Friendly speech uses the pronoun tu while Lei implies distance between the parts.
Possessive adjectives (see p. 154) also change to indicate a formal or informal use: il tuo (m.) and la tua (f.) are used in informal speech, while il Suo and la Sua are used in formal speech.
Notice that in Italian possessive adjectives agree in gender and number with the item owned and not with the person who owns it.

informal	formal
subject: tu	subject: Lei
verb: 2nd person singular	verb: 3rd person singular
Tu lavori a Palermo?	**Lei** lavora a Palermo?
possessive: la tua, il tuo	possessive: la Sua, il Suo
Qual è il **tuo** indirizzo?	Qual è il **Suo** indirizzo?
Qual è la **tua** mail?	Qual è la **Sua** mail?

UPPERCASE AND LOWERCASE LETTERS

1 _Underline_ the words that must start with a capital letter, as shown in the example.

1. <u>piacere</u>, sono <u>charles</u>, e tu?
2. lei è linda jackson. è americana.
3. amo il messico!
4. signora, lei è di roma? o di napoli?
5. sono tedesco, di berlino.

SINGULAR DEFINITE ARTICLES

2 _Complete with the correct article, as shown in the example._

1. _il_ cane | negozio | cuoco | modello
2. _____ scuola | signora | direttrice | gelataia
3. _____ architetto | infermiera | indirizzo | ospedale
4. _____ studente | zaino | yogurt | spagnolo

SINGULAR ADJECTIVES

3 _Complete with the correct vowel, as shown in the example._

MASCULINE	FEMININE
un architetto famoso	una cuoca famos_a_
un ragazzo romano	un'azienda roman__
un lavoro interessant__	una città interessante
un ristorante cinese	una ragazza cines__
uno studente brav__	una professoressa brava

VERBS: PRESENT TENSE

4 _Complete the sentences with the verbs in the list._

parlate | lavori | ascoltano
amiamo | domanda | insegno

1. Claudia _____ un'informazione.
2. Kim e Lola _____ l'insegnante.
3. (_Io_) _____ il francese in una scuola di lingue.
4. (_Voi_) _____ tedesco?
5. (_Tu_) _____ in un ristorante?
6. Io e Francesca _____ Parigi.

5 _Complete the crosswords with the verbs at its present tense._

ACROSS →
2. voi – mangiare
3. noi – studiare
5. lei – cercare
6. io – pagare
7. noi – pagare

DOWN ↓
1. voi – pagare
3. tu – studiare
4. io – mangiare
5. tu – cercare

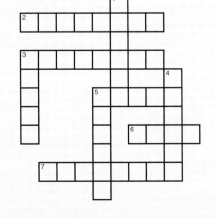

6 ~~Delete~~ the incorrect verb, as shown in the example.

1. **io**: ho, ~~siamo~~, faccio, mangio
2. **loro**: ascoltano, fanno, sono, abbiamo
3. **lui**: fa, è, avete, lavora
4. **avere**: avete, abbiamo, fanno, hai
5. **essere**: sono, siete, avete, è

INTERROGATIVE PRONOUNS / ADJECTIVES

7 _Create questions, as shown in the example._

Dove ⋯⋯ ti chiami?
Come — studi l'italiano?
Di dove — è il tuo numero di telefono?
Perché — anni hai?
Qual — lavori?
Quanti — sei?

PREPOSITIONS

8 _Match the monument and the city / Country. Then complete the sentences with the preposition a or in, as shown in the example._

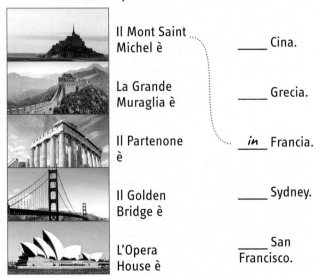

Il Mont Saint Michel è ⋯⋯ _____ Cina.

La Grande Muraglia è _____ Grecia.

Il Partenone è _in_ Francia.

Il Golden Bridge è _____ Sydney.

L'Opera House è _____ San Francisco.

9 _Underline the correct preposition._

1. Tu sei **di / in** Dublino?
2. Jonas studia inglese **in / negli** Stati Uniti.
3. Fabrizio lavora **in / a** Spagna, **in / a** Barcellona.
4. Nora abita **in / di** Piazza Ferrucci.

FORMAL AND INFORMAL REGISTER

10 _Formal (F) or informal (I)?_

	F	I
1. Qual è il Suo indirizzo?	○	○
2. Qual è la tua mail?	○	○
3. Lei è sposato?	○	○
4. Che lavoro fai?	○	○
5. Signora Ferri, perché studia il russo?	○	○

EPISODIO 2

1 Before watching the video, complete the chart with the definite articles. Then watch the video to check.

io sono	insegnante
	barbiere
io faccio	___ insegnante
	___ barbiere

2 Complete the sentences with the correct prepositions.

1. Christoph è ___ Berlino.

2. Christoph studia italiano ___ Roma.

3. Maurizio è ___ Roma e abita ___ Roma.

4. Aldo è ___ Firenze.

5. Aldo, Maurizio e Christoph abitano ___ Roma.

3 Watch the video again and then responds to the questions.

1. Quanti anni ha Christoph? _____

2. Quanti anni ha Maurizio? _____

4 Complete the dialogue with the verbs in the list. Attention: some forms gets repeated.

studio | lavoro | parli | fai | faccio | sono

Maurizio   Bene. Bravo, Christoph, _____ bene italiano!

Christoph   Sì, _____ italiano... perché... _____ a Roma! _____ ... insegnante! Di tedesco.

Maurizio   Ah, _____ l'insegnante! Bravo!

Christoph   Io _____ insegnante, o: _____ l'insegnante?

Maurizio   Va bene "_____ insegnante" e "_____ l'insegnante", non c'è differenza! Ma "_____ insegnante" e "_____ l'insegnante". Io _____ barbiere, ma anche: _____ il barbiere.

*With the verb **essere** it is possible to say:*

Sono insegnante. / Sono **un** insegnante.

*But with the verb **fare** there is only one form:*

Faccio **l**'insegnante. / Faccio **il** barbiere.

There is another way to talk about one's profession:

Lavoro come insegnante. / **Lavoro come** barbiere.

5 Complete the text with the verbs at the present tense.

Maurizio e Aldo (*abitare*) _____ e (*lavorare*) _____ a Roma. Anche Christoph (*abitare*) _____ e (*lavorare*) _____ a Roma, ma (*essere*) _____ di Berlino.

A Roma (*studiare*) _____ italiano e (*insegnare*) _____ tedesco.

Christoph (*parlare*) _____ bene italiano, ma (*fare*) _____ molte domande di grammatica a Maurizio e Aldo, perché (*avere*) _____ molti dubbi.

Maurizio e Aldo non (*essere*) _____ insegnanti, ma (*aiutare*) _____ Christoph volentieri.

La grammatica (*essere*) _____ difficile!

NUMBERS FROM 21 TO 100

V6 ▶

21	ventuno	30	trenta
22	ventidue	40	quaranta
23	ventitré	50	cinquanta
24	ventiquattro	60	sessanta
25	venticinque	70	settanta
26	ventisei	80	ottanta
27	ventisette	90	novanta
28	ventotto	100	cento
29	ventinove		

MEMORY TIP

To memorize numbers, you can count in series, from the largest number to the smallest and from the smallest to the largest.
For example:

- *11*, *21*, *31*, and so on (up to *91*).
- *96*, *86*, *76*, and so on (down to *16*).
  Remember that with 1 and 8, a vowel disappears:
  venti̶uno, trenta̶uno, quaranta̶uno, etc.
  venti̶otto, trenta̶otto, quaranta̶otto, etc.

PROFESSIONS AND WORKPLACES

V7 ▶

il cameriere [waiter]
la cameriera [waitress]
il ristorante [restaurant]

l'insegnante [teacher]
l'insegnante [teacher]
la scuola [school]

il cuoco [cook]
la cuoca [cook]
il ristorante [restaurant]

l'infermiere [nurse]
l'infermiera [nurse]
l'ospedale [hospital]

il segretario [secretary]
la segretaria [secretary]
l'ufficio [office]

il modello [model]
la modella [model]

il cantante [singer]
la cantante [singer]

il farmacista [pharmacist]
la farmacista [pharmacist]
la farmacia [pharmacy]

l'operaio [worker]
l'operaia [worker]
la fabbrica [factory]

il commesso [salesman]
la commessa [saleswoman]
il negozio [shop]

l'impiegato [clerck]
l'impiegata [clerck]
l'ufficio [office]

il dottore [doctor]
la dottoressa [doctor]
l'ospedale [hospital]

l'architetto [architect]
l'architetta* [architect]
l'ufficio [office]

*The form *architetto* is also used.

DID YOU KNOW ❓

In the past, women did not have access to professions such as architect, notary, or lawyer, and there was no feminine form for these roles. Therefore, when women started performing these tasks, the masculine form was used to refer to them, for example: *Carla Ignazzi fa l'architetto*. Today, in Italy, there is a great debate on these issues, but experts generally recommend using the form *architetta*, as it is non-sexist and entirely consistent with the grammatical rules of Italian: *Carla Ignazzi fa l'architetta*. However, for some speakers, these forms sound strange because they have never been used before. Furthermore, the masculine form may be perceived as more "authoritative" in a positive way by some individuals.

| parlare [to speak] | pensare [to think] | telefonare [to call] | trovare [to find] |

| studiare [to study] | viaggiare [to travel] |

VERBS IN -ARE

V8 ▶

| amare [to love] | ascoltare [to listen] | aspettare [to wait] | baciare [to kiss] |

| camminare [to walk] | cantare [to sing] | cercare [to look for] | comprare [to buy] |

| domandare [to ask] | guardare [to watch] | lavorare [to work] | mangiare [to eat] |

PERSONAL INFORMATION

V9 ▶

Identity card

REPUBBLICA ITALIANA

CARTA D'IDENTITÀ · COMUNE DI MILANO

Nome:
ROSA
Cognome:
GRILLO
professione:
fotografa
indirizzo:
via Ugo Bassi 40,
20159 Milano

The ZIP code is called CAP in Italian.

Business card

Rosa Grillo   FOTOGRAFA

📞 telefono fisso : +39 02 837192
📱 cellulare : +39 347 9872344
✉ e-mail : grillo.rosa@libero.it
🌐 sito web : www.phrosagrillo.it

@ *chiocciola*
. *punto*

✓ *vu – vu – vu*   ✗ *doppia vu – doppia vu – doppia vu*

DID YOU KNOW ❓

Il cellulare

In Italian, it is also possible to say *il telefono cellulare*, *lo smartphone*, or, in spoken language, *il telefonino*. However, it is also acceptable to simply say *il telefono* as well.

NUMBERS FROM 21 TO 100

1 *Select the correct answer.*

1. Quanti anni ha Bianca?
   - ○ sedici
   - ○ sessanta

2. Quanti anni ha Gregorio?
   - ○ novanta
   - ○ diciannove

3. Quanti anni ha Adriano?
   - ○ trenta
   - ○ tredici

4. Quanti anni ha Matilde?
   - ○ diciassette
   - ○ settanta

2 *Complete the operations using the missing letters.*

1. quarantuno + trentatré = s☐t☐☐nt☐☐uat☐☐o
2. cinquantaquattro - sei = q☐☐ran☐☐tto
3. novantotto - nove = o☐☐☐ntan☐e
4. settantasei - quindici = ☐☐ssa☐☐no
5. ventisette + ventisei = c☐☐quan☐☐t☐é

PROFESSIONS AND WORKPLACES

3 *Complete as shown in the example.*

1.
   Livia fa *la cameriera*.
   Lavora in *un ristorante*.

4.
   Tina fa _____.
   Lavora in _____.

2.
   Andrea fa _____.
   Lavora in _____.

5.
   Adele fa _____.
   Lavora in _____.

3.
   Omar fa _____.
   Lavora in _____.

6.
   Raffaele fa _____.
   Lavora in _____.

4 *Organize the letters and create the professions. Then match the professions with the related pictures.*

1. CO | CU | O ➡ _____ ☐
2. CHI | TET | AR | TO ➡ _____ ☐
3. TAN | TE | CAN ➡ _____ ☐
4. SA | TO | RES | DOT ➡ _____ ☐

VERBS IN -ARE

5 <u>Underline</u> *the most logical verb.*

1. Che lingue **parla / mangia**?
2. **Domando / Lavoro** in un ufficio, faccio l'impiegata.
3. **Aspetto / Lavoro** l'insegnante di inglese.
4. Pina e Claudio **cercano / parlano** il cane.
5. La signora Dini **cerca / compra** il commesso.

6 *Match the verbs with the words in the list, as shown in the example.*

Valentina | una pizza | ✓ il russo | in America

1. amo / studiamo / parlate ➡ *il russo*
2. abito / lavorano / studiate ➡ _____
3. compriamo / mangiano / aspetti ➡ _____
4. aspetto / ascoltiamo / cercate ➡ _____

PERSONAL INFORMATION

7 *Complete with the words in the list, as shown in the example.*

Paese | cognome | e-mail | professione | sito internet
✓CAP | nome | indirizzo | città | numero di telefono

_____ Giuseppe _____ Caruso
ARCHITETTO
_____ : Piazza Marina, 18   *CAP* : 90133
_____ : Palermo   _____ : Italia
_____ : 340 8745674
_____ : gc@studiocaruso.it
_____ : www.studiocaruso.it

USEFUL QUESTIONS

8 *Match the question with its response, as shown in the example.*

1. Qual è la tua mail?
2. Quanti anni hai?
3. Che lingue parli?
4. Dove abiti?
5. Che lavoro fai?
6. Qual è il tuo numero di telefono?

a. 18.
b. Inglese e spagnolo.
c. La commessa.
d. l.cioni@gmail.com.
e. 349 0855096.
f. In via Cristofori 1.

DIECI *IMPORTANTI UNIVERSITÀ ITALIANE*

L'UNIVERSITÀ DI BOLOGNA

1 **Alma Mater Studiorum di Bologna**

2 **Sapienza Università di Roma**

3 **Università di Padova**

4 **Università degli Studi di Milano**

5 **Politecnico di Torino**

6 **Università di Pisa**

7 **Università Federico II di Napoli**

8 **Università di Trento**

9 **Università degli Studi di Firenze**

10 **Politecnico di Bari**

What are the most important universities in your country?

Choosing a university is an important decision for students and involves many factors: one's desired degree program, the university's location, as well as the costs of the services associated with studying away from home.

Firstly, students need to decide which degree they want to pursue. If they are looking for a prestigious institution, there are specific cities in Italy that stand out. This holds true for the **Università degli Studi** in **Milan**, which provides an extensive array of academic programs such as law, humanities, medicine, science and technology, and numerous others, all of which are taught in both Italian and English.

In **Pisa**, there is a prominent university that draws students from across Italy due to the breadth of its course offerings.

The **Sapienza University of Rome** consistently ranks first globally for classical studies each year. Rome attracts a multitude of students from both Italy and around the world due to it being the nation's capital and for the university's esteemed reputation. The university particularly appeals to those interested in studying ancient civilizations.

For those aspiring to study **Oriental Languages**, **Naples**, the largest city in southern Italy, is an ideal destination that exudes a distinct atmosphere.

The most sought-after **engineers** in the job market graduate from the **Politecnico** of **Turin**. Despite its slightly remote location, Turin is second largest and significant city in the north.

There are several prestigious institutions in the field of **Physics**, among which **Trento** stands out. For quantum physics specifically, **Padua** stands out along with its law program.

The University of **Bologna** (Alma Mater Studiorum) is the oldest university in Europe and has the highest quality of teaching and service. In Italy, it is widely regarded as the quintessential university: it is within a vibrant city where everything is tailored to the students' needs.

Florence can also boast a highly prestigious university. Not only is it renowned for its humanities curriculums, but also for its studies in the biomedical and technological fields.

Bari, one of the largest and most significant cities in southern Italy, is home to the **Politecnico**, one of the top universities renowned for its expertise in architecture, electronics, aerospace, and naval engineering. The Politecnico also offers an outstanding information technology program and has established collaborations with international universities both within and outside the European Union.

1 *Before watching the video: observe the three images. What do the characters say? Complete with the sentences from the list, then watch the video and check your answers.*

Carino! Lui chi è?

Grazie, Dottoressa.

Per oggi va bene così.

1

Bene, signor Solari.
_____

2

_____

3

Lui? Lui chi?

2 *Create the questions then reorganize the dialogue below with those questions.*

ha anni quanti

si come chiama

fa che lavoro

● _____ ?

▶ Si chiama Ivano Solari.

● _____ ?

▶ Ha 30 anni.

● _____ ?

▶ Fa l'attore.

3 *You are Ivano. Complete his introduction using the verbs in the* io *form (first person singular).*

Ciao. (*Chiamarsi*) _____ Ivano,
(*avere*) _____ 30 anni e
(*essere*) _____ di Roma.
(*Fare*) _____ l'attore,
ma non (*essere*) _____ famoso.

4 *You are Anna. Use the words here below to ask Ivano three questions. You can use the same word more than one time*

_____ ?
_____ ?
_____ ?

| sei | il | mail | numero |

| di | è | qual | tuo |

| telefono | tua | la | sposato |

In this lesson, I will learn how to:
- say how I'm feeling
- order at the café and at the restaurant
- describe my diet
- book a table

COMINCIAMO

a   Select only the authentic Italian dishes / products.

 ○ spaghetti e polpette

 ○ Parmesan

 ○ frappuccino

 ○ pizza con ananas

 ○ pizza margherita

 ○ cappuccino

 ○ Parmigiano

 ○ spaghetti alla carbonara

b   What authentic Italian dish / product do you know or do you usually eat? Talk about it in class.

3A Al bar

G plural nouns · -ere verbs
V breakfast foods · Come stai? · Per me un cappuccino.

1 VOCABOLARIO La colazione

Select 2 items from each list, then play with a classmate. Taking turns, ask a question and guess each other's breakfast.

A colazione mangi un panino.

Sì, giusto!

E tu bevi un tè.

No, sbagliato!

MANGIO

○ un cornetto ○ una pasta ○ biscotti

○ cereali ○ pane e burro ○ uno yogurt

○ un panino ○ un toast ○ un uovo

BEVO

○ un caffè ○ un cappuccino

○ una tazza di latte ○ un tè

○ una spremuta ○ un bicchiere d'acqua

2 ASCOLTARE Al bar

15 ▶ 2a Put the dialogue in order, then listen to the audio track and check.

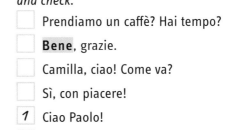

☐ Prendiamo un caffè? Hai tempo?

☐ **Bene**, grazie.

☐ Camilla, ciao! Come va?

☐ Sì, con piacere!

1 Ciao Paolo!

☐ **Benissimo**, e tu come stai?

2b Fill out with the **highlighted** words in the dialogue.

😀	🙂	😐	🙁
....	....	così così	male

16 ▶ 2c Listen to the entire dialogue and select the correct order.

1	2	3
2 caffè	1 caffè	1 caffè
1 cappuccino	1 cappuccino	1 cappuccino
2 bicchieri d'acqua	2 bicchieri d'acqua	1 bicchiere d'acqua
1 cornetto	2 cornetti	1 cornetto
1 pasta	1 pasta	2 paste

2d Listen to the audio track again and then complete the sentences using the words in the list.

è | io | me | prendi | prendo | per

Expressions we use at the café

1. BEFORE ORDERING:
   Tu che cosa _____?

2. TO ORDER:
   Un cornetto, _____ favore.
   Io _____ un caffè.
   Per _____ un cappuccino.

3. TO PAY:
   Quant'_____?

4. TO OFFER:
   Offro _____!

2e Read the dialogue and check.

▶ Ciao Paolo!

● Camilla, ciao! Come va?

▶ Benissimo, e tu come stai?

● Bene, grazie.

▶ Prendiamo un caffè? Hai tempo?

● Sì, con piacere!

...

◆ Buongiorno.

▶ Buongiorno. Un cornetto, per favore.
Tu che cosa prendi?

● Dunque... Per me un cornetto e una pasta alla crema,
per favore.

▶ Ma come, prendi due cose?!

● Eh sì, ho fame!

◆ Ecco i due cornetti e la pasta alla crema.
E da bere cosa prendete?

▶ Io prendo un caffè, e tu?

● Per me un cappuccino.

▶ Va bene, allora un caffè e un cappuccino, per favore.
E anche due bicchieri d'acqua. Quant'è?

◆ Otto euro e settanta.

● Camilla, aspetta: offro io!

▶ Oh, grazie mille!

💡 FOCUS

CURRENCY
0,80 € = 80 centesimi | **1 €** = un euro
2 € = 2 euro | **2,50 €** = 2 euro e 50 (centesimi)

---

3 GRAMMATICA ▸ Plurale dei nomi

3a Fill out the chart about plurals in Italian with the words from the dialogue.

	singular	plural
masculine	cornett**o**	
	bicchier**e**	
feminine	cos**a**	
	lezion**e**	lezion**i**

3b Look at the words and complete the rule.

singular
caffè, tè, toast, yogurt

plural
caffè, tè, toast, yogurt

In the plural, nouns with accents and foreign words:
○ do not change.
○ change.

3c Singular or plural? Complete the orders, as shown in the example.

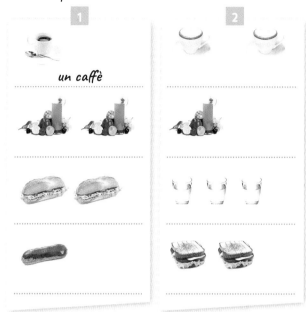

un caffè

4 PARLARE
Ordinare al bar

In groups of 3: two friends and a barista. Two friends enter a café and order. Use the given price list.

💡 FOCUS

PREND**ERE**	
io	prend**o**
tu	prend**i**
lui / lei / Lei	prend**e**
noi	prend**iamo**
voi	prend**ete**
loro	prend**ono**

Che cosa prendete?

Per me...

Io prendo...

Quant'è?

BAR VESUVIO ✳ LISTINO PREZZI

BEVANDE		DOLCE	
caffè	1,20 €	cornetto	1 €
cappuccino	2 €	pasta	2,50 €
latte	1,60 €		
bicchiere d'acqua	0,50 €	SALATO	
tè	1,80 €	panino	3,50 €
tè freddo	2,50 €	toast	3,10 €
spremuta d'arancia	4,50 €	pizzetta	2,40 €
birra	4,80 €		

1 LEGGERE Dimmi come mangi

1a Read and complete the article "Dimmi come mangi"
with the forms of the verb mangiare.

mangiare | mangio | mangi
mangia | mangia | mangiano

1b Match the elements of the three columns and write
coherent sentences to the text.

Andrea Vitali		carne.
Philippe Daverio		cibo biologico.
Licia Colò	mangia	molto a colazione.
Pupi Avati	non mangia	piatti tradizionali.
Moni Ovadia		a colazione.

💡 FOCUS

MEALS
7:00 - 10:00   colazione
12:30 - 14:00 pranzo
19:00 - 21:00 cena

www.lacucinaitaliana.it

DIMMI COME MANGI

Lo scrittore Andrea Vitali a colazione beve solo un caffè.
Anche l'attore Moni Ovadia a colazione prende solo
un caffè o un tè.

Invece il critico d'arte Philippe Daverio
ama fare una colazione abbondante:
latte con i cereali, pane, pomodori,
formaggio fresco e frutta.

La giornalista Licia Colò
ama la cucina
biologica:
"Un mio pranzo
tipo? Per primo
_____ riso integrale e
per secondo pesce con insalata
mista. Da bere un bicchiere di
vino bianco."

2 VOCABOLARIO Il cibo

2a Complete by using the nouns in the text (they are not in order).

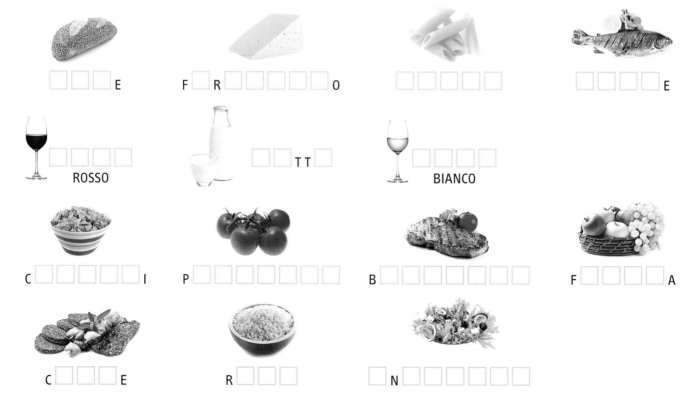

□□□E   F R□□□□□O   □□□□□□   □□□□E

□□□□ ROSSO   □□TT□   □□□□ BIANCO

C□□□□□□I   P□□□□□□□   B□□□□□□□   F□□□□A

C□□E   R□□□   □N□□□□□

testo
parlante
17 ⏵

A cena il regista
Pupi Avati _____ un piatto di
pasta, ma in viaggio ama provare la
cucina tradizionale: "Per esempio,
quando sono a Firenze, ordino una
bistecca fiorentina e un bicchiere
di vino rosso."
Moni Ovadia invece è vegetariano
e non _____ carne.

Trovate tutto questo in
Dimmi come _____,
14 interviste sul cibo a personaggi
famosi, un libro di Paolo Corvo
e Stefano Femminis.
"Tutti _____."
dicono i due autori.
"Il cibo è universale. Questo
libro è un viaggio nella passione
per il cibo, per capire che cosa
significa _____
nella società di oggi."

PAOLO CORVO • STEFANO FEMMINIS
PREFAZIONE DI CARLO PETRINI

DIMMI COME MANGI

BRUNO PIZZUL, PUPI AVATI
MICHELE SERRA...

14 INTERVISTE
IMPREVEDIBILI
SUL CIBO

TERRE DI MEZZO

2b *How can the food be? Look at the different combinations
in the table then point with a ✓ the other possible
combinations in the text from point 1.*

	MISTO/A	FRESCO/A	BIANCO/A	ROSSO/A	INTEGRALE
pane		✓	✓		✓
insalata		✓			
carne		✓	✓	✓	
pesce		✓	✓		
formaggio					
riso			✓	✓	
pasta		✓			✓
vino					

3 GRAMMATICA Aggettivi

*In pairs. Switch the adjectives, as shown in the
example. Keep an eye out for the vowel at the end!*

EXAMPLE:

A pranzo bevo un bicchiere di vino **bianco**.	Non amo la carne **rossa**.
rosso ←	→ *bianca*

1.	Questo è un pranzo **abbondante**.	La cena di Antonio è **vegetariana**.
2.	Carla ama la cucina **cinese**.	Mario mangia cibo **biologico**.
3.	A colazione mangio frutta **biologica**.	Questo formaggio è **fresco**.
4.	Ann mangia solo pasta **integrale**.	Amo il cibo **italiano**!
5.	La cucina italiana è **famosa**.	Ugo lavora in un ristorante **internazionale**.

4 PARLARE E tu che cosa mangi?

*What do you eat for breakfast, lunch and dinner? Are
you vegetarian or vegan? Do you eat organic products?
What is your favourite food? Talk about it with your
classmates.*

Io non mangio carne.

A cena mangio
riso o pasta.

Il mio cibo preferito
è il pesce.

💡 FOCUS

ANCHE / INVECE
Andrea Vitali a colazione
beve solo un caffè.
=
Anche Moni Ovadia a colazione
prende solo un caffè.
><
Invece Philippe Daverio
ama fare una colazione abbondante.

▶ GRAMMATICA ES 3 E 4   ▶ VOCABOLARIO ES 2, 3 E 4   59

1 ASCOLTARE Antipasto, primo, secondo e contorno

18 ▶ 1a *Listen to the dialogue and select, on the MENU, the dishes you hear.*

1b *Listen to the audio track again and complete the waitress' order.*

```
DA BERE
.........................................

DA MANGIARE
Lui                          Lei
..........................    ..........................
..........................    ..........................
                             ..........................
```

1c *Who is speaking: the waitress (W) or the clients (C)? Follow the example. Then listen to the audio track again and check.*

	W	C
1. Ecco il menù.	☑	○
2. Intanto volete ordinare qualcosa da bere?	○	○
3. Sì, grazie. Una bottiglia d'acqua naturale.	○	○
4. Per antipasto io prendo gli affettati.	○	○
5. Per me invece una bruschetta.	○	○
6. Benissimo. E per primo?	○	○
7. Io prendo gli spaghetti alla carbonara.	○	○
8. Io non voglio il primo, prendo un secondo.	○	○
9. Avete un piatto del giorno?	○	○
10. Può prendere la parmigiana di melanzane.	○	○
11. Vuole anche un contorno?	○	○
12. Abbiamo l'insalata mista, le patate fritte...	○	○
13. E Lei, signore, non prende il secondo?	○	○
14. No, per adesso va bene così.	○	○

MENÙ · TRATTORIA "DA MARIA"

ANTIPASTI

○ bruschetta al pomodoro

○ prosciutto e melone

○ affettati

PRIMI

○ riso ai funghi

○ spaghetti alla carbonara

○ lasagne

SECONDI

○ pollo arrosto

○ bistecca

○ parmigiana di melanzane

CONTORNI

○ patate fritte

○ insalata mista

○ insalata di pomodori

★★★
PIATTO del giorno

○ frittura di pesce

DOLCI

○ tiramisù

○ gelato

2 SCRIVERE E GRAMMATICA
Volere e potere

Complete the sentences. Be creative!

VOLERE

io	non **voglio** il primo.
tu	**vuoi**
lui / lei / Lei	**vuole** anche un contorno?
noi	**vogliamo**
voi	**volete** ordinare qualcosa da bere?
loro	**vogliono**

POTERE

io	non **posso** mangiare dolci!
tu	**puoi**
lui / lei / Lei	**può** prendere la parmigiana.
noi	**possiamo** ordinare adesso.
voi	**potete**
loro	**possono**

3 GRAMMATICA Articoli plurali

3a *Complete the chart using the articles in the list.*

gli | i | le

	singular	plural
masculine	**il** pomodoro	____ pomodori
	l'affettato	____ affettati
	lo spaghetto	____ spaghetti
feminine	**la** patata	____ patate
	l'insalata	____ insalate

3b *Match the words in the 4 columns, as shown in the example.*

SINGULAR		PLURAL	
il	piatto	i	piatti
l'	yogurt	gli	yogurt
lo	spremuta	le	spremute
la	antipasto		antipasti
	cameriere		camerieri
	acqua		acque

3c *In pairs. Taking turns, select the box, toss the die (• = io, •• = tu, ••• = lui/lei, etc.) and make a sentence with the noun in the box, the definite article and a verb, as shown in the examples.*
If the sentence is correct, you gain the box. The winner is the one who gains more boxes.

EXAMPLES:

•••• = noi + **AFFETTATI**
→ Per antipasto prendiamo *gli* affettati.

••• = lui + **GELATO**
→ Paolo vuole *il* gelato.

PATATE	SPAGHETTI	BRUSCHETTA	CAFFÈ
GELATO	AFFETTATI	RAVIOLI	POLLO
LASAGNE	PESCE	INSALATA	ACQUA
FORMAGGIO	POMODORI	RISO	ANTIPASTO

4 PARLARE Al ristorante

In groups of three. In a restaurant: two students act as clients, one is the waiter. Order to drink and to eat. Use the menu from point 1.

Per primo?

Per primo io prendo...

Io invece...

► *GRAMMATICA* ES 4, 5, 6, 7, 8, 9, 10 e 11 ► *VOCABOLARIO* ES 5   61

Vorrei prenotare un tavolo.

1 *ASCOLTARE* Un tavolo per due

19 ▶ 1a *Listen to the audio track and put in chronological order the 3 dialogues.*

dialogue 1 ☐ | dialogue 2 ☐ | dialogue 3 ☐

1b *Order the sentences of the dialogues, as shown in the examples, then listen to the audio track again and check.*

A

☐ Gherardi.

1 Salve, abbiamo una prenotazione per due persone.

☐ Va benissimo, grazie.

☐ A che nome?

☐ Gherardi, sì. Prego, signori. Va bene questo tavolo?

B

2 Subito, signore.

☐ Certo!

☐ Posso pagare con la carta?

☐ Il conto, per favore.

C

☐ A che nome?

☐ Gherardi.

3 Per quando?

☐ Un tavolo, per pranzo... Gherardi. A dopo, allora.

1 Pronto?

☐ Grazie, arrivederci.

☐ Per oggi a pranzo.

☐ Pronto, buongiorno, vorrei prenotare un tavolo per due persone.

> 💡 **FOCUS**
>
> **VORREI**
> To ask something kindly, use "vorrei".
>
> **Vorrei** ⋯⋰⋯ prenotare un tavolo.
> ~~Voglio~~

1c *Prego or per favore? Complete with the correct one.*

_____!

1

_____, posso avere il menù?

2

_____!

Grazie!

3

Il conto, _____!

4

2 VOCABOLARIO · Verbi al ristorante

2a Complete column 1 with the verbs in the list, as shown in the example.

bere | ordinare | pagare | ✓prendere | prenotare

1	2	3
	con la carta, in contanti	
prendere	un antipasto, un primo, un secondo, un contorno	
	acqua naturale, acqua frizzante	
	da bere, da mangiare	
	un tavolo	

2b In pairs. Do you know other expressions with these verbs? Write your guesses in column 3, as shown in the example.

EXAMPLE:

bere	acqua naturale, acqua frizzante	*un bicchiere di vino*

3 PARLARE · Una prenotazione

3a In pairs. A student phones a restaurant and books a table for lunch or dinner.
The other student responds.

3b Switch roles and work on the same conversation.

Pronto, salve, vorrei...

Pronto?

💡 **FOCUS**

TO PAY

AT THE CAFÉ
● Quant'è?

AT THE RESTAURANT
● Il conto, per favore.

DIECI piccole parole molto frequenti

1 e

2 il

3 un

4 di

5 a

6 in

7 sì

8 ma

9 non

10 che

Do you know other words of 2 or 3 letters?

ASCOLTO IMMERSIVO®

Scan the QR code to the left, close your eyes, relax and listen.

PLURAL NOUNS

In Italian, nouns are pluralized by changing the final vowel:
-*o* changes to -*i* (*cornetto* / *cornetti*)
-*a* changes to -*e* (*pizza* / *pizze*)
-*e* changes to -*i* (*bicchiere* / *bicchieri*; *lezione* / *lezioni*)
Remember that some nouns ending in -*e* are masculine and others are feminine.

	singular	plural
masculine	cornett**o**	cornett**i**
	bicchier**e**	bicchier**i**
feminine	pizz**a**	pizz**e**
	lezion**e**	lezion**i**

Special cases
Be careful! In Italian, foreign and accented nouns do not change in the plural:
un bar ➥ *due bar* | *un toast* ➥ *tre toast*
una città ➥ *sei città* | *un caffè* ➥ *quattro caffè*

Feminine nouns ending in -*ca* and -*ga* add an *h* to the plural form:
un'amica ➥ *due amiche*
una bottega ➥ *due botteghe*

Most masculine nouns ending in -*co* and -*go* add an *h* to the plural form:
un gioco ➥ *due giochi* | *un albergo* ➥ *due alberghi*
There are some exceptions:
un amico ➥ *due amici* | *uno psicologo* ➥ *due psicologi*

	singular	plural
foreign words	bar, toast	bar, toast
words stressed on the last syllable	caffè, città	caffè, città
words ending in -*co* some end in -*ci* some end in -*chi*	amico gioco	ami**ci** gio**chi**
words ending in -*ca*	amica bistecca	ami**che** bistec**che**
words ending in -*go*	albergo fungo	alber**ghi** fun**ghi**
words ending in -*ga*	bottega	botte**ghe**

Like English (e.g. *a person* ➥ *two people*, a *child* ➥ *two children*), Italian has some irregular plural nouns:
l'uovo [*egg*] (m.) ➥ *le uova* [*eggs*] (f.)
l'uomo [*man*] ➥ *gli uomini* [*men*]

SINGULAR ADJECTIVES

	masculine	feminine
adjective ending in -*o* / -*a*	vino bianc**o** latte fresc**o**	carne bianc**a** insalata fresc**a**
adjective ending in -*e*	cibo natural**e**	acqua natural**e**

The adjective is masculine or feminine depending on the gender of the noun it describes:
vecchio appartamento | *zona turistica*
The adjectives and nouns that match in gender and number do not always look or sound alike:
mobile economico [*cheap furniture*]
ragazzo intelligente [*smart boy*]
cucina grande [*big kitchen*]
lezione noiosa [*boring lesson*]

VERBS: PRESENT TENSE

Regular verbs: second conjugation (-*ere*)
The present tense of regular -*ere* verbs (second conjugation) is formed by dropping -*ere* and adding -*o*; -*i*; -*e*; -*iamo*; -*ete*; -*ono* to match the subject of the sentence.

PRENDERE [to take / to get]	
io	prend**o**
tu	prend**i**
lui / lei / Lei	prend**e**
noi	prend**iamo**
voi	prend**ete**
loro	prend**ono**

● *Che cosa **prendete**?*
[*What are you having?*]
▶ *Io **prendo** un caffè, Maria **prende** un cappuccino.*
[*I am having a coffee and Maria is having a cappuccino.*]

Irregular verbs: *bere*, *stare*, *volere*, *potere*
Some commonly used verbs are irregular. Memorize them.

	BERE [to drink]	STARE [to be / to stay]	VOLERE [to want / to desire]	POTERE [to be able to / can]
io	bevo	sto	voglio	posso
tu	bevi	stai	vuoi	puoi
lui / lei / Lei	beve	sta	vuole	può
noi	beviamo	stiamo	vogliamo	possiamo
voi	bevete	state	volete	potete
loro	bevono	stanno	vogliono	possono

*Non **bevo** alcol.* [*I don't drink alcohol.*]
*Come **sta**, signor Boni?* [*How are you Mr. Boni?*]

Suggestion: *stare* by itself?
The irregular verb *stare* is used mainly to express health and well-being. It's commonly used to ask how someone is doing:
- *Come **stai**?* [*How are you?*]
- ***Sto** bene!* [*I'm great.*]

Stare can also be used to indicate that someone is staying in a specific place:
*Oggi **sto** a casa.*
[*Today I am staying at home.* = with no intention of leaving]

Like in English, *volere* [*to want to*] can be followed by a noun or by a verb in the infinitive.

volere +	noun	*Lei **vuole** un caffè.* [*She wants a coffee.*]
	infinitive	***Volete** ordinare da bere?* [*Do you all want to order something to drink?*]

Potere [*to be able to / can*] usually means to have the physical ability or the permission to do something and it is always followed by a verb in the infinitive form.

potere +	infinitive	*Non **posso** bere vino.* [***I am** not allowed to drink wine.*]

PLURAL DEFINITE ARTICLES

Definite articles in Italian agree in gender and number with the nouns they describe.
These are the rules for the use of the definite articles:
***il** pomodoro* ➥ ***i** pomodori*
before masculine nouns starting with a consonant
***l'**affettato* ➥ ***gli** affettati*
before masculine nouns starting with a vowel
***lo** yogurt* ➥ ***gli** yogurt*
before masculine nouns starting with an *s* + consonant, *z*, *y*, or *ps*
***la** patata* ➥ ***le** patate*
before feminine nouns starting with a consonant
***l'**insalata* ➥ ***le** insalate*
before feminine nouns starting with a vowel

	singular	plural
masculine	il pomodoro l'affettato lo yogurt	i pomodori gli affettati gli yogurt
feminine	la patata l'insalata	le patate le insalate

PLURAL NOUNS

1 *Point out whether the words are singular (S) or plural (P), as shown in the example. Be careful: some words can be both singular and plural!*

	S	P		S	P
panini	○	✓	latte	○	○
caffè	○	○	hamburger	○	○
carne	○	○	uova	○	○
cornetto	○	○	tè	○	○
prenotazioni	○	○	dolce	○	○

2 *Complete the words with the last letter.*

1. In Italia adoro tre citt____: Napoli, Bari e Catania.
2. Abito con Marco e Claudio, due amic____ di Roma.
3. Due bicchier____ d'acqua, per favore!
4. Martina, tu e Sofia siete amic____?
5. Mangio una pizza ai fung____.

SINGULAR ADJECTIVES

3 *~~Delete~~ the incorrect option between the **highlighted** ones, as shown in the example.*

1. Una cena **tradizionale** / ~~vegetariano~~.
2. La carne **rosso** / **bianca**.
3. **Il pesce** / **L'insalata** fresco.
4. Il pane **bianca** / **fresco**.
5. **Il riso** / **La frutta** biologico.
6. La pasta **integrale** / **fresco**.
7. Il cibo **cinese** / **spagnola**.
8. **La cucina** / **Il ristorante** italiano.

4 *Complete the adjectives with the missing letter.*

1. Prendo un'insalata mist__.
2. Tu ami la cucina frances__?
3. Clara mangia solo cibo biologic__.
4. Questo è un piatto tradizional__?
5. Dario ama fare una colazione abbondant__.
6. Prendi il vino bianc__ o ross__?
7. Questo formaggio è fresc__?
8. Anna lavora in un ristorante famos__.

VERBS: PRESENT TENSE

5 *Underline the correct verb, as shown in the example.*

1. Filippo e Tina **leggi** / **<u>leggono</u>** il menù.
2. Signora, **prendi** / **prende** un contorno?
3. Voi **leggete** / **leggiamo** i commenti online sui ristoranti?
4. Loro **prendete** / **prendono** le lasagne.
5. Il cameriere **scrive** / **scriviamo** un'ordinazione.
6. Io **prende** / **prendo** un caffè, e tu?
7. Noi **scrive** / **scriviamo** un commento sul ristorante.
8. Tu **prendi** / **prendete** un'insalata mista?

6 *Complete the sentences with the verbs* bere *and* stare *at the present tense.*

BERE
1. Tu _____ il vino rosso?
2. Noi a colazione _____ un caffè.
3. Voi che cosa _____ a colazione?
4. Io non _____ la birra.

STARE
1. Noi _____ bene, e voi come _____?
2. ● Ciao, Lucia! Come _____?
▶ _____ benissimo, grazie. E tu?
3. Signora Franchi, buongiorno. Come _____?
4. Claudio e Miriam non _____ bene.

7 <u>Underline</u> *the pronoun that corresponds to the* **highlighted** *verb, as shown in the example.*

1. **Vuoi** una spremuta d'arancia?
<u>tu</u> / voi / loro

2. **Possiamo** ordinare?
noi / voi / loro

3. **Vuole** ordinare?
tu / Lei / voi

4. Non **posso** bere latte.
io / voi / loro

5. **Puoi** ripetere, per favore?
tu / Lei / voi

6. **Volete** anche un contorno?
io / Lei / voi

7. I bambini non **vogliono** il dolce.
loro / lui / noi

8. **Può** ripetere, per favore?
tu / Lei / voi

8 *Complete the sentences with the verbs in the list.*

vogliamo | può | posso | potete
vuoi | volete | voglio | vuole

1. Io _____ un primo e un contorno.
2. Matilde _____ il latte biologico.
3. Ragazze, cosa _____ come contorno?
4. Scusi, professore, _____ ripetere la frase?
5. Scusi, _____ fare una domanda?
6. Io e Zoe _____ il tiramisù.
7. Thomas, _____ un gelato o una pasta?
8. (Voi) _____ prenotare un tavolo? Noi non abbiamo tempo.

9 *Conjugate the verbs in the present tense and complete the crossword.*

ACROSS →
2. potere – lui/lei
3. fare – noi
6. cercare – noi
7. potere – tu
8. bere – loro
10. volere – lui/lei
11. stare – voi

DOWN ↓
1. stare – tu
2. potere – loro
3. fare – voi
4. cercare – tu
5. avere – loro
8. bere – lui/lei
9. volere - tu

PLURAL DEFINITE ARTICLES

10 *Match the nouns to the articles, as shown in the example.*

✓ lasagne
spaghetti
bruschette
cappuccini
caffè
yogurt
spremute
affettati
biscotti
toast
uova

I

GLI

LE
lasagne

EPISODIO 3

1 <u>Before</u> *watching the video, observe the pictures and write the plural of the definite article and of the nouns indicated by arrows. Then watch the video and check.*

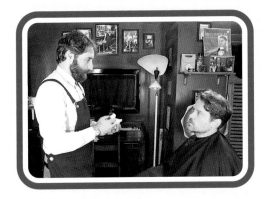

i _____

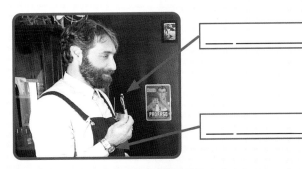

_____ _____

_____ _____

_____ arance

2 *Complete the chart with the definite articles.*

SINGULAR	PLURAL
___ libro	___ libri
___ zaino	___ zaini
___ orologio	___ orologi
___ penna	___ penne
___ arancia	___ arance
___ tavolo	___ tavoli

3 *Complete the dialogue: with thew definite article (space ☐), with the last letter of the word (spaces ___), with a word (space _ _ _ _).*

Christoph ☐ italiano è molto difficil___.

Maurizio E perché?

Christoph Per esempio, avete sette... come si dice...

il, la, lo, gli, le... articoli?

Maurizio Determinativ___. Sì, sono sette! Il, lo, elle

con _ _ _ _ _ _ _ , la, i, gli, le. Sette.

4 *Complete the chart with the rules explained by Aldo.*

SINGULAR	PLURAL
___ amico	___ amic_
il gioc_	___ gio_

SOMETHING MORE ➕

*In the video, Aldo says that when it comes to make nouns ending in -**co** and -**go** plural, there is no reason.*

Actually, there is a rule but it has so many special cases and irregularities that somehow Aldo is right.

Let's see for example some words in plural similar to gioco and amico:

fuoco – fuochi   nemico – nemici

cuoco – cuochi   greco – greci

carico – carichi   monaco – monaci

sindaco – sindaci

MONEY

V 10 ▶

0,50 € → cinquanta centesimi
1 € → un euro
3 € → tre euro
4,60 € → quattro euro e sessanta (centesimi)

pagare [to pay]:

in contanti [in cash]

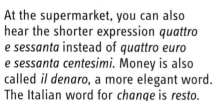

con la carta di credito [with credit card]
con il bancomat [with debit card]

At the supermarket, you can also hear the shorter expression *quattro e sessanta* instead of *quattro euro e sessanta centesimi*. Money is also called *il denaro*, a more elegant word. The Italian word for *change* is *resto*.

> **DID YOU KNOW** ❓
>
> Currencies
> The national currencies *euro* and *yuan* remain the same in both singular and plural forms. Other currencies change in the plural, for example:
> dollaro   dollar**i**
> rublo   rubl**i**
> sterlina   sterlin**e**
> franco   fran**chi**
> Here's a proverb about money: *Il tempo è denaro!*

HOW ARE YOU?

V 11 ▶

Come stai? (informal) = Come sta? (formal)
= Come va? (both formal and informal)
[How are you?]

😃	**Benissimo** [Very well]
🙂	**Bene** [Fine]
😏	**Abbastanza bene** [Pretty good]
😐	**Così così** [So-so]
🙁	**Male** [Bad]
😣	**Malissimo** [Terrible]

> **DID YOU KNOW** ❓
>
> Here's a typical situation between two unfamiliar people on the street:
> ● Ciao, Paolo, come stai?
> ▶ Bene, e tu?
>
> In this situation, both phrases are automatic, they are used for greeting and that's it.

MEALS

V 12 ▶

 (± 8:00) colazione [breakfast]

(± 13:00) pranzo [lunch]

(± 16:00) merenda [snack]

(± 20:00) cena [dinner]

> **DID YOU KNOW** ❓
>
> La colazione
> In Italy, traditional breakfast is simple and quick: coffee or cappuccino, cookies or croissants. But times are changing, and today many people also eat fruit, yogurt, cereals, etc. In general, Italian breakfast is sweet.

FOOD

V 13 ▶

 i biscotti [cookies]

 i cereali [cereals]

 il pane [bread]

 il panino [sandwich]

 il burro [butter]

 la frutta [fruit]

 la verdura [vegetables]

 l'insalata [salad]

 il pomodoro [tomato]

 la patata [potatoe]

 i funghi [mushrooms]

 l'uovo [egg]

 la pasta [pasta]

 il riso [rice]

 il pesce [fish]

 **la carne** [meat]

 il formaggio [cheese]

 il pollo [chicken]

 il prosciutto [ham]

 il salame [salami]

BEVERAGES

V 14 ▶

il caffè
[coffee]

il cappuccino
[cappuccino]

il tè
[tea]

il latte
[milk]

l'acqua
[water]

la spremuta d'arancia
[fresh orange juice]

il succo di frutta
[fruit juice]

il vino
[wine]

la birra
[beer]

Attention! At the café:
✓ *Un caffè, per favore!* ✗ *Un espresso, per favore!*

DID YOU KNOW ❷

An Italian passion: il caffè

In an Italian *bar* you can hear the following conversation quite often:

BARISTA: Un caffè?

CLIENT 1: Sì, per me un macchiato.

CLIENT 2: Per me invece uno normale.

For Italians, *espresso* is the "normal" coffee! (*caffé normale*)
(The word *espresso* is rarely used).

ADJECTIVES TO DESCRIBE FOOD

V 15 ▶

l'acqua naturale
[still water]

il vino rosso
[red wine]

l'acqua frizzante
[sparkling water]

il vino bianco
[white wine]

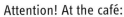 

il tè caldo
[hot tea]

buono/a
[good]

il tè freddo
[cold tea]

cattivo/a
[bad]

THE MENU

V 16 ▶

Gli antipasti: appetizers or starters that are served before the main meal. They often include a variety of cold cuts, cheeses, bruschetta, or small bites.

I primi: first courses, typically consisting of pasta dishes, risotto, or soups.

I secondi: second courses, which typically feature meat, fish, or poultry as the main ingredient.

I contorni: side dishes that complement the secondo. They can include various cooked or raw vegetables, salads, or potatoes.

I dolci: desserts. They can include cakes, pastries, gelato, or fruit.

DID YOU KNOW ❷

Troppo cibo?

In general, Italians don't order an appetizer, a first course, a second course, a side dish, and a dessert all together. They usually choose, for example, a first course and a side dish, or a second course and a dessert. A complete meal is typical for important occasions, such as a wedding or graduation celebration.

MONEY

1 *How much is it? Complete as shown in the example.*

1. 2,50 € ➡ *due euro e cinquanta*
2. 1 € ➡ _____
3. 4,20 € ➡ _____
4. 60 € ➡ _____
5. 0,60 € ➡ _____

MEALS

2 *Fill out using the names of each meal, then match the words with the clocks.*

1. ☐ R A ☐ Z O
2. C ☐ ☐ A Z ☐ ☐ N ☐
3. M E ☐ ☐ N ☐ A
4. C ☐ N ☐

a. `20:30`
b. `16:30`
c. `13:30`
d. `08:30`

FOOD AND BEVERAGES

3 *Look at the images and look for the products in the crucipuzzle, both across and down.*

```
A B I S C O T T I T
V I B R E V U N N I
A R A C O C C E S E
G R O P A N E M A F
F A D O Q U R I L L
U P A L B B E T A G
O S S L E L A T T E
V I N O P M L R A E
O F O R R E I S S U
```

ADJECTIVES TO DESCRIBE FOOD

4 *Look at the images and <u>underline</u> the correct adjective.*

1.

il vino **rosso / bianco**

4.

l'acqua **naturale / frizzante**

2.

il dolce **cattivo / buono**

5.

la carne **rossa / bianca**

3.

il tè **caldo / freddo**

6.

il cappuccino **cattivo / buono**

THE MENU

5 *Match the words in the list with the dishes, as shown in the example.*

✓ **dolci** | **primi** | **contorni** | **secondi** | **antipasti**

1. _*dolci*_ : tiramisù, gelato
2. _____ : prosciutto e melone, bruschetta, affettati
3. _____ : lasagne, riso ai funghi, spaghetti al pomodoro
4. _____ : bistecca, pollo arrosto, parmigiana
5. _____ : patate fritte, insalata mista

USEFUL SENTENCES

6 *Put a check mark ✓ if you use these sentences when you order food or drinks (O), when you pay (P) or when you ask for a table or book one (T), as shown in the example.*

	O	P	T
1. Un caffè, per favore.	✓	○	○
2. Quant'è?	○	○	○
3. Pronto? Vorrei prenotare un tavolo per quattro persone.	○	○	○
4. Posso pagare con la carta?	○	○	○
5. Per me, spaghetti alla carbonara.	○	○	○
6. Il conto, per favore.	○	○	○
7. Io prendo un tiramisù.	○	○	○
8. Avete un tavolo per due?	○	○	○

DIECI *RICETTE ITALIANE TIPICHE... E BUONE!*

Italy's multitude of geographic, historical, and social factors creates a rich variety of cuisine that is reflected in the diversity of dishes, ingredients, and recipes found throughout the nation.
Italy's elongated physical shape plays a significant role in shaping the country's culinary traditions.
For instance, mountainous regions such as Trentino – Alto Adige and Valle d'Aosta feature heartier cuisine centered around meat and cheese, meanwhile Sicilian cuisine displays its Arab and Spanish influences with its use of spices and exotic ingredients such as eggplant and pistachios.

Undoubtedly, the geographical and cultural diversity of Italy contributes significantly to the worldwide appreciation of its cuisine. For example, consider pasta and its local variations: with over 400 types of pasta, each with its unique shape and texture, Italian pasta is suitable for a variety of preparations and can be paired with a wide range of sauces and condiments depending on both regional and personal preferences. Similarly, with over 300 different types, bread is also subject to regional variations across Italy.

Let's explore 10 traditional dishes that are worth trying!

1. **Spaghetti alla carbonara** (Roma)
Spaghetti, eggs, cheese and cured pork.

2. **Pizza Margherita** (Napoli)
Pizza with tomato, mozzarella and basil.

3. **Tortellini in brodo** (Bologna)
Pasta with meat in broth.

4. **Risotto allo zafferano** (Milano)
Saffron-infused rice dish, known for vibrant yellow color.

5. **Parmigiana** (Sicilia, Emilia Romagna e Campania)
Specialties based on eggplant, tomato, basil and cheese.

6. **Pesto alla genovese** (Genova)
Sauce with basil, parmesan, olive oil, pine nuts, and garlic.

7. **Bruschetta** (Toscana, Umbria, Lazio)
The most famous is bread topped with oil and tomato.

8. **Polenta** (Nord Italia)
Ground cornmeal dish, often served soft or sliced and grilled.

9. **Canederli** (Trentino – Alto Adige)
Bread balls made with meat or cheese.

10. **Tiramisù** (Veneto, Friuli – Venezia Giulia)
Dessert with layers of cream and biscuits dipped in coffee.

Does the cuisine of your country feature similar or different ingredients? What are its most significant dishes?

_____

_____

VIDEO ▶

1 _Before_ watching the video: observe the image. Where are Francesca and Ivano? Write three words that you think they say during this episode, then watch the video and check if they are saying those words!

_____ _____

_____

2 *What are Francesca and Ivano talking about? Watch the video again and select the products that you hear. Then write under the names of the selected products.*

☐ ☐ ☐

☐ ☐

☐ ☐ ☐

☐ ☐

_____

_____

_____

3 *True (T) or false (F)?*

	T	F
1. Ivano sogna di bere un caffè.	○	○
2. Francesca ha fame.	○	○
3. Ivano prende un caffè al bar.	○	○
4. Francesca prende una tazza di latte.	○	○
5. Francesca preferisce i cornetti alla marmellata.	○	○

4 *Complete the dialogue with the words in the list. Pay attention: there is one extra word.*

caffè | **bevo** | **adesso** | **bistecca** | **colazione** | **cereali**

● Lei fa _____ con il caffè?
▶ No... io _____ una tazza di latte
   e _____ a casa e poi prendo
   un _____ al bar... Finiamo?
   Perché _____ ho fame...

5 *Complete by using the correct preposition.*

_____ crema
_____ cioccolato
_____ marmellata

6 _Underline_ the correct option between the **highlighted** ones.

Ivano	Buongiorno! Un caffè! Dottoressa! **Prende / Prendo / Prendi** qualcosa?
Francesca	Ah, buongiorno, Ivano. Un cappuccino, **prego / grazie / ciao**.
Ivano	Per me anche... Io prendo anche **una / uno / un** cornetto. Un cornetto a...
Francesca	A...?
Ivano	Alla crema.
Francesca	Ah, alla crema!
Ivano	No? No, no! Al cioccolato!
Francesca	Al cioccolato...?
Ivano	No, dico... Al cioccolato no! Lei, come...
Francesca	Io preferisco alla marmellata!
Ivano	Alla marmellata! Sì, sì, anche **per / in / con** me! Un cornetto alla marmellata! Grazie!
Barista	Certo, signore, **cosa / chi / che** marmellata? **Avete / Abbiamo / Hanno** arancia, albicocca...

LEZIONE
CASA E ALBERGO
4

In this lesson, I will learn how to:
- describe houses and hotels
- express preferences
- read reviews
- ask for assistance at the hotel

COMINCIAMO

a   Take the test.

tu abiti:	○ in un appartamento	○ in una villetta	○ altro: in _____
casa tua è:	○ in centro ◉	○ in periferia ◉	○ fuori città ◉ ●
in vacanza preferisci:	○ un appartamento	○ un hotel	○ altro: _____
in vacanza vuoi:	○ una sistemazione economica	○ abitare in centro ◉	○ essere nella natura

b   Compare your answers with your classmates.

1 LEGGERE A casa di...

1a Order the **highlighted** groups of letters and make the contrary of the adjectives, as shown in the example. Then read the text " A casa di..." and check.

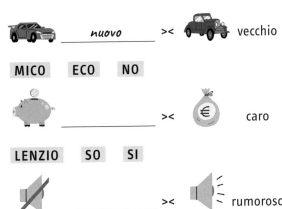

1. O   VO   NU

nuovo >< vecchio

2. MICO   ECO   NO

_____ >< caro

3. LENZIO   SO   SI

_____ >< rumoroso

4. LO   CO   PIC

_____ >< grande

1b Read the text one more time and now write the advantages and disadvantages of Eleonora, Niccolò and Maria Christina's houses, as shown in the example. Pay attention: in one case, there are <u>no</u> disadvantages.

	😊 VANTAGGI DELLA CASA	🙁 SVANTAGGI DELLA CASA
Eleonora		_l'appartamento è piccolo..._
Niccolò		
Maria Cristina		

testo parlante
20 ▶

A casa di...

Vantaggi e svantaggi della vita in città.
Entriamo a casa di Eleonora, Niccolò e Maria Cristina.

VENEZIA
Eleonora M.
28 anni, guida turistica

Vivo con Sebastiano, il mio ragazzo. Purtroppo abitiamo in un appartamento piccolo e caro: Venezia non è economica, ma io lavoro qui! Abbiamo una sola stanza: zero spazio. Per fortuna il quartiere è silenzioso, non è in una zona turistica: dormiamo molto bene!

BARI
Niccolò S.
47 anni, cuoco

Abito in un vecchio appartamento in centro. La zona è fantastica, si chiama "Barivecchia". Mangiare con gli amici è importante a casa mia: faccio il cuoco! Ho una cucina grande, con un tavolo per... 12 persone!

MILANO
Maria Cristina O.
50 anni, architetto

Vivo con i miei due bambini in un appartamento nuovo ma rumoroso per il traffico. I bambini dormono male, per questo voglio cambiare casa. La mia stanza preferita? Non è una stanza... è il terrazzo, adoro le piante!

2 GRAMMATICA Verbi in -ire

Do you remember the verbs in -are and -ere? Try to complete the chart of the verb dormire. *Use the plural form (in the text in the point 1) and singular form (not in the text).*

DORMIRE

io	
tu	
lui / lei / Lei	dorm**e**
noi	
voi	dorm**ite**
loro	

3 VOCABOLARIO
Dentro casa

Read the activities that take place in each room in the house. Then match rooms and objects, as shown in the example.

cucina
mangiare, cucinare

soggiorno
guardare la TV, stare con gli amici

bagno
fare la doccia, fare il bagno

doccia

camera da letto
dormire

oggetti   divano

frigorifero   ✓doccia   armadio   letto

4 PARLARE A casa mia

4a *How is your house? Complete the plan with the adjectives from point 1a or others. You can use the dictionary or ask your teacher.*

la mia casa

4b *In pairs. Tell your classmate: where do you live, how your house is, what are its advantages and disadvantages.*

▶ *VOCABOLARIO* ES 1, 2 e 3

1 **ASCOLTARE E LEGGERE** Un angolo di paradiso

21 ▶ **1a** *Listen to the audio track: to whom is the ad addressed to?*

Per una persona che ama:
○ la montagna   ○ il mare   ○ l'arte italiana
○ mangiare bene ○ fare shopping

1b *Listen to it again and match the adjectives in the list to the nouns in the chart, as shown in the example.*

tradizionale | ✓ **unica**
italiana | **elegante**
mediterranea | **fresco**

NOUN + ADJECTIVE		
vacanza	*unica*	atmosfera
stile		pesce
colazione		ambiente

1c *Read the two descriptions, then listen to the audio track again: to which house does the description belong to?*

A

Bed and Breakfast "Bari Vecchia"

centro storico, sul mare (30 metri)

SERVIZI:

 wi-fi gratuito

 aria condizionata

 colazione inclusa

promozione:
camera singola -20%

in zona:

 spa

prezzo speciale per i clienti al ristorante "Il Pugliese"

PRENOTARE

B

Agriturismo "Antico Trullo"

SERVIZI:

 spa

 wi-fi gratuito

 aria condizionata

 colazione inclusa

 cucina tipica a base di pesce

promozione:
camera doppia
o matrimoniale -15€

in zona:
Alberobello, mare, Bari

PRENOTARE

2 *GRAMMATICA* Verbi

2a In pairs. Try to complete the chart with the verbs: imagine how the tu form may be. Then listen to the audio track in point **1a** again and check.

2b In pairs. The two verbs in the list have the same function as preferire: you conjugate one of the two verbs and your classmate the other.

capire | finire

	PREFERIRE	ANDARE	VENIRE
IRREGULAR VERBS			
io	prefer**isco**	vado	vengo
tu			
lui / lei / Lei	prefer**isce**	va	viene
noi	prefer**iamo**	and**iamo**	ven**iamo**
voi	prefer**ite**	and**ate**	ven**ite**
loro	prefer**iscono**	vanno	ve**ngono**

2c A group of 3 students play with another group of 3 students. The first group starts with the verb studiare. A student tosses the die (● = io, ●● = tu, ●●● = lui/lei, etc.) and invent a sentence with the verb. If the group thinks the sentence is correct, the group scores a point. Then the other group continues with the verb avere. Follow the arrows (→ ↓) and get to end. The group with the most points, wins the game.

start → STUDIARE → AVERE → FINIRE → PARLARE → LEGGERE ↓

LAVORARE ← PREFERIRE ← FARE ← ASCOLTARE ← DORMIRE
↓

ANDARE → CAPIRE → ABITARE → SCRIVERE → POTERE ↓

finish ← MANGIARE ← VENIRE ← ESSERE ← AMARE ← GUARDARE

3 *PARLARE* L'hotel ideale

In what type of hotel do you prefer to spend your vacation? Think of the different categories and discuss with a classmate.

stile

tipo di cucina

posizione

servizi

Preferisco andare in un hotel elegante in città.

Io preferisco gli hotel con la spa.

Per me è importante avere il wi-fi.

4 *SCRIVERE* Un hotel

Look at the picture of the hotel and write a short description for the home page. Where is it? What services does it offer? Use the text in the point **1c** to get some ideas but use your imagination as well.

HOTEL CANAL GRANDE   Dove siamo | Camere e prezzi   ARRIVO | PARTENZA

G dovere • nouns and adjectives
V pessimo, buono, eccellente • rotto, pulito, sporco

1 **LEGGERE** Un albergo

1a Match the stars with the given expressions to indicate the quality of the hotel, as shown in the example.

★ ★★ ★★★ ★★★★ ★★★★★

nella media _____   pessimo ____★_____   eccellente _____

molto buono _____   buono _____

1b Read and match the reviews with the expressions of point **1a**, as shown in the example.

Albergo Amalia

 MARI

Camere grandi, ma bagno piccolo. Albergo vecchio, ambiente non molto elegante. Lo staff è simpatico, ma parla solo italiano (ragazzi, dovete studiare inglese!)

 SALVATORE

Posto ideale per le vacanze! Albergo pulito, camere silenziose. Panorama bellissimo. Rapporto qualità-prezzo molto buono: 50 euro per una camera matrimoniale!

 DANILO

Purtroppo anche in vacanza devo dormire in hotel economici (non ho soldi), ma qui è un disastro: televisione rotta, frigobar rotto... Poi: niente wi-fi!!! Ma perché non chiudono questi alberghi vecchi?

 EMANUELA

eccellente

Ristorante eccellente, posizione perfetta. Hanno anche il parcheggio e un centro fitness! Consiglio questa sistemazione!

DAVID

Questo hotel è ideale per dormire (i letti sono nuovi) e fare colazione (il cibo è buono). Per queste tariffe economiche è perfetto.

1c What do you think? Is Albergo Amalia a good option for your vacation? Talk about it with a classmate.

💡 **FOCUS**

DOVERE	
io	devo
tu	devi
lui / lei / Lei	deve
noi	dobbiamo
voi	dovete
loro	devono

2 GRAMMATICA Aggettivi plurali

2a *Read the reviews of point 1 once again and find the contrary of the **highlighted** adjectives, as shown in the example.*

1. camere **piccole**   *camere grandi*

2. camere **rumorose**   _____

3. hotel **cari**   _____

4. alberghi **nuovi**   _____

5. letti **vecchi**   _____

6. tariffe **care**   _____

2b *Fill out the chart with the plural forms of the adjectives.*

ADJECTIVES ENDING IN -O	singular	plural
masculine	piccolo	
feminine	piccola	

ADJECTIVES ENDING IN -E	singular	plural
masculine and feminine	grande	

2c *Turn the group of words into plural.*

1. televisione rotta   _____

2. camera matrimoniale   _____

3. bagno piccolo   _____

4. ristorante eccellente   _____

5. albergo pulito   _____

6. posto ideale   _____

3 SCRIVERE Una recensione per i social

Look at the advertising and then write a brief review (positive or negative) about Hotel Amico on Tripadvisor or another social network. Use the texts from point 1 as inspiration, as well as the ideas below and your imagination!

tariffe: economiche, care

camere: grandi, piccole, pulite, sporche

ambiente: elegante, informale

tipo di cucina: italiana, internazionale

servizi: parcheggio, wi-fi, aria condizionata

1 ASCOLTARE Hotel Bellavista

22 ▶ **1a** Listen to the conversation that happens over the phone between a client and a receptionist.
Select the issues the client is having.

Il cliente ha problemi con:

○ la finestra   ○ il prezzo della camera

○ il telefono fisso   ○ l'aria condizionata

○ il letto   ○ la porta

○ il bagno   ○ il wi-fi

1b Listen to it again and match the issue with the elements that you previously selected from the point **1a**.

1. non funziona: ....

   ....

2. sono rotte: ....

3. è scomodo: ....

1c Who is speaking? The client or the receptionist? The sentences are not in order. Then listen to the conversation again and check.

	CLIENT	RECEPTIONIST
1. Non c'è problema.	○	○
2. Può venire qualcuno?	○	○
3. Non sono soddisfatto.	○	○
4. Ho un problema.	○	○
5. Voglio cambiare camera!	○	○
6. Oggi non può venire nessuno.	○	○

💡 FOCUS

THE DAYS OF THE WEEK

lunedì	
martedì	
mercoledì	
giovedì	
venerdì	
sabato	il fine settimana /
domenica	il weekend

1d *Read the dialogue and respond to the questions: do the issues that Mr. Baldini is experiencing have a solution? Which one? Talk about it with a classmate.*

- ● Reception.
- ▶ Salve, qui è la camera 25.
- ● Buonasera, signor Baldini.
- ▶ Senta, ho un problema. Non funziona l'aria condizionata. Può venire qualcuno?
- ● Eh... Mi dispiace, signor Baldini, ma è sabato. Oggi non può venire nessuno.
- ▶ Hm. Allora domani?
- ● Domani è domenica. Il fine settimana il tecnico non lavora! Viene lunedì mattina.
- ▶ E va bene. Un'altra cosa: il cellulare non prende. Io devo fare una telefonata di lavoro!
- ● Eh, ma siamo in campagna, è normale. Deve usare il telefono fisso.
- ▶ Ah, ok... Senta, però... non funziona neanche il wi-fi...
- ● Come, non funziona il wi-fi? Ma ha la password, no?
- ▶ Ah, devo mettere una password?
- ● Certo! È "Hotel Bellavista".
- ▶ Ah... Comunque non sono soddisfatto, le finestre sono rotte e il letto è scomodo! Voglio cambiare camera!
- ● Non c'è problema, abbiamo ancora camere libere.

2 **VOCABOLARIO** Problemi in albergo

In pairs. Answer the questions. Think of the objects and the rooms you studied in this lesson unit. If necessary, use the dictionary or ask the teacher.

In una camera d'albergo, che cosa può:

funzionare male?
essere rotto?
essere scomodo?
essere sporco?

3 **PARLARE** Hotel Relax

Work with a classmate (not the same you worked with in point 2). Assign to each a role (student A and B), read the instructions and work on a phone dialogue.

STUDENTE A You are a client of Hotel Relax. You have issues with your room. Call the front desk to complain.

> Senta, ho un problema... Non funziona...

STUDENTE B You are the receptionist at the Hotel Relax. You receive a call from a client and you have to do your best to satisfy her/his requests.

> Non c'è problema...

DIECI verbi regolari

1 abitare
2 capire
3 finire
4 leggere
5 mangiare
6 parlare
7 preferire
8 prendere
9 scrivere
10 vedere

Create logical combinations using the verbs in the list like in the following examples: LEGGERE un testo, ABITARE in centro, PARLARE inglese.

 ASCOLTO IMMERSIVO®

Scan the QR code to the left, close your eyes, relax and listen.

4 GRAMMATICA

VERBS: PRESENT TENSE

Regular verbs: third conjugation (*-ire*)
In Italian *-ire* verbs (third conjugation) follow two patterns. Verbs like ***dormire*** (pattern 1) form the present tense by dropping *-ire* and adding *-o*; *-i*; *-e*; *-iamo*; *-ite*; *-ono* to match the subject of the sentence.
*Io **dormo** sempre.* [*I always sleep.*]
*Tu **apri** la finestra.* [*You open the window.*]
*Martin **parte** per Roma.* [*Martin leaves for Rome.*]
*Noi sent**iamo** freddo.* [*We are cold.*]
Notice that verbs like *dormire* have the same endings as *-ere* verbs, except for the *voi* form (*-ire*: *voi dorm**ite*** | *-ere*: *voi prend**ete***).
Some verbs like *dormire* (pattern 1): *aprire* [*to open*], *partire* [*to leave*], *sentire* [*to hear / to feel*].

Verbs like *finire* (pattern 2) insert *-isc-* between the stem and the ending to the *io, tu, lui / lei / Lei* and *loro* forms.
*Io **finisco** l'antipasto.* [*I finish the starter.*]
*Loro **capiscono** il portoghese.* [*They understand Portuguese.*]
*Lei **preferisce** la verdura.* [*She prefers vegetables.*]

Note the pronunciation of verbs like *finire*: the *sc* is pronounced /sk/ (like in eng. *sky*) before the letter *-o* and /sh/ (like in eng. *shirt*) before the letters *-e* and *-i*.
Some verbs like *finire* (pattern 2): *capire* [*to understand*], *preferire* [*to prefer*], *spedire* [*to send*].

	PATTERN 1 **DORMIRE** [to sleep]	PATTERN 2 **FINIRE** [to finish / to complete]
io	dorm-o	fin-isc-o
tu	dorm-i	fin-isc-i
lui / lei / Lei	dorm-e	fin-isc-e
noi	dorm-iamo	fin-iamo
voi	dorm-ite	fin-ite
loro	dorm-ono	fin-isc-ono

Irregular verbs: *andare, venire, dovere*
Andare, venire and *dovere* are three commonly used irregular verbs. Memorize them.

	ANDARE [to go]	**VENIRE** [to come]	**DOVERE** [to have to / must]
io	vado	vengo	devo
tu	vai	vieni	devi
lui / lei / Lei	va	viene	deve
noi	andiamo	veniamo	dobbiamo
voi	andate	venite	dovete
loro	vanno	vengono	devono

Notice that, like *volere* [*to want to*] and *potere* [*to be able to*], *dovere* [*to have to*] is followed by a verb in the infinitive form:
***Devo** telefonare in ufficio.* [*I have to call the office.*]
***Dobbiamo** dormire in hotel economici.* [*We have to sleep in cheap hotels.*]

MOLTO *AND* POCO

Adverbs are words that describe a verb, an adjective or another adverb. Like in English, in Italian we use the invariable adverbs *molto* [*a lot*] and *poco* [*a little / not very much*] to describe a verb:
*Dormo **molto** il weekend.* [*I sleep a lot on the weekend.*]
*Luisa mangia **poco** a cena.* [*Luisa doesn't eat very much at dinner.*]
Placed before an adjective or another adverb, *molto* and *poco* can mean *very* or *not very*.
*Questo hotel è **molto** buono.* [*This hotel is very good.*]
*Questo film è **poco** interessante.* [*This movie is not very interesting.*]
Parlo inglese molto male. [*I speak English very poorly.*]

PLURAL ADJECTIVES

In Italian, most adjectives pluralize as follows:
masculine singular adjectives ending in *-o*, change the *-o* to *-i*:
*un appartamento **piccolo** ➥ due appartamenti **piccoli***

with feminine singular adjectives ending in *-a*, change the *-a* to *-e*:
*una camera **piccola** ➥ due camere **piccole***

with masculine and feminine adjectives ending in *-e*, change the *-e* to *-i*:
una casa grande ➥ due case grandi

		singular	plural
adjectives ending in *-o* / *-a*	**masculine**	piccolo	piccoli
	feminine	piccola	piccole
adjectives ending in *-e*	**masculine and feminine**	grande	grandi

Special cases

Most masculine adjectives ending in *-co* add an *h* to the plural to maintain the hard *c* sound (eng. *cat*):

sporco ➝ *sporchi*
fresco ➝ *freschi*
tedesco ➝ *tedeschi*

		singular	plural
adjectives ending in -co / -ca	masculine	spor**co** economi**co**	spor**chi** economi**ci**
	feminine	spor**ca** economi**ca**	spor**che** economi**che**

Some special cases are:

economico ➝ *economici*
austriaco ➝ *austriaci*
greco ➝ *greci*
turistico ➝ *turistici*

Feminine adjectives ending in *-ca* always add an *h* to maintain the hard *c* sound (eng. *cat*):

sporca ➝ *sporche*
economica ➝ *economiche*

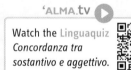

Watch the Linguaquiz *Concordanza tra sostantivo e aggettivo.*

Like in English, demonstrative adjectives emphasize the position of someone or something in time and space and are placed before a noun. *Questo* [*this*] works like the group of Italian adjectives ending in *-o*, with four endings: *-o*, *-i*, *-a*, *-e*.

	singular	plural
masculine	questo	questi
feminine	questa	queste

*Preferisco **questo** <u>ristorante</u>.* [*I prefer this restaurant.*]
***Queste** <u>villette</u> sono nuove.* [*These small houses are new.*]

Quest' is used in front masculine or feminine singular nouns starting with a vowel.
***Quest'**anno non vado in vacanza.* [*This year I'm not going on vacation.*]

Like English, Italian uses some general words to refer to a person or a thing:

nessuno [*nobody*], *niente* [*nothing*], *qualcuno* [*someone*], *qualcosa* [*something*].

Nessuno / qualcuno refer to a person while *niente / qualcosa* refer to a thing.

When *nessuno* or *niente* are placed after the verb, *non* precedes the verb.

<u>*Non*</u> *mangio **niente** a colazione.* [*I don't eat anything for breakfast.*]
<u>*Non*</u> *vedo **nessuno** in classe.* [*I don't see anyone in class.*]

VERBS: PRESENT TENSE

1 Complete the verbs with the missing letters.

1. Voi prefer_____ andare a Londra o Parigi?
2. Tu dorm_____ bene in questo letto?
3. Janine non cap_____ bene l'italiano.
4. Paolo e Lisa non dorm_____ bene in campagna.
5. Il film fin_____ bene o male?
6. Il cameriere apr_____ la porta.
7. Io e Livia part_____ domani, e voi?

2 Complete with the **highlighted** verb at the present tense.

1. **preferire**
   - (*Tu*)_____ il mare o la montagna?
   - _____ la montagna.

2. **partire**
   - Quando (*voi*) _____?
   - Io _____ domani, Frida _____ oggi.

3. **venire**
   - Claudio, tu e Mara _____ al cinema?
   - Io _____, Mara no.

4. **dovere**
   - Internet non funziona. Che cosa (*io*) _____ fare?
   - _____ inserire questa password, signore.

5. **andare**
   - (*Voi*) _____ in un ostello o in un albergo?
   - (*Noi*) _____ in albergo, e voi?

3 *Complete the sentences with the verbs in the list.*

vai | viene | deve | vado | venite | vanno | dobbiamo

1. Domani Raffaello _____ a casa mia.
2. Loro _____ a Venezia.
3. Io _____ in un hotel con la spa.
4. Voi _____ in centro sabato?
5. Noi _____ prenotare una camera.
6. Tu _____ in un appartamento o in un hotel?
7. Daniele _____ cambiare casa.

MOLTO *AND* POCO

4 *Put the words in order and create meaningful sentences, as shown in the example. More than one solution is possible.*

1. bene sta Alessio poco
   Alessio sta poco bene.

2. bene molto italiano parli
   _____

3. colazione poco Benedetta a mangia
   _____

4. casa la silenziosa di poco è Marco
   _____

5. è questo molto caro hotel
   _____

6. molto mattina la dormo
   _____

5 *Complete the sentences with* molto *or* poco.

1. Chiara parla tedesco _____ bene.
2. Valentina e Manuela vanno _____ al cinema, preferiscono guardare i film in streaming.
3. In questo periodo sono _____ stanco, forse perché dormo _____.
4. Non amo giocare a tennis, anche perché gioco _____ male.
5. I gatti non amano _____ l'acqua.
6. Non dobbiamo mangiare _____ prima di fare sport.

PLURAL ADJECTIVES

6 Underline *the correct option between the* **highlighted** *ones.*

1. Le camere sono **grandi / comodi**.
2. **Gli ostelli / Le pensioni** sono economici.
3. Le città sono **rumorose / antica**.
4. Gli studenti sono **tedeschi / grechi**.
5. **Questi divani / Queste camere** sono belle.
6. I bagni sono **puliti / grande**.

7 *Write the adjectives in the proper place. Attention: some adjectives work well for both* camere *and* alberghi, *as shown in the example.*

✓**eleganti | moderne | economiche | grandi | piccoli brutte | silenziosi | rumorosi | pulite | sporche**

CAMERE	ALBERGHI
eleganti	*eleganti*

THE DEMONSTRATIVE ADJECTIVE QUESTO

8 *Complete the dialogues with the correct forms of* questo *and with the words in the list, as shown in the example.*

trattorie | camping | istituto spa | ✓pensione | dottoresse

1. ● Consigli quest_o_ albergo?
   ▶ No, preferisco quest_a_ _pensione_ .
2. ● Consigli quest___ ristoranti?
   ▶ No, preferisco quest___ _____.
3. ● Consigli quest___ centro fitness?
   ▶ No, preferisco quest___ _____.
4. ● Consigli quest___ medici?
   ▶ No, preferisco quest___ _____.
5. ● Consigli quest___ ostello?
   ▶ No, preferisco quest___ _____.
6. ● Consigli quest___ scuola?
   ▶ No, preferisco quest___ _____.

QUALCUNO, QUALCOSA, NESSUNO, NIENTE

9 *Complete the dialogues with the words in the list.*

qualcuno | qualcosa | nessuno | niente

1. ● Vuoi _____ da mangiare?
     Un panino, una pizzetta?
   ▶ No, grazie, non prendo _____.
     Non ho fame.

2. ● Conosci _____ a Roma?
   ▶ No, non conosco _____. E tu?
   ● Io sì, ho due amici romani.

EPISODIO 4

1 *Watch the video and then complete the dialogue with the last letter of the adjectives.*

Christoph Maurizio, tu sei un barbiere molto brav__.

Maurizio Grazie, Christoph! Sei un cliente molto simpatic__!

(...)

Christoph Questo è molto difficil__, per me...

Maurizio Cosa?

Christoph Tu sei un barbiere brav__. Io sono un client__ simpatic__.

Maurizio Eh, sì, l'italiano è così!

Christoph Ma è anche possibile, per esempio: ragazza intelligent__.

Maurizio Certo!

Christoph E al plurale: barbier__ brav__, client__ simpatic__... ragazz__... intelligent__!

Maurizio Sì, è così!

Christoph Che confusione, per me! Quando la casa è bell__, ok, non c'è problema. Le cas__ sono bell__. Quando una casa è grand__...

Maurizio ... Le cas__ sono grand__! E questo per uno straniero è difficil__, vero?

Aldo Benvenuto nella lingua italiana, amico mio!

2 *Match nouns and adjectives.*

a. barbiere   1. simpatico

b. cliente   2. bravi

c. ragazza   3. bravo

d. barbieri   4. intelligente

e. ragazze   5. intelligenti

3 *Complete the text with the verbs in the list and then* <u>*underline*</u> *the correct **expression** between the **highlighted** ones.*

fa | legge | parlano | è | capisce | studia | risponde

Christoph _____ nel locale di Maurizio. Maurizio e Christoph _____. Aldo _____ il giornale e non parla **molto / niente / poco**. Christoph _____ la lingua italiana, e quando non _____ **nessuno / qualcosa / qualcuno**, _____ domande a Maurizio. Maurizio è **molto / poco / niente** simpatico: _____ e aiuta Christoph con la grammatica italiana.

SOMETHING MORE

What does it happen when we have two nouns with different gender and only one adjective that refers to both?

In this case, the adjective maintains the masculine gender. Examples:

Elena è simpatica. **Clara** è simpatica.
→ **Elena** e **Clara** sono simpati<u>che</u>.

Mauro è simpatico. **Carlo** è simpatico.
→ **Mauro** e **Carlo** sono simpati<u>ci</u>.

Elena è simpatica. **Carlo** è simpatico.
→ **Elena** e **Carlo** sono simpati<u>ci</u>.

VACABOLARIO

VACATIONAL ACCOMODATIONS

V 17 ▶

l'appartamento
[apartment]

la villetta
[small house]

il resort / il villaggio turistico
[resort]

l'agriturismo
[holiday farm]

il campeggio / il camping
[camping]

l'hotel / l'albergo
[hotel]

THE HOUSE

V 18 ▶

La cucina [kitchen]

IL FRIGORIFERO [refrigerator]

I FORNELLI [stove]

IL LAVANDINO [sink]

IL FORNO [oven]

MEMORY TIPS

To remember the name of objects, it can be helpful to write it down and see it often! You can take a post-it note, write the name on it, and leave it on top of the object.

frigorifero

Il soggiorno / Il salotto [living room]

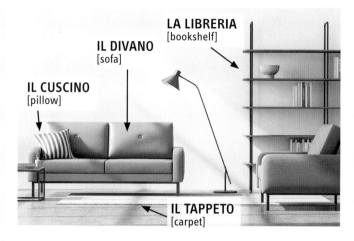

LA LIBRERIA [bookshelf]

IL DIVANO [sofa]

IL CUSCINO [pillow]

IL TAPPETO [carpet]

Il bagno [bathroom]

LA DOCCIA [shower]

LO SPECCHIO [mirror]

IL WATER [toilet]

La camera da letto [bedroom]

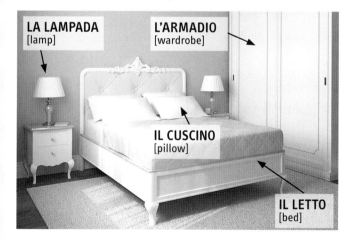

LA LAMPADA [lamp]

L'ARMADIO [wardrobe]

IL CUSCINO [pillow]

IL LETTO [bed]

ALMA Edizioni | DIECI

THE HOTEL

V 19 ▶

l'aria condizionata
[air conditioning]

il wi-fi gratuito
[free wi-fi]

la colazione inclusa
[breakfast included]

la camera doppia
[twin room]

la camera singola
[single room]

la camera matrimoniale
[double room]

DID YOU KNOW ❓

Characteristics of Italian hotels

• Breakfast is generally continental and includes sweet items, but there are also savory options available for tourists, such as cheeses and cold cuts.
• Air conditioning is usually not very strong.
• Tourists are required to pay a *tassa di soggiorno*, which is a fee collected by the government. This applies to bed and breakfasts, agritourism accommodations, and campsites as well.

grande
[big]

piccolo/a
[small]

bello/a
[beautiful]

brutto/a
[ugly]

pulito/a
[clean]

sporco/a
[dirty]

comodo/a
[comfortable]

scomodo/a
[uncomfortable]

ADJECTIVES TO DESCRIBE A PLACE

V 20 ▶

economico/a
[cheap]

caro/a
[expensive]

silenzioso/a
[quite]

rumoroso/a
[noisy]

nuovo/a
[new]

vecchio/a
[old]

THE DAYS OF THE WEEK

V 21 ▶

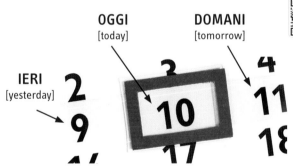

OGGI
[today]

DOMANI
[tomorrow]

IERI
[yesterday]

lunedì	[Monday]
martedì	[Tuesday]
mercoledì	[Wednesday]
giovedì	[Thursday]
venerdì	[Friday]
sabato	[Saturday]
domenica	[Sunday]

il fine settimana / il weekend
[weekend]

• The day after tomorrow: dopodomani.
• The day before yesterday: l'altroieri.

VACATIONAL ACCOMODATIONS

1 Complete the words using the group of letters in the list, as shown in the example.

par | erg | rit | ✓ote | let

1. Un h_ote_l in centro.
2. Un ap_____tamento in città.
3. Un ag_____urismo nella natura.
4. Una vil_____ta in campagna.
5. Un alb_____o sul mare.

THE HOUSE

2 Look at the images and complete the crosswords with the names of the objects.

3 ~~Delete~~ the odd one.

1. soggiorno   **divano | libreria | lavandino**
2. camera da letto   **armadio | frigorifero | letto**
3. cucina   **frigorifero | doccia | lavandino**
4. bagno   **specchio | doccia | letto**

THE HOTEL

4 Create related groups of words, as shown in the example.

1. aria   vegetariana
2. cucina   gratuito
3. colazione   moderno
4. wi-fi   doppia
5. stile   condizionata
6. camera   inclusa

ADJECTIVES TO DESCRIBE A PLACE

5 Write the opposite, as shown in the example.

1. bello   ><   *brutto* _____
2. comodo   ><   _____
3. nuovo   ><   _____
4. caro   ><   _____
5. pulito   ><   _____
6. grande   ><   _____

THE DAYS OF THE WEEK

6 Complete with the days of the week, as shown in the example.

1. Oggi è martedì. Domani è ___*mercoledì*___.
2. Oggi è giovedì. Domani è _____.
3. Oggi è domenica. Domani è _____.
4. Oggi è lunedì. Domani è _____.
5. Oggi è venerdì. Domani è _____.

USEFUL SENTENCES

7 Match the sentences said by a client at the hotel with the reactions of the receptionist, as shown in the example.

1. **Il letto è scomodo e la camera è rumorosa.**

2. **Il wi-fi non funziona.**

3. **Il cellulare non prende.**

4. **Non sono soddisfatto. Voglio cambiare stanza.**

5. **La televisione è rotta.**

a. Deve mettere la password. È "Majestic1".

b. Può usare il telefono fisso. È gratuito.

c. Non c'è problema. Abbiamo ancora camere libere.

d. Chiamo subito un tecnico.

e. Vuole cambiare camera?

DIECI MONUMENTI MOLTO FAMOSI

1 Colosseo (Roma)

Perhaps the most famous landmark in Rome, this monument attracts millions of visitors from across the globe every year.

2 Pantheon (Roma)

Showcasing one of the world's largest domes, The Pantheon is widely regarded as one of the most captivating and magical monuments of Ancient Rome.

3 Torre pendente (Pisa, Toscana)

The tower's lean resulted from an error made by the architects, but this mistake has ultimately contributed to its worldwide fame as a unique monument.

4 Duomo di Firenze (Firenze)

Giotto designed the famous bell tower, while Filippo Brunelleschi is credited as the mastermind behind the great dome.

5 Ponte di Rialto (Venezia)

For its central location and elegant architecture, it has become one of the symbols of Venice and one of the main tourist attractions of the city.

6 Basilica di San Pietro (Roma, Vaticano)

According to tradition, the Basilica of Saint Peter was constructed on the site where the tomb of Saint Peter, one of Jesus's twelve apostles and the first Pope of the Catholic Church, is believed to have been located.

7 Duomo di Milano (Milano)

Its architecture features Gothic and Renaissance influences. "La Madonnina", a golden statue of the Virgin Mary, was placed on the tallest spire and is has become one of the symbols of the city.

8 Fontana di Trevi (Roma)

The fountain's baroque architecture and monumentality make it a significant tourist destination in Rome. Additionally, it gained fame from a scene in Federico Fellini's film,

La Dolce Vita, which was filmed in the fountain.

9 Ponte Vecchio (Firenze)

A characteristic of the bridge are the goldsmiths' shops that line both sides of the street.

10 Basilica di San Marco (Venezia)

Its uniqueness comes from its combination of styles, from Byzantine and Gothic and from Renaissance to Baroque. The presence of the sea gives it a unique charm.

What is the oldest monument?
And what is the most modern one?
Flip the book: the answer is in the box below!

Solution:
Pantheon: 27 BC; Colosseo: 72 AD; Basilica di San Marco: 1063; Torre Pendente: 1173; Duomo di Firenze: 1296; Ponte Vecchio: 1345; Duomo di Milano: 1386; Basilica di San Pietro: 1506; Ponte di Rialto: 1588; Fontana di Trevi: 1732.

VIDEO ▶

1   *Start by watching the video <u>without</u> the audio. In your opinion, what are Ivano and Paolo talking about? Make hypothesis, then discuss with a classmate.*

2   *Now watch the video <u>with</u> its audio and select the correct option. In one case, you must select two people.*

	IVANO	PAOLO
1. Vuole partire per il fine settimana.	○	○
2. Vuole andare in campagna.	○	○
3. Preferisce andare al mare.	○	○
4. Vuole avere la connessione internet.	○	○
5. Preferisce andare in albergo.	○	○

3   *Select the correct option.*

1. Paolo:
   a.○ vuole cambiare il progetto.
   b.○ non vuole cambiare il progetto.
   c.○ vuole cambiare solo la cucina.

2. Per Ivano Francesca:
   a.○ è brava e brutta.
   b.○ è bella ma non è brava.
   c.○ è brava e bella.

3. Secondo Ivano, un weekend al mare significa:
   a.○ tranquillità.
   b.○ confusione.
   c.○ mangiare bene.

4. Nell'agriturismo la colazione:
   a.○ è inclusa.
   b.○ non è inclusa.
   c.○ non è buona.

5. Il ristorante dell'agriturismo:
   a.○ non è buono.
   b.○ è buono e economico.
   c.○ è buono ma non è economico.

6. Paolo preferisce un albergo:
   a.○ con il ristorante.
   b.○ con piscina.
   c.○ con accesso a internet.

4   *Complete the dialogue with the words in the list.*

mare | colazione | agriturismo | preferisci | lontano venerdì | caldo | ristoranti | economico | dobbiamo

Paolo Senti, ma allora _____ partiamo?

Ivano Ah sì, giusto! Aspetta, ehm... Che cosa pensi di... questo?

Paolo Ah, un _____. Ma perché _____ andare in campagna?

Ivano _____ una città?

Paolo O il _____? No?

Ivano Ma, Paolo, scusa, un weekend al mare significa gente, _____, non troviamo posto nei _____... Qui invece è tranquillo, la _____ è inclusa, il ristorante è buono, _____...

Paolo Ivano! Niente wi-fi?? Ma come è possibile?

Ivano Ma va bene così... In campagna è giusto stare un po' _____ dal mondo...

> Allora ciao. Ciao, ciao...

🔍 **CIAO!**
We often say *ciao* multiple times when ending a phone conversation.

LEZIONE 5
SPAZIO E TEMPO

In this lesson, I will learn how to:
- *describe a city*
- *indicate the position of something in space*
- *understand and give directions*
- *tell the time*
- *book a guided tour*

COMINCIAMO

a   Here the 10 Italian cities loved the most by tourists. Do you know them?

1. Roma
2. Milano
3. Venezia
4. Napoli
5. Palermo
6. Catania
7. Pisa
8. Firenze
9. Bologna
10. Bari

b   What is the city in the picture?

c   Do you know where the 10 cities are? Look at the map of Italy at p. 18.

SOLUTION TO POINT b
Bologna: Torre degli Asinelli e Torre della Garisenda.

1 LEGGERE Venezia e Milano

1a *In pairs. Student A reads the text about Venezia, student B reads the text about Milan.*

25

1b *Close your book and tell your classmate what the text your read was about.*

1c *Now A reads the text about Milan and B reads the one about Venezia.*

1d *Select the correct part, as shown in the example.*

1. A Venezia ci sono molti palazzi ☑ **antichi** ○ **moderni**.
2. In piazza San Marco c'è ○ **una chiesa** ○ **un ponte**.
3. A Venezia c'è il festival ○ **del cibo** ○ **del cinema**.
4. A Venezia ○ **ci sono** ○ **non ci sono** macchine.
5. A Milano ○ **c'è** ○ **non c'è** un centro storico interessante.
6. A Milano ○ **ci sono** ○ **non ci sono** negozi eleganti.
7. A Milano ○ **c'è** ○ **non c'è** la metropolitana.

1e *In pairs: what city do you prefer? Why? Discuss with a classmate.*

💡 **FOCUS**

MONTHS

gennaio	luglio
febbraio	agosto
marzo	settembre
aprile	ottobre
maggio	novembre
giugno	dicembre

A febbraio c'è il Carnevale.

2 VOCABOLARIO Le parole della città

2a *Match the words to the pictures, as shown in the example. Then listen to the audio track and check.*

n°____ gondola   n°____ macchina
n°____ metro   n° _7_ tram
n°____ autobus   n°____ vaporetto
n°____ bicicletta

1

2

3

4

5

6

7

testo parlante **23**

Venezia

COSA VEDERE Venezia è una città ricca di storia e di cultura. Ci sono molti palazzi antichi, musei, chiese. Ci sono anche ponti storici, come il Ponte di Rialto. Un altro luogo importante è Piazza San Marco, con la bellissima chiesa.

COSA FARE A Venezia ci sono molte manifestazioni culturali. A febbraio c'è il Carnevale, a maggio c'è la Biennale d'arte, a agosto il Festival del cinema e a ottobre la Biennale musica.

COME MUOVERSI Venezia è sul mare e in città non ci sono macchine. I veneziani vanno a piedi o in vaporetto. Qualcuno va in gondola, specialmente i turisti.

2b Complete the crossword with the words found in both texts (VE = Venezia, MI = Milano). Follow the example.

DOWN ↓

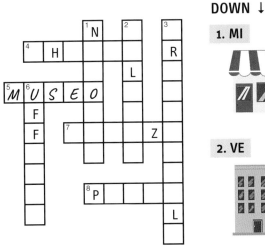

1. MI

2. VE

ACROSS →

4. VE

✓ **5. VE e MI**

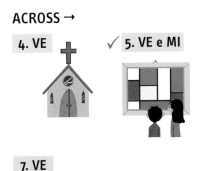

3. MI

7. VE

8. VE

6. MI

---

3 **GRAMMATICA** C'è / Ci sono

3a Complete the two sentences.

A febbraio _____ il Carnevale.
In città non _____ macchine.

3b What is the difference between c'è and ci sono? Discuss with a classmate.

3c In pairs: taking turns, student A asks questions about Venice and student B about Milan. Follow the example. If necessary, verify the answers using the texts.

EXAMPLE:
A A Venezia
   ci sono <u>ponti storici</u>?

B ○ Sì, c'è.
  ○ No, non c'è.
  ⊘ Sì, ci sono.
  ○ No, non ci sono.

B A Milano **c'è** <u>il mare</u>?

A ○ Sì, c'è.
  ⊘ No, non c'è.
  ○ Sì, ci sono.
  ○ No, non ci sono.

A / VENEZIA 1. ✓ponti storici | 2. la metropolitana
3. il mare | 4. palazzi antichi | 5. il Festival del cinema
6. i grattacieli | 7. il Carnevale

B / MILANO a. ✓il mare | b. negozi eleganti
c. il centro storico | d. musei interessanti
e. opere di Leonardo | f. il tram | g. la Biennale d'arte

4 **SCRIVERE** La mia città

What is there to visit in your city? Write a short essay. Explain what is to be seen, to do and how to go around the city.

Ci sono molte cose interessanti...
Ci sono molti musei...

testo parlante 24 ▶

Milano

COSA VEDERE Milano è la seconda città italiana. Ci sono grattacieli e uffici, ma non è solo una città moderna. Milano infatti ha un centro storico con molte cose interessanti: il Duomo, il Teatro Alla Scala e musei con opere di Leonardo, Mantegna e molti altri artisti italiani del Rinascimento.

COSA FARE Passeggiare per le vie del centro e guardare i negozi eleganti. La sera, andare nella zona dei Navigli dove ci sono bar e ristoranti per mangiare, bere e incontrare gli amici.

COME MUOVERSI I milanesi usano la metropolitana, l'autobus o il tram. Molti milanesi usano anche la bicicletta.

▶ *GRAMMATICA* ES 1 E 2 ▶ *VOCABOLARIO* ES 1 E 2

5B Lo spazio

G davanti / dietro • sopra / sotto • volerci
V Senta, scusi... • Mi sa dire... • Quanto tempo ci vuole?

1 GRAMMATICA Espressioni di luogo

1a *Watch the image of the plaza and write sentences, as shown in the example.*

vicino / accanto   davanti   dietro   sotto   sopra

1. Il ristorante ·········   **sotto** la stazione.

2. La stazione   **vicino** al supermercato.

3. Il museo   **accanto** al bar.

4. L'ospedale   è   **davanti** al supermercato.

5. Il parcheggio   **davanti** alla chiesa.

6. La fermata della metro   **dietro** alla banca.

1b *In pairs. Taking turns, a student asks what is in the classroom. Follow the patterns. The other student guesses.*

> Chi c'è **vicino a** Rita?

> Maria!

> Sì, giusto! / No, sbagliato!

> Che cosa c'è **sotto** il tavolo?

> Lo zaino!

> Sì, giusto! / No, sbagliato!

2 ASCOLTARE Senta, scusi...

26 ▶ **2a** *Listen to the audio track. In your opinion where are the two people?*

1. ◯ All'ufficio informazioni della stazione.
2. ◯ All'ufficio informazioni dell'aeroporto.
3. ◯ Al bar dell'aeroporto.

2b *Listen to it again and select the correct answer.*

1. Con il treno ci vogliono
   ○ 40 minuti.
   ○ 55 minuti.
   ○ 2 ore.

2 Con l'autobus ci vogliono
   ○ 40 minuti.
   ○ 55 minuti.
   ○ 2 ore.

3. Il signore vuole prendere
   ○ il taxi.
   ○ l'autobus.
   ○ il treno.

4. Il signore può comprare il biglietto
   ○ al bar.
   ○ alla biglietteria automatica.
   ○ sul treno.

2c *Listen to the audio track again and write the words in the correct place, as shown in the example.*

aeroporto | bar | ✓biglietteria automatica | stazione

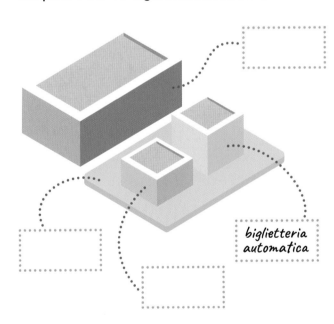

biglietteria automatica

2d *Create sentences, as shown in the example.*

1. Senta,   55 minuti.

2. Che mezzi   dove parte?

3. Con il treno   scusi...

4. Con l'autobus ci vogliono   quanto tempo ci vuole?

5. Mi sa dire da   il biglietto sul treno?

6. Posso fare   posso prendere?

2e *Complete the expressions in the dialogue.*

1. EXPRESSIONS WE USE TO ASK FOR INFORMATION:
   Senta, _____...
   _____ _____ dire...

2. EXPRESSIONS WE USE TO ASK HOW LONG IT TAKES:
   Quanto tempo _____ _____?

3. EXPRESSIONS WE USE TO RESPOND:
   _____ _____ 55 minuti.

3 **PARLARE** Quanto tempo ci vuole?

In pairs. Taking turns, one at a time, pick a real place in your city and ask how to get there from school. Your mate will respond. You can use the examples in the lists.

PLACES	MEANS	TIME
Alla stazione	Treno	10 minuti
All'aeroporto	Metro	25 minuti
Allo stadio	Tram	Un'ora
All'ospedale	Taxi	Due ore
In centro	In macchina	...
...	A piedi	
	...	

Senta, scusi, per andare allo stadio che mezzi posso prendere?

Può andare in metro o in taxi.

Con la metro quanto tempo ci vuole?

5c La strada

G a destra / a sinistra · ordinal numbers · compound prepositions
V Non lo so. · Gira alla seconda a sinistra.

1 ASCOLTARE La seconda a sinistra

27 ▶ **1a** Listen to the audio track. How many people are speaking?

1b Listen to it again: where is via degli Angeli? Mark the path on the map from Piazza Firenze and select the street.

dritto   a destra   a sinistra   incrocio   semaforo

> ● **FOCUS**
>
> **NON LO SO**
> ● Senta scusi, sa dov'è via degli Angeli?
> ◆ **Non lo so**, mi dispiace.

1c Read and check.

● Senta scusi, sa dov'è via degli Angeli?

◆ Non lo so, mi dispiace.

...

● Scusi, sa dov'è via degli Angeli?

▶ Sì... Allora... Vede l'incrocio con il semaforo?

● Sì.

▶ Bene. Lei arriva all'incrocio e gira a destra. Poi continua dritto, e gira alla seconda a sinistra.

● Seconda a sinistra, ok...

▶ Poi va sempre dritto, e quando arriva alla piazza, gira alla prima a destra. Quella è via degli Angeli.

● Grazie.

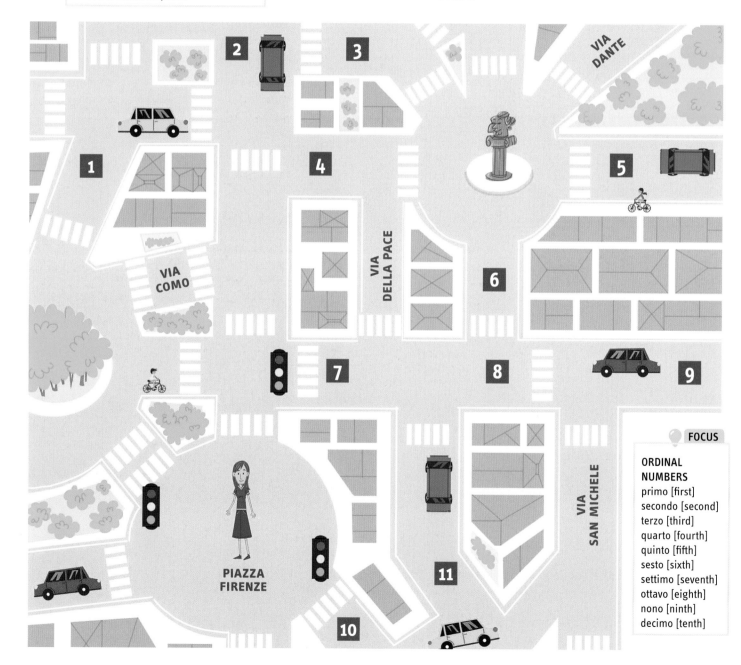

> ● **FOCUS**
>
> **ORDINAL NUMBERS**
> primo [first]
> secondo [second]
> terzo [third]
> quarto [fourth]
> quinto [fifth]
> sesto [sixth]
> settimo [seventh]
> ottavo [eighth]
> nono [ninth]
> decimo [tenth]

2 VOCABOLARIO Verbi di movimento

2a Mark with a ✓ the combinations of the dialogues. For now <u>ignore</u> the numbers in parenthesis.

	DRITTO	A DESTRA	A SINISTRA	ALL'INCROCIO	AL SEMAFORO
andare [5]					
girare [4]					
arrivare [2]					
continuare [1]					

2b In pairs. Look at the numbers in paranthesis rigth after the verbs of the point **2a**: other combinations are possible. Which ones?

3 PARLARE Dov'è...?

In pairs. You are in piazza Firenze (map at point **1**). Student A selects a street from the list and asks student B how to get there. Student B looks at the map and responds. Repeat the activity switching roles.

via Dante | via della pace | via Como | via San Michele

Senta scusi, sa dov'è...

Sì, allora...

4 GRAMMATICA Preposizioni articolate

4a What words do you combine to create the **highlighted** compound prepositions? Follow the example

● Senta scusi, mi sa dire dov'è via **degli** Angeli? `di+gli`
▶ Sì... Allora... Vede l'incrocio con il semaforo?
● Sì.
▶ Bene. Lei arriva **all'** incrocio e gira a destra. Poi continua dritto, e gira **alla** seconda a sinistra.

4b Compound the prepositions with the articles and then complete the chart.

	IL	LO	L'	LA	I	GLI	LE
DI	del		dell'	della	dei		delle
A		allo			ai	agli	
DA	dal		dall'				dalle
IN	nel		nell'	nella		negli	
SU		sullo		sulla	sui		sulle

4c Create the compound prepositions and then complete the dialogues, as shown in the example.

● Scusi, posso lasciare la macchina _nel_ parcheggio _____ museo?
▶ Sì, ma deve girare a destra. Questo è il parcheggio _____ autobus.

di + il = _____
di + gli = _____
in + il = _nel_

● Senta, scusi, che autobus posso prendere per andare _____ stadio?
▶ Può prendere il 19. La fermata è accanto _____ bar.
● Posso comprare il biglietto _____ autobus?
▶ Sì.

su + l' = _____
a + lo = _____
a + il = _____

● Scusi, mi sa dire dove trovo gli orari _____ treni?
▶ Sì, sono vicino _____ biglietteria.
● La biglietteria dov'è?
▶ Davanti _____ ufficio informazioni.

a + la = _____
di + i = _____
a + l' = _____

5 SCRIVERE Un dialogo

Form a team with 2 or 3 classmates. Play against an other team. Pick a situation from the list. Each team has 5 minutes to make a dialogue with the compound prepositions. At the end each team reads the dialogue: every correct preposition is worth a point. Play one more time. The team with the most points wins.

Un turista domanda a una persona come arrivare alla fermata della metro.

Un turista domanda all'ufficio informazioni dell'aeroporto come arrivare in città.

Al telefono, un cliente domanda al receptionist come arrivare in hotel dalla stazione.

5D Vorrei tre biglietti.

1 GRAMMATICA Che ore sono?

1a Match the clocks with the times, as shown in the example. Then listen to the audio track and check.

a. `8:00` b. `8:10` c. `8:15` d. `8:30` e. `8:40`

f. `8:45` g. `12:00` ✓h. `00:00` i. `1:00`

`00:00`
È mezzanotte.

Sono le otto e quaranta. / Sono le nove meno venti.

Sono le otto e trenta. / Sono le otto e mezza.

Sono le otto e dieci.

Sono le otto e quindici. / Sono le otto e un quarto.

Sono le otto.

È l'una.

Sono le otto e quarantacinque. / Sono le nove meno un quarto.

È mezzogiorno. / Sono le dodici.

💡 FOCUS

CHE ORE SONO? / CHE ORA È?
In Italian, to tell the time we can use the 24-hour format we do not use AM and PM.

Sono le dieci e venti. ☀

Sono le dieci e venti. / Sono le ventidue e venti. 🌙

1b Listen to the audio track and write the time, as shown in the example.

1. `10 : 05`   2.   3.

4.   5.   6.

7.   8.   9.

1c Form a team. The teacher writes a time and per each time, he / she asks what time it is. Each team writes on a sheet what time it is in all the possible ways, as shown in the example. When the task is completed, a member of the team says "STOP!" and give the answers. If the answer is correct, the team scores 1 point.

Sono le 10 e quarantacinque.
Sono le undici meno un quarto.
Sono le ventidue e quarantacinque.

2 ASCOLTARE Vorrei tre biglietti.

2a Listen to the dialogue that takes place at the info point and then match questions with answers.

GIORNO	
1. Che giorno è?	lunedì
2. Quando deve partire il signore?	martedì
	mercoledì
3. Per quale giorno compra i biglietti alla fine?	giovedì
	venerdì
	sabato
	domenica

ORE	
1. Che ore sono?	10:00
2. A che ora comincia la visita?	11:15
	11:30
3. A che ora il signore deve essere alla Galleria Borghese?	11:45
	12:00
	12:30

2b Complete the brochure about Galleria Borghese at p. 99 with the missing information. If necessary, listen to the audio track again.

2c Match the words in the left column to the ones in the right column and make expressions of the dialogue.

biglietto
ufficio
visita

guidata
informazioni
intero
ridotto

GALLERIA BORGHESE

Cosa c'è
La Galleria ospita opere di
Raffaello, Tiziano, Correggio,
Caravaggio e splendide sculture
del Bernini e del Canova.

Dove siamo
piazzale del Museo Borghese, 00197 - Roma

Orari
9:00-19:00
chiuso il _____

Biglietti
intero _____ €
ridotto _____ €

Visite guidate
costo _____ € a persona
(gratis per i bambini)

Appuntamento _____ minuti prima
_____ all'entrata della Galleria.

PER INFORMAZIONI **www.galleriaborghese.it**

💡 FOCUS

VICINO e LONTANO	QUI e LÌ
È **vicino**.	Noi siamo **qui**.
Non è **lontano**.	Dovete essere **lì** 10 minuti prima.

3 PARLARE In un ufficio informazioni

In pairs (student A and student B). Go to the
▶ *COMUNICAZIONE section: A goes to p. 200 and B*
goes to p. 204. Create a dialogue as if you were at the
info point.

Vorrei...   Per quando?   Quanto costa la visita?

DIECI espressioni di spazio

1 *a destra* □

2 *a sinistra* □

3 *davanti (a)*

4 *dietro (a)* □

5 *accanto (a)*  ⭐

6 *sopra* □

7 *sotto* □

8 *vicino (a)* □ ⭐

9 *lontano (da)* □ ⭐

10 *dentro* □ ⭐

For each expression, place the symbol
in the right spot, as shown in the examples.

ASCOLTO IMMERSIVO®   *Scan the QR code to the left,*
close your eyes, relax and listen.

5 GRAMMATICA

C'È / CI SONO

To address the presence or existence of someone or something we use the expressions *c'è* [*there is*] or *ci sono* [*there are*].
C'è is followed by a singular noun while *ci sono* is followed by a plural noun.
A Milano c'è un teatro famoso.
[*In Milan there is a famous theater.*]
A Venezia non ci sono macchine.
[*In Venice there are no cars.*]
The infinitive form of *c'è* and *ci sono* is *esserci*.

ADJECTIVES: MOLTO AND POCO

When used before a noun, *molto* [*much / many*] and *poco* [*a few*] act as adjectives and, as such, they agree in gender and number with the noun they describe (*-o, -i, -a, -e*).

	singular	plural
masculine	molto / poco	molti / pochi
feminine	molta / poca	molte / poche

A Roma ci sono molti motorini.
[*In Rome there are many scooters.*]
A Ferrara ci sono poche macchine.
[*In Ferrara there are a few cars.*]

PREPOSITIONS OF SPATIAL RELATIONS

Spatial relations are used to indicate where things or people are in relation to one another.

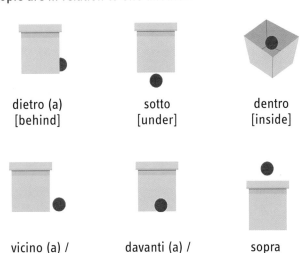

dietro (a)
[behind]

sotto
[under]

dentro
[inside]

su
[on]

vicino (a) /
accanto (a)
[close to /
next to]

davanti (a) /
di fronte (a)
[in front of]

sopra
[above]

lontano da
[far from]

CI VUOLE / CI VOGLIONO

The expressions *ci vuole* and *ci vogliono* are used to describe how long it takes to do something or go somewhere.

ci vuole + singular noun
- ● *Con il tram quanto tempo ci vuole?*
  [*How long does it take by tram?*]
- ▶ *Ci vuole un'ora.*
  [*It takes one hour.*]

ci vogliono + plural noun
Per andare in centro ci vogliono 10 minuti.
[*It takes 10 minutes to go downtown.*]

THE INTERROGATIVE WORD QUANTO

The interrogative word *quanto* expresses the idea of *how much? / how many?* and agrees in gender and number (*-o, -i, -a, -e*) with the noun that follows:

	singular	plural
masculine	quanto	quanti
feminine	quanta	quante

- ● *Quanti anni hai?*
  [*How old are you?*]
- ▶ *43.*
  [*43.*]

- ● *Quante macchine hai?*
  [*How many cars do you have?*]
- ▶ *Due.*
  [*Two.*]

'ALMA.tv ▶

Watch the
Linguaquiz
Che ora è?

VERBS: PRESENT TENSE

Irregular verbs: *dire* [*to say*], *sapere* [*to know*]
Two other frequently used Italian verbs are *dire* [*to say*]
and *sapere* [*to know*]. Both are irregular. Memorize their
forms.

	DIRE	SAPERE
	[to say]	[to know]
io	dico	so
tu	dici	sai
lui / lei / Lei	dice	sa
noi	diciamo	sappiamo
voi	dite	sapete
loro	dicono	sanno

*Quando vedo il professore, **dico** "Buongiorno".*
[*When I see my professor I say "Good morning!*]
Sai *dov'è il ristorante?*
[*Do you know where the restaurant is?*]
So *cantare.*
[*I know how to sing. / I can sing.*]

Sapere is used to express the knowledge of a fact or a
piece of information. It is also used to express the idea of
know-how.

ORDINAL NUMBERS

primo [first]   **secondo** [second]
terzo [third]   **quarto** [fourth]
quinto [fifth]   **sesto** [sixth]
settimo [seventh]   **ottavo** [eighth]
nono [ninth]   **decimo** [tenth]

Like English, Italian has both cardinal numbers (*uno, due,
tre...* [*one, two, three...*]) and ordinal numbers (*primo,
secondo, terzo...* [*first, second, third...*]). Cardinal numbers
are used to count and express a quantity, while ordinal
numbers are used to rank someone or something.
In Italian, ordinal numbers act as adjectives and agree
in gender and number with what they describe (-*o*, -*i*,
-*a*, -*e*):
*La **prima** via a destra è Corso Vittorio Emanuele.*
[*The first street on the right is Corso Vittorio Emanuele.*]

In Italian, numerals are abbreviated by adding the
symbol ° for masculine forms and ª for feminine forms.
For example, 1° (*primo*) is used for the masculine, and 1ª
(*prima*) is used for the feminine.
*la **1ª** strada a destra* [*the 1st street on the right*]
*il **2°** incrocio* [*the 2nd intersection*]

PREPOSITIONS

In LEZIONE 2 we learned to use *a* before cities (*Sono a
Roma.*) and *in* before Countries (*Andiamo in Italia.*) and
streets (*Abito in via Foscolo.*).
A and *in* can be used interchangeably before months (***A
maggio** c'è la Biennale.* | ***In febbraio** c'è il Carnevale.*).
Before means of transportation we use *con* + article or *in*:
*Vado **con** l'autobus.* | *Vado **in** autobus.*
[*I go by bus / I take the bus.*]
*Vieni **con** il tram?* | *Vieni **in** tram?*
[*Are you coming by tram?*]
Be careful! With *piedi* [*feet*] we use the preposition *a*.
*Vado **a** piedi.* [*I go on foot.*]

Compound prepositions
Compound (= composed by two separate elements)
prepositions are the combination of simple preposition (*di,
a, da, in, su*) and definite articles to form a single word.

	IL	LO	L'	LA	I	GLI	LE
DI	del	dello	dell'	della	dei	degli	delle
A	al	allo	all'	alla	ai	agli	alle
DA	dal	dallo	dall'	dalla	dai	dagli	dalle
IN	nel	nello	nell'	nella	nei	negli	nelle
SU	sul	sullo	sull'	sulla	sui	sugli	sulle

***Sul** (su + il) treno ci sono molti turisti.*
[*There are a lot of tourists on the train.*]
*La biglietteria **della** (di + la) stazione è accanto **al** (a + il) bar.*
[*The train station ticket office is by the bar.*]

CLOCK TIME

To ask the time in Italian we use the expressions *Che ora è?*
or *Che ore sono?*
To give the time, we use the following structure:
sono le + hours + *e* + minutes

`12:00` **Sono le** *dodici.*

`06:00` **Sono le** *sei.*

`06:05` **Sono le** *sei **e** cinque.*

`06:15` **Sono le** *sei **e** quindici / un quarto.*

`06:30` **Sono le** *sei **e** trenta / mezza.*

Like in English, you can also give time counting backwards
using the expression:
sono le + upcoming hour + *meno* + minutes

`06:45` **Sono le** *sette **meno** un quarto.* (= quindici minuti)

We use the singular *è* in the following cases:

`12:00` **È** *mezzogiorno.* [12:00 p.m.]

`00:00` **È** *mezzanotte.* [12 a.m.]

`01:00` **È** *l'una.* [1 p.m. or 1 a.m.]

5 GRAMMATICA

C'È / CI SONO

1 *Complete the sentences with* c'è *or* ci sono.

1. A Firenze _____ il Ponte Vecchio.
2. A Napoli non _____ le gondole.
3. A Roma _____ i Musei Capitolini.
4. A Milano _____ la metropolitana.
5. A Venezia non _____ macchine.

ADJECTIVES: MOLTO AND POCO

2 *Complete by using the correct form of the adjectives* molto *and* poco. *You must use* poco *twice*.

> **L'Italia: geografia e alimentazione**
>
> **In Italia ci sono:** _____ siti archeologici antichi (circa 100), _____ isole piccole o grandi (800), _____ chilometri di coste (7800), _____ città con minimo un milione di abitanti (solo due: Roma e Milano).
>
> **Gli italiani:** usano _____ burro per cucinare (preferiscono l'olio), mangiano _____ pane, bevono _____ acqua frizzante.

PREPOSITIONS OF SPATIAL RELATIONS

3 *Look at the picture and* <u>underline</u> *the correct option between the* **highlighted** *ones*.

1. La penna è **sul / lontano dal** quaderno.
2. Il cellulare è **sotto il / vicino al** computer.
3. Il computer è **dietro al / sul** tavolo.
4. Il caffè è **dentro la / di fronte alla** tazza.

CI VUOLE / CI VOGLIONO

4 *Complete the sentences using the verbs* volere *and* volerci *at the present tense*.

1. Martina _____ andare in centro in autobus.
2. Per andare in stazione _____ poco tempo.
3. Quante ore _____ in macchina da Napoli a Bologna?
4. Patrizia e Carlo _____ visitare Venezia con il vaporetto.
5. (Io) _____ una macchina nuova.

THE INTERROGATIVE WORD QUANTO

5 *Complete with the interrogative adjectives and select the correct answer*.

1. Quant___ tempo ci vuole per andare da Milano a Palermo in aereo?
   ○ Un'ora e mezza. | ○ Quindici ore.
2. Quant___ tipi di pasta ci sono in Italia?
   ○ 3 | ○ circa 120
3. Quant___ persone vivono in Italia?
   ○ circa 60 milioni | ○ 2 milioni
4. Quant___ regioni ha l'Italia ?
   ○ 20 | ○ 3

VERBS: PRESENT TENSE

6 *Write the pronoun, as shown in the example*.

1. *Io* dico | 2. _____ sa | 3. _____ so
4. _____ dite | 5. _____ dici | 6. _____ sanno
7. _____ dicono | 8. _____ sappiamo | 9. _____ sai
10. _____ diciamo

ORDINAL NUMBERS

7 *Look at the image to the right and complete the sentences below with the ordinal numbers*.

VIA DEL FABBRO
VIA DELL'ASINO
CORSO ITALIA
VIALE GARIBALDI
TU

1. Via del fabbro è la _____ via a sinistra.
2. Viale Garibaldi è la _____ a destra.
3. Corso Italia è la _____ strada a destra.
4. Via dell'asino è la _____ a sinistra.

PREPOSITIONS

8 *Complete with the prepositions in the list*.

al | con | in | dei | all' | del | alla

1. Io preferisco andare _____ la metropolitana, e tu?
2. La stazione _____ treni è di fronte _____ bar.
3. La biglietteria _____ teatro è chiusa.
4. _____ agosto in città ci sono poche macchine.
5. Per andare _____ ospedale, gira _____ prima a destra.

CLOCK TIME

9 *Write the time. Attention: in some cases, two solutions are possible*.

07:45	_____
13:00	_____
00:00	_____
09:20	_____
12:10	_____

EPISODIO 5

1 *Before watching the video, observe the images and match the expressions of the list. Attention: there is an extra expression. Then watch the video and check your answers.*

lontano | dietro | sotto | ~~vicino~~ | di fronte

_____

_____

_____

_____ *vicino* _____

2 *Organize the words and make sentences.*

1. Adesso | sedia | sono | dalla | lontano

   _____.

2. specchio | davanti | Lo | alla | è | sedia

   _____.

3. sulla | lampada | sei | sopra | sedia | è | sedia

   Sì. Tu _____. La _____

   la _____.

3 *Complete the dialogue.*

Maurizio   Ciao, Christoph!

Christoph   Ciao, Maurizio!

Maurizio   Come stai? Come va _____ l'italiano?

Christoph   Ah, oggi ho nuove parole!

Maurizio   Ah sì?

Christoph   Sì. Allora... Davanti! O: di _____... Dietro. Vicino. Lontano.

Maurizio   Bravo, Christoph!

Christoph   Grazie! Ma non è facile ricordare le preposizioni. Adesso sono... lontano _____ sedia.

Maurizio   Sì.

Christoph   Adesso sono vicino _____ sedia.

Maurizio   Esatto!

Christoph   Lo specchio è davanti...

Maurizio   Alla...?

Christoph   Giusto... Davanti _____ sedia.

Maurizio   Sì! Ma con "sopra" e "sotto", non c'è preposizione. E anche con "dentro".

Aldo   Sì. Tu sei _____ sedia. La lampada è sopra _____ sedia.

Maurizio   È vero, Aldo, ma adesso basta, sono cose difficili _____ uno studente straniero. Vero?

SOMETHING MORE +

Did you notice? Aldo talks about differences among **su** *and* **sopra**.

What do these expressions mean?

Christoph è <u>sulla</u> sedia. =
Christoph has contact with the chair.

La lampada è <u>sopra</u> la sedia. =
The lamp is high up, there is no contact with the chair.

5 VOCABOLARIO

MONTHS OF THE YEAR

V22 ▶

1	gennaio [January]	5	maggio [May]	9	settembre [September]
2	febbraio [February]	6	giugno [June]	10	ottobre [October]
3	marzo [March]	7	luglio [July]	11	novembre [November]
4	aprile [April]	8	agosto [August]	12	dicembre [December]

MEANS OF TRANSPORTATION

V23 ▶

il motorino [scooter]

la bicicletta / la bici [bicycle]

il monopattino [scooter]

la macchina [car]

l'aereo [plane]

la nave [ship]

il tram [tram]

la motocicletta / la moto [motorcycle]

l'autobus [bus]

la metropolitana / la metro [subway]

il treno [train]

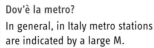
THE CITY

V24 ▶

la chiesa [church]

il museo [museum]

il negozio [shop]

il parcheggio [parking lot]

l'ospedale [hospital]

l'aeroporto [airport]

il cinema [cinema]

la banca [bank]

il centro commerciale [shopping mall]

la stazione [station]

lo stadio [stadium]

il supermercato [supermarket]

il grattacielo [skyscraper]

l'incrocio [crossroads]

il semaforo [traffic light]

il ponte [bridge]

la piazza [square]

il parco [park]

l'università [university]

il centro storico [historical center]

il palazzo [building]

GOING AROUND THE CITY

V 25 ▶

prendere [to take]	l'autobus [the bus] il treno [the train] l'aereo [the plane]
andare [to go]	dritto [straight ahead] a destra [right] a sinistra [left]
girare [to turn]	a destra [right] a sinistra [left]
arrivare [to get]	all'incrocio [to the crossroads] al semaforo [to the traffic light] al ponte [to the bridge]
continuare [to continue]	dritto [straight]

MEMORY TIP

Do you know the method of *loci*? Do you know how it works?

To memorize a word, you need to associate it with a familiar physical place, such as a room in your home, the street where you live, the path you take in the morning to go to work or study. In this space, you should associate various objects with the words to be memorized (one object = one word). For example, when you have

breakfast in the morning, you pass through the kitchen and repeat the word associated with the refrigerator, the oven, etc. It's even easier if you do it when you go to the office or school because the objects (the traffic light, a store, etc.) are always in the same order.

Perhaps the method of loci is an invention of Cicero (106-43 BC), the famous Roman politician and writer. *Loci* means places in Latin.

MONTHS OF THE YEAR

1 Complete by using the missing letters.

1. G ☐☐ NA ☐ O
2. ☐☐ BB ☐ AIO
3. M ☐ R ☐ O
4. AP ☐☐ LE
5. M ☐ GG ☐ O
6. G ☐☐ GNO
7. L ☐ G ☐ IO
8. A ☐ OS ☐ O
9. S ☐ TTE ☐ B ☐ E
10. O ☐☐ O ☐ RE
11. ☐ O ☐ EM ☐ R ☐
12. D ☐☐ E ☐ BRE

MEANS OF TRANSPORTATIONS

2 Complete the words in the list, as shown in the example.

✓ macchina | nave | metropolitana | tram
autobus | aereo | treno | bicicletta | motorino

_____   macchina
_____   _____
_____   _____
                    _____

_____   _____

THE CITY

3 Create the words, as shown in the example.

1. aero .... cio
2. sta   eggio
3. sema   dale
4. parch .... porto
5. ospe   zio
6. nego   azzo
7. pal   foro
8. incro   zione

4 Where can you find these elements? Match the objects and the people with the places from point **3**, as shown in the example.

1. treno   _____
2. aereo   _____
3. macchina   *parcheggio*
4. dottore   _____
5. commesso   _____
6. appartamento   *palazzo*

5 Where are we? Complete with the appropriate words.

1. a una fermata della _____ di Torino

2. in un _____

3. all'entrata di un _____

6 Complete the image with the appropriate words, as shown in the example.

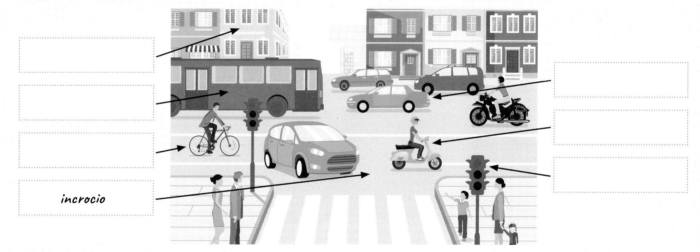

incrocio

GOING AROUND THE CITY

7 Underline the correct option between the **highlighted** ones.

1. Per andare alla stazione **prendi / vai** la metropolitana o il motorino?
2. L'autobus **gira / va** dritto fino alla piazza.
3. Per andare all'ospedale, Lei **arriva / prende** all'incrocio e poi gira **dritto / a destra**.
4. Questo tram arriva **alla stazione / dritto**?

8 Complete with the words in the list.

a sinistra | arrivare | dritto | il tram | andare | prendere

1. girare { _____ / a destra }

2. _____ { _____ / a sinistra / a destra }

3. _____ { l'aereo / la macchina / _____ }

4. _____ { all'incrocio / al ponte }

USEFUL QUESTIONS

9 Complete the dialogues with the appropriate word, as shown in the example.

1. ● _____*Mi*_____ sa dire dov'è via Verdi?
   ▶ Sì, è la prima a destra.

2. ● _____ costa la visita guidata?
   ▶ Quindici euro a persona.

3. ● Vorrei due _____.
   ▶ Interi o ridotti?

4. ● Quanto _____ ci vuole?
   ▶ In macchina ci vogliono 20 minuti.

5. ● Che _____ sono?
   ▶ Le tre e mezza.

6. ● Senta, scusi, il museo è aperto?
   ▶ Non lo _____, mi dispiace.

DIECI *CITTÀ ITALIANE*

Some Italian cities are famous for their unique and distinct characteristics: do you know which ones? Here are ten characteristics with a brief description to help you match them with the name of their respective city. The solution is at the end of the page. Have fun!

VENEZIA   GENOVA   TORINO   BOLOGNA   LECCE
TRIESTE   ROMA   FIRENZE   NAPOLI   MILANO

1 The "eternal" city: visiting the capital of Italy is like opening a history book. It hosts Roman, medieval, Renaissance, and Baroque buildings and monuments, as well as contemporary architecture.

2 The city of fashion: many of the most prominent fashion designers, including Armani, Valentino, Versace, Gucci, and numerous others have established their headquarters there.

3 The floating city: this city has canals instead of streets. It's not only famous for its beauty, but it's also known for its lively Carnival celebration and the intriguing figure of Casanova, one of its notable citizens.

4 The student city: this city is also called "la dotta" ("the learned one") because it is home to the oldest university in the western world, founded in 1088. It is also famous for its arcades and delicious food.

5 The Renaissance city: it's not just the city of Michelangelo and many other Renaissance geniuses, but also of Dante Alighieri, the father of the Italian language!

6 The city of the Baroque: the numerous churches and buildings dating back to the Baroque period make it one of the most significant cities in Italy's south.

7 The city of the aquarium: the aquarium was built in 1992 and is the largest in Europe. This ancient city also the birthplace of prominent figures such as Cristoforo Colombo and Niccolò Paganini.

8 The city of pizza: not only is this city famous for its association with pizza, but it's also a lively place with a unique panorama. The city sits on a gulf dominated by an imposing volcano: Vesuvio.

9 The city of chocolate: it is the city of the FIAT automobile factory and home to the one of the largest Egyptian museums in the world, second only to Cairo. Additionally, it's where the beloved Italian chocolate, *gianduiotto*, was born.

10 The city of coffee: situated at the northeastern end of Italy, just before the border with Slovenia, this city has a rich history with coffee. It is also known for its historic cafes, with some dating back to the 19th century.

Which cities in your country are known for their great food, fashion, and art?

Solution:
1 – Roma; 2 – Milano; 3 – Venezia; 4 – Bologna; 5 – Firenze; 6 – Lecce; 7 – Genova; 8 – Napoli; 9 – Torino; 10 Trieste

VIDEO ▶

1 *Watch the video and then select the right option.*

1. Francesca è:
   ○ in autobus.
   ○ in taxi.

2. Francesca dice che:
   ○ non sa quando arriva.
   ○ arriva tra 5 minuti.

3. Quando Ivano arriva, sono:
   ○ le undici e mezza.
   ○ le undici e un quarto.

4. Ivano è:
   ○ il terzo paziente.
   ○ il primo paziente.

5. Secondo Ivano nello studio c'è:
   ○ Francesca.
   ○ Anna.

2 *Complete with c'è, ci sono, ci sei, ci vuole.*

Francesca? _____?
Perché non apri la porta?

Scusa Anna, sono in taxi, ma _____
molto traffico. Non so quanto tempo _____.

Le chiavi sono sotto lo zerbino. Perché non
entri? Così aspetti in studio. _____
anche la macchina per il caffè!

_____ problemi?
È giovedì, giusto?

3 *Put in order the scenes of the video. Be careful: there is one extra scene.*

☐ Francesca dice a Anna che ha un problema ed è in ritardo.

☐ Anna manda un messaggio a Francesca.

☐ Ivano arriva all'appuntamento alle 11:15.

☐ Anna entra nello studio di Francesca.

☐ Francesca entra nello studio e trova Ivano.

☐ Ivano parla con Anna, ma crede di parlare con Francesca.

The extra sentence is: _____

4 *Complete the sentence with the words in the list. Then match the sentences with the pictures here below.*

con | davanti alla | alla | sul

1. Anna aspetta Francesca _____ porta.
2. Anna mette i vestiti _____ divano.
3. Anna parla _____ Ivano.
4. Anna suona _____ porta.

a

b

c

d

5 *In your opinion, what happens in the next episode? Discuss with a classmate.*

○ Anna rivela la sua identità.
○ Anna invita Ivano a una festa.
○ Anna inventa una scusa e va via.

MAMMA MIA!
At the end Anna whispers: *Mamma mia!*
This exclamation is very common and expresses fear or surprise.

In this lesson, I will learn how to:
- describe my daily routine
- indicate the frequency of events
- talk about activities done in free time
- express what I like and dislike
- schedule an appointment with a friend

COMINCIAMO

Look at the picture and respond to the questions. Use your imagination. Then discuss with a classmate.

Secondo te, la donna:

1. quanti anni ha?

2. dove vive?

3. che lavoro fa?

4. che tipo di giornata ha?

5. che passioni ha?

1 **VOCABOLARIO** I verbi della mattina

1a Match the actions and pictures, as shown in the examples. Attention: there is an extra picture.

a. FAR**SI** LA DOCCIA
b. US**CIR**E DI CASA
c. F**A**RE COLAZIONE
d. **V**ESTIRSI
e. A**L**ZARSI
f. **S**VEGLIARSI
g. F**A**RE GINNASTICA

 1 e

 2

 3 d

 4

 5

 6

 7

 8

 31 ▶ **1b** Listen to the audio track and check.

1c Write the **highlighted** letters for each verb at point **1a** in the correct order to have the extra picture verb.

☐☐☐☐☐☐☐☐ I DENTI

2 **ASCOLTARE E PARLARE**
Due giornate diverse

 32 ▶ **2a** Listen to the audio track: in your opinion, what job do Maria and Giulio do?

	MARIA	GIULIO
cuoco / cuoca	○	○
dottore / dottoressa	○	○
musicista	○	○
scrittore / scrittrice	○	○

2b Listen to it again and complete the questionnaire.

DI SOLITO...	MARIA	GIULIO
1. A che ora ti svegli?	*Mi sveglio alle 6.*	
2. Ti fai la doccia la mattina o la sera?		
3. Fai ginnastica?		
4. Che cosa mangi a colazione?		
5. Come vai al lavoro?	*Lavoro a casa.*	
6. Dove mangi a pranzo?		
7. Con quante persone parli in un giorno?		
8. Che cosa fai la sera?		
9. A che ora vai a letto?		

2c And you, what do you usually do? Use the questionnaire and interview a classmate. Respond as well to their questions.

> A che ora ti svegli?

> Alle 8. / Verso le 8.
> Presto. / Tardi.

3 **GRAMMATICA** I verbi riflessivi

3a Fill out the chart.

SVEGLIARSI

io		sveglio
tu		
lui / lei / Lei	si	sveglia
noi	ci	
voi	vi	svegli**a**te
loro	si	

3b In pairs. Taking turns, select an expression, toss the dice to decide which subject to use (• = io, •• = tu, etc.) and make a sentence. If your classmate says that your sentence is correct, you gain the box. The student with the most boxes, wins.

EXAMPLE:
svegliarsi
•••• = noi

> Noi **ci svegliamo** presto.

svegliarsi	farsi la doccia	andare a letto
fare colazione	alzarsi	lavarsi i denti
prendere l'autobus	mangiare	vestirsi

4 LEGGERE Com'è la tua giornata?

Order the 4 parts in the text.

LA GIORNATA DI NINO, STUDENTE

[ ] Dopo colazione, io e mio padre usciamo di casa. Spesso prendiamo il motorino perché a Roma c'è molto traffico. Resto a scuola tutta la mattina.

[ ] Durante la settimana la sera non esco mai. Resto a casa e vado a letto presto. Invece il sabato esco sempre con gli amici.

[ ] La mia giornata? Di solito la mattina mi alzo alle 7. Prima mi faccio la doccia e poi preparo la colazione per tutta la famiglia.

[ ] Alle 14 torno a casa, mangio e il pomeriggio faccio i compiti. Qualche volta studio con un compagno.

FOCUS

USCIRE	
io	esco
tu	esci
lui / lei / Lei	esce
noi	usciamo
voi	uscite
loro	escono

5 GRAMMATICA E PARLARE
Gli avverbi di frequenza

5a *Read the sentences in the picture and complete with the **highlighted** adverbs of frequency, as shown in the examples.*

100% ▶ ▶ 0%

_____ spesso qualche volta _____

Non mangio **mai** carne.

Qualche volta mi addormento in classe.

Vado **spesso** allo stadio.

Penso **sempre** a lei.

5b <u>Underline</u> *the same adverbs in the text from point* 4.

5c *What are your habits? Complete the chart and use* ✓ *to indicate the frequency you do these things.*

	SEMPRE	SPESSO	QUALCHE VOLTA	MAI
bere caffè				
mangiare carne				
arrabbiarsi				
fare sport				
piangere				
andare in bicicletta				
fare le scale a piedi				
cucinare				

FOCUS

NON... MAI
Non mangio **mai** carne.

5d *In pairs. Taking turns, guess the habits of your classmate.*

Secondo me tu non bevi mai caffè. Giusto?

Giusto! / Sbagliato, qualche volta io bevo caffè.

6 SCRIVERE La mia giornata

Tell your classmate your daily routine.

Di solito... Prima... Poi...

1 VOCABOLARIO Il tempo libero

1a *What do you do in your free time? Select your activities.*

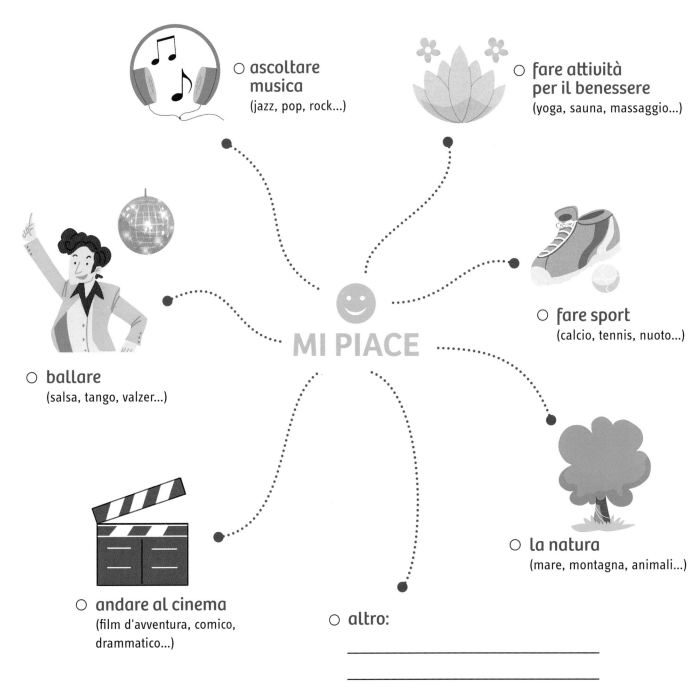

○ ascoltare musica
(jazz, pop, rock...)

○ fare attività per il benessere
(yoga, sauna, massaggio...)

○ ballare
(salsa, tango, valzer...)

MI PIACE

○ fare sport
(calcio, tennis, nuoto...)

○ andare al cinema
(film d'avventura, comico, drammatico...)

○ altro:

_____

_____

○ la natura
(mare, montagna, animali...)

1b *Walk around the class and discover the interests of your classmates. Ask questions, as shown in the example. Who has more interests in common with you?*

Ti piace **ballare**?

Sì, mi piace!

No, non mi piace!

2 LEGGERE Le passioni di una velista

2a *The text on the right is called "Le passioni di una velista". In your opinion, what are the interests of this person? Make hypothesis, then read the text and check.*

2b *Read again and respond to the questions, as shown in the example. Then discuss with a classmate.*

Come si chiama la donna? *Sonia Giorgi*

Quanti anni ha? ....

Che lavoro fa? ....

Come si chiama la sua barca? ....

Dove è nata? ....

Dove vive? ....

Che passioni ha? ....

Che progetti ha? ....

3 GRAMMATICA Mi piace / Mi piacciono

3a *Complete the three sentences of the interview using the verb* piacere.

> Perché ti _____ la vela?
>
> Mi _____ gli animali.
>
> Mi _____ vincere.

3b *When do we use* piace *and when do we use* piacciono? *Discuss with a classmate.*

3c *In pairs. Taking turns, a student interviews a mate who pretendes to be Sonia. Follow the examples. If necessary, verify the answers in the text.*

> Ti piace **la vela?**
>
> ☑ Sì, mi piace.
> ○ Sì, mi piacciono.
> ○ No, non mi piace.
> ○ No, non mi piacciono.

a. ✓ la vela	f.	le cose semplici
b. la natura	g.	arrivare seconda
c. i gatti	h.	la musica
d. il mare	i.	i film romantici
e. l'avventura	l.	i film d'avventura

testo parlante 33 ▶

LE PASSIONI DI UNA VELISTA

Sonia Giorgi ha 25 anni ed è una velista. Con la sua barca, Lilith III, partecipa a importanti competizioni internazionali ed è sempre in giro per il mondo.

Tu sei nata a Milano ma vivi a Genova. Perché?
Perché qui c'è il mare e posso allenarmi con regolarità.

Perché ti piace la vela?
Perché amo la natura, il mare, l'avventura. Con la vela posso unire tutte queste passioni.

Hai altre passioni, a parte la vela?
Mi piacciono gli animali: ho un cane, due gatti, e anche una tartaruga!

E nel tempo libero che cosa fai?
Sono una ragazza normale, mi piacciono le cose semplici: ascoltare musica, andare al cinema a vedere un film con il mio ragazzo, Vincenzo...

Film romantici?
No. Preferisco i film d'avventura.

Quali sono i tuoi progetti?
Partecipare alle Olimpiadi. Ma non mi piace arrivare seconda, mi piace vincere: voglio la medaglia d'oro!

4 PARLARE E SCRIVERE Un'intervista

In pairs. Taking turns, interview a classmate about their passions. Then write down the interview.

LE PASSIONI DI...
Che cosa ti piace fare?
Nel tempo libero che cosa fai?
Quali sono i tuoi progetti? ...

6C Non mi piace.

1 **ASCOLTARE** Odio il pesce!

34 ▶ *1a* *Listen to the dialogue between Lucia and Paolo. What is the problem? Talk about it with a classmate.*

1b *Listen to it again and using an emoji say what the three people like and dislike . .*

	LUCIA	PAOLO	PAPÀ DI LUCIA
pesce			
carne			
prosciutto			

1c *Read the dialogue and check.*

▶ Lucia, che cosa fai sabato sera?
● Devo andare a cena dai miei genitori.
   Ma c'è un problema: cucina mio padre.
▶ E allora? Qual è il problema?
● Mio padre cucina sempre pesce.
▶ Non ti piace?
● No, non mi piace per niente! Io odio il pesce!
▶ Povera! Neanche a me piace. Ma perché non dici a tuo padre di preparare anche un piatto di carne?
● Nooo, la carne non gli piace, è vegetariano.
▶ Vegetariano? Ma se mangia il pesce...
● Sì, hai ragione, ma non è un vegetariano vero: mangia il pesce e gli piace anche il prosciutto!
▶ Hm, anche a me piace il prosciutto! E a te?
● A me no!

1d *Make sentences, as shown in the example.*

A Lucia ⋯⋯⋯
A Paolo   piace   la carne.
                                   ⋯⋯⋯ il pesce.
Al papà di Lucia   non piace   il prosciutto.

1e *And you? What do you hate or dislike? Talk about it with some classmates.*

> Io odio la matematica!

> A me non piace / Non mi piace svegliarmi presto.

2 **GRAMMATICA** Anche / Neanche

2a *Complete the chart using the symbols in the list, as shown in the example.*

☺ ☺	▶ A me piace la carne. E a te?
	● Anche a me.
	▶ A me piace il prosciutto! E a te?
	● A me no!
	▶ A me non piace il calcio. E a te?
	● Neanche a me.
	▶ A me non piace il jazz! E a te?
	● A me sì!

2b *In pairs. Go to the ▶ COMUNICAZIONE section at p. 201 and play.*

3 **VOCABOLARIO** Hai ragione.

3a *Match the expressions in the dialogue and their corresponding meaning.*

EXPRESSION	MEANING
1. Povera!	a. Sì, è vero.
2. Hai ragione.	b. Non capisco, puoi spiegare?
3. E allora?	c. Mi dispiace per te.

3b *Complete the dialogues with the expressions from point 3a.*

1.
▶ Il nuovo ragazzo di Lucia è molto simpatico.
● _____ È anche bello!

2.
▶ Oh no, c'è un gatto in giardino!
● _____ Qual è il problema?
▶ Io odio i gatti!

3.
● Ciao Marina. Come va?
▶ Così così. Domani ho un esame e devo studiare tutta la notte.
● _____ Neanche a me piace studiare.

4 [PARLARE] Sì, le piace!

4a *In pairs (student A and B). Using the symbol* ☺ *indicate three things that each person in your chart may like.*

student A

	il calcio	ballare	la carne	il mare	cucinare	andare in bicicletta
 LEO						
 RITA						

student B

	il tennis	svegliarsi presto	lo yoga	la musica rap	leggere	il pesce
FABIO						
KATIE						

4b *Now play with a classmate and follow the examples.*
Student A guesses what Fabio or Katie like and student B responds.
Then B guesses what Leo and Rita like and A responds and so on.
Each correct answer scores 1 point. Whomever gets first to 6 points, wins.

EXAMPLE:

student A	Secondo me a Fabio piace lo yoga.
student B	Sì, **gli** piace! / No, non **gli** piace.
student B	Secondo me a Rita piace ballare.
student A	Sì, **le** piace! / No, non **le** piace.

...

💡 **FOCUS**

***PIACERE* + PRONOUNS**

(a me)	mi	piace
(a te)	ti	piace
(a lui)	gli	piace
(a lei)	le	piace

▶ *GRAMMATICA* ES 7, 8 e 9

6D | **Usciamo venerdì sera?**

G venerdì sera / il venerdì sera
V Usciamo? • Mi dispiace, non posso. • D'accordo.

1 ASCOLTARE Mi dispiace, non posso.

35 ▷ **1a** Listen to the audio track. Eventually where do the two friends end up? Select the correct image.

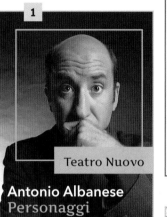

1b Listen to it again and complete Martina's journal.

A CHE ORA?	VENERDÌ	SABATO	DOMENICA

1c Read the dialogue and check.

● Allora Martina, usciamo venerdì sera? Andiamo al cinema?

▶ Mi dispiace, non posso: il venerdì sera dalle 8 alle 9 e mezza ho il corso di teatro. Facciamo sabato?

● Per me va bene. Ti piacciono i film d'azione? Al cinema Europa c'è l'ultimo di James Bond.

▶ No, preferisco una commedia. C'è l'ultimo di Albanese, per esempio... Fa sempre film divertenti.

● D'accordo. Albanese piace anche a me. Che spettacolo preferisci?

▶ Quello delle 8:30. Non voglio fare tardi perché domenica mattina alle 8 vado a fare yoga nel parco e mi alzo presto.

● Il teatro, lo yoga... Mamma mia, quante cose fai?

1d Select the correct option.

1. Usciamo **venerdì** sera?
   ○ questo venerdì ○ tutti i venerdì

2. **Il venerdì** sera dalle 8 alle 9 e mezza ho il corso di teatro.
   ○ questo venerdì ○ tutti i venerdì

2 SCRIVERE Una chat

2a Complete the expressions in the dialogue, as shown in the example.

1. SUGGESTING AN APPOINTMENT:
   Usciamo venerdì sera?

2. SAYING YOU ARE NOT AVAILABLE:

3. MAKING A DIFFERENT PROPOSAL:

4. ACCEPTING A PROPOSAL:

2b Now complete this chat between two friends then use the expressions from point *2a* or your imagination.

> Ciao! Allora _____
>
> _____
>
> _____ sabato sera?

> Mi dispiace, purtroppo domenica _____
>
> _____
>
> _____ venerdì?

> Per me va bene, ma _____
>
> _____
>
> _____

_____
_____
_____

3 **PARLARE** Usciamo?

3a What do you have to do this week? Complete the daily journal.

LUNEDÌ	....
MARTEDÌ	....
MERCOLEDÌ	....
GIOVEDÌ	....
VENERDÌ	....
SABATO	....
DOMENICA	....

3b Walk around the class and make various appointments with your classmates to go out together this week.

> Usciamo mercoledì?

> Mi dispiace, non posso, il mercoledì sera dalle 8 alle 9 e mezza ho il corso di cucina. Facciamo giovedì?

> Giovedì non posso, devo uscire con Irina.

> Ah, allora per te va bene...

💡 **FOCUS**

DALLE... ALLE...
- A che ora hai il corso di teatro?
- ▶ Dalle 5 alle 6.

DIECI verbi irregolari

1 essere
↝ sono

2 avere
↝ ho

3 fare
↝ faccio

4 andare
↝ vado

5 venire
↝ vengo

6 volere
↝ voglio

7 potere
↝ posso

8 dovere
↝ devo

9 uscire
↝ esco

10 dire
↝ dico

Do you know another irregular verb? Which one?

_____ ↝ _____

ASCOLTO IMMERSIVO® *Scan the QR code to the left, close your eyes, relax and listen.*

VERBS: PRESENT TENSE

Reflexive verbs
Reflexive verbs are used when the action of the verb is reflected back on the person who does it.
Although not as frequent as in Italian, they are used in English as well:
I teach myself Japanese.
She enjoys herself at the movies.
Notice in the examples that a reflexive verb requires a subject [*I, she*], a verb [*teach, enjoys*] followed by a reflexive pronoun [*myself, herself*].
In Italian, reflexive pronouns (*mi, ti, si, ci, vi, si*) precede the verb.

SVEGLIARSI		
[to wake up]		
io	mi	sveglio
tu	ti	svegli
lui / lei / Lei	si	sveglia
noi	ci	svegliamo
voi	vi	svegliate
loro	si	svegliano

*Io **mi sveglio** presto.* [*I wake up early.*]
*Noi **ci svegliamo** alle 9.* [*We wake up at 9.*]
The dictionary infinitive form of reflexive verbs always ends in *-si*: *svegliarsi* [*to wake oneself up*], *alzarsi* [*to get oneself up*], *vestirsi* [*to dress oneself*], *farsi* la doccia [*to give oneself a shower*], *lavarsi* [*to wash oneself*], *chiamarsi* [*to call oneself*].
For conjugation, take three steps:
1) remove the *-si* and add *-e*
2) conjugate the verb to match the subject as usual
3) place the corresponding reflexive pronoun before the verb.

The irregular verb *uscire* [to go out / to leave / to exit]
The irregular verb *uscire* translates primarily as *to go out*, *to leave* and *to exit*.

USCIRE	
[to go out]	
io	esco
tu	esci
lui / lei / Lei	esce
noi	usciamo
voi	uscite
loro	escono

*Io **esco** solo il weekend.* [*I only go out on weekends.*]
***Esci** con Emiliano oggi?* [*Are you going out with Emiliano today?*]
***Usciamo** da scuola all'1.* [*We leave school at 1.*]

ADVERBS OF FREQUENCY

Adverbs of frequency are used to describe how often an action occurs.

100%	sempre [always]
	spesso [often]
	ogni tanto / qualche volta [every now and then]
	raramente [rarely]
0%	mai [never]

In English, they usually precede the verb:
*I **always** <u>have</u> breakfast in the morning.* | *I **never** <u>do</u> sport.* | *We **rarely** <u>watch</u> TV.*
In Italian, adverbs of frequency usually follow the verb.
*Faccio **sempre** colazione con tè e biscotti.*
[*I always have tea and cookies for breakfast.*]
Gioco <u>spesso</u> a tennis.
[*I often play tennis.*]
Ogni tanto, qualche volta, raramente (and *spesso*) can be placed at the beginning or at the end of the sentence for emphasis.
***Spesso** vado a scuola a piedi.*
[*I often walk to school.*]
***Ogni tanto** mangio al ristorante.*
[*Sometimes I eat at the restaurant.*]
*Vedo gli amici **raramente**.*
[*I rarely see my friends.*]
*Enrico non <u>si arrabbia</u> **mai**.* (Notice the double negative with *mai*). [*Enrico never gets angry.*]

THE VERB PIACERE AND INDIRECT OBJECT PRONOUNS

Piacere corresponds to the English *to like*, although it is used in a different way. In English, we express the idea that someone likes something:
I like pasta. | *I like cats.* | *I like reading.*
In Italian, we express the idea that something is appealing to someone:
*Mi **piace** la pasta.* [*Pasta is appealing to me.*]
*Mi **piacciono** i gatti.* [*Cats are appealing to me.*]
*Mi **piace** leggere.* [*Reading is appealing to me.*]
This is why *piacere* is mostly used in the forms of *piace* [*is appealing*] and *piacciono* [*are appealing*], preceded by an indirect object pronoun.
Piace is followed by a singular noun or an infinitive verb.
Piacciono is followed by a plural quantity.

	piace		la pasta.	(singular quantity)
Mi	piacciono	+	i gatti.	(plural quantity)
	piace		leggere.	(infinitive verb)

The person to whom something is pleasing is expressed in Italian with indirect object pronouns, which fall into two groups:

unstressed pronouns: *mi, ti, gli / le, ci, vi, gli*
stressed pronouns: *a me, a te, a lui / a lei, a noi, a voi, a loro*

UNSTRESSED PRONOUNS	STRESSED PRONOUNS
Mi piace il jazz.	**A me** piace il jazz.
Ti piace ballare?	**A te** piace ballare?
Gli piace Roma.	**A lui** piace Roma.
Le piace la vela.	**A lei** piace la vela.

Stressed pronouns are used especially for emphasis or when the verb is implied:
***A me** non piace viaggiare. E **a te**?*
[*I don't like travelling. Do you?*]

EXPRESSING AGREEMENT AND DISAGREEMENT WHEN USING PIACERE

When using the verb *piacere*, the expressions *anche a me* [*I like it too. / I like them too.*] and *neanche a me* [*I don't like it either. / I don't like them either.*] help you agree with someone's opinion, while *a me no* and *a me sì* are used to disagree.

● *Mi piacciono gli animali.* ☺
  [*I like animals.*]
▶ *Anche a me.* [*I like them too.*] ☺ / ▶ *A me no.* [*I don't.*] ☹

● *Non mi piace fare sport.* ☹
  [*I do not like sports*]
▶ *Neanche a me.* [*Me either.*] ☹ / ▶ *A me sì.* [*I do.*] ☺

PREPOSITIONS

A che ora?
When expressing the idea of *At what time...?* in Italian, we use the phrase *A che ora...?*
To respond to this question, use the preposition *alle* followed by the specific hour: ***alle** otto e mezzo*; ***alle** sei e un quarto*; ***alle** undici.*
Be careful! We say ***a** mezzanotte*; ***a** mezzogiorno*; ***all'**una.*

Da... a...
Used in the same sentence, the prepositions *da... a...* are used to describe *from... to...* in terms of space and time:
*Il museo è aperto **dal** lunedì **alla** domenica.*
[*The museum is open from Monday to Sunday.*]
*Studio **dalle** 6 **alle** 7.*
[*I study from 6 to 7.*]
*Pranzo **da** mezzogiorno **all'**una.*
[*I have lunch from noon to one.*]
*Faccio la cameriera **da** maggio **a** settembre.*
[*I work as a waitress from May to September.*]
Notice how *da* and *a* combine with the definite articles before days and hours, while months carry no article.

DEFINITE ARTICLES AND DAYS OF THE WEEK

The definite article is placed in front of days of the week to indicate a recurring action or event that takes place on a specific day:
***Il giovedì** ho lezione di italiano.*
[*On Thursdays I have Italian lessons = every Thursday.*]
The absence of the article indicates a specific day:
***Giovedì** esco con Dora.* [*This Thursday I go out with Dora.*]

VERBS: PRESENT TENSE

1 <u>Underline</u> the correct option between the **highlighted** ones.

   1. Faccio colazione e **mi vesto / vesto**.
   2. Tu **alzi / ti alzi** molto presto?
   3. Damiano **dorme / si dorme** molto.
   4. Claudia e Flavio **si fanno / fanno** ginnastica.
   5. **Laviamo / Ci laviamo** i denti dopo pranzo.
   6. Perché **arrabbi / ti arrabbi**?

2 Complete with the correct reflexive pronoun.

   1. Elena e Marta _____ fanno la doccia.
   2. Tu a che ora _____ svegli?
   3. _____ vestiamo e poi usciamo.
   4. _____ alzate presto domani?
   5. Laura _____ lava i denti dopo colazione.

3 Create correct sentences, as shown in the example.

   1. Tu e Paola ┈┈┈   a. escono insieme.
   2. Silvana   b. non esco il lunedì sera.
   3. Camilla e Sebastiano ┈ c. uscite domani?
   4. Io   d. vi svegliate tardi.
   5. Voi   e. oggi non usciamo.
   6. Io e Giacomo   f. non si arrabbia mai.

4 *Complete the sentence with the verbs at the present tense in the list. The verbs are not in order.*

vestirsi | fare | uscire | lavarsi | chiamarsi

1. Sono stanco! _____ i denti e poi vado a letto.
2. Michele _____ benissimo, è sempre elegante!
3. La mattina non ha fame e non _____ colazione.
4. Anna, _____ con noi domani? Vieni al cinema?
5. Lei _____ Ludovica Gatti. È italiana, di Trieste.

ADVERBS OF FREQUENCY

5 *Complete the adverbs of frequency with the missing letters.*

1. S☐MP☐☐
2. ☐PES☐☐
3. QU☐☐☐HE V☐LT☐
4. R☐R☐ME☐☐E
5. M☐☐

THE VERB PIACERE AND INDIRECT OBJECT PRONOUNS

6 *Complete with piace and piacciono. Then match the questions with the answers, as shown in the example.*

1. Ti _____ i gatti?
2. Ti _____ il caffè?
3. Ti _____ i film francesi?
4. Ti *piace* Venezia?
5. Ti _____ fare ginnastica?
6. Ti _____ gli affettati?
7. Ti _____ leggere?

a. No, preferisco il tè.
b. Sì, e anche i cani.
c. Sì! Leggo due libri al mese.
d. No, sono vegetariana.
e. Sì, e mi piace molto anche il cinema americano.
f. Sì! Piazza San Marco, le gondole... Bellissima!
g. No, non sono molto sportivo.

7 *Read the descriptions and complete the sentences with le and gli.*

Chiara gioca a tennis il martedì e il giovedì. Va spesso a concerti jazz. Ha un cane e tre gatti.

Luigi non fa mai ginnastica. Va a letto presto e si sveglia tardi. La sera di solito resta a casa.

1. _____ piace la musica.
2. Non _____ piace uscire la sera.
3. Non _____ piace fare sport.

4. _____ piace dormire molto.
5. _____ piace fare sport.
6. _____ piacciono gli animali.

EXPRESSING AGREEMENT AND DISAGREEMENT WHEN USING PIACERE

8 *Read the sentences, look at the symbol ☺ / ☹ and then respond with* anche a me, neanche a me, a me sì *or* a me no, *as shown in the examples.*

1. ▶ Mi piace il corso di teatro!
   ● *Anche a me* _____ . ☺
2. ▶ Mi piacciono molto gli animali.
   ● *A me no* _____ . ☹
3. ▶ Non mi piace lo yoga.
   ● _____ . ☹
4. ▶ Non mi piace la cucina messicana.
   ● _____ . ☺
5. ▶ Mi piacciono le case grandi.
   ● _____ . ☺
6. ▶ Non mi piace il cappuccino.
   ● _____ . ☹
7. ▶ Mi piace andare al ristorante.
   ● _____ . ☺
8. ▶ Mi piace Milano.
   ● _____ . ☹

9 *Move around the words to create sentences. Then* underline *the correct answer.*

1. mangiare | mi | non | al | piace
   ▶ _____ ristorante.
   ● **Anche / Neanche** a me!
2. i | siciliani | piacciono | me | dolci
   ▶ A _____ e napoletani.
   ● **A me no. / Neanche a me.**
3. con | me | il | piace | caffè | poco
   ▶ A _____ zucchero.
   ● **Anche / Neanche** a me!

PREPOSITIONS

10 *Complete with the prepositions* a and da. *Attention: in some cases you also have to add the article.*

1. ● _____ che ora hai il corso di teatro?
   ▶ _____ 8:00.
2. Il negozio è aperto _____ 10:00 _____ 19:00.
3. Il museo è aperto _____ martedì _____ sabato.
4. La domenica mi sveglio sempre _____ mezzogiorno!
5. La lezione comincia _____ 9:30.
6. Il cinema è chiuso _____ luglio _____ settembre.

EPISODIO 6

1 <u>Before</u> watching the video, complete the sentences with the verbs and then match them with the images, as shown in the example. Then watch the video and check.

si addormenta | si fa | ~~si guarda~~ | fa

 A

 C

 B

 D

1. Christoph *si guarda* allo specchio. [D]
2. Maurizio _____ la barba. [ ]
3. Aldo _____ mentre legge il giornale. [ ]
4. Maurizio _____ la barba a Christoph. [ ]

2 Complete the dialogue with the verbs in the list.

sveglio | ti fai | mi faccio | si sveglia | fai

Maurizio Bene, un momento: che cosa sto facendo?

Christoph Tu _____ la barba.

Maurizio E adesso? _____ la barba?

Christoph No. Adesso... _____ la barba a me.

Aldo Eh? Che c'è? Che ore sono?

Maurizio Capisci, Christoph? Io _____ Aldo.
Aldo _____ .

3 Complete the sentences with the verbs in the list. When necessary use the reflexive form.

1. Maurizio **sveglia / si sveglia** Aldo per fare un esempio.

2. Aldo **sveglia / si sveglia** e **chiede / si chiede** a Maurizio: "Che ore sono?".

3. Christoph **guarda / si guarda** allo specchio.

4. Maurizio **fa / si fa** degli esempi per spiegare la regola a Christoph.

5. Maurizio la mattina sicuramente non **fa / si fa** la barba.

DAILY ACTIONS

V 26 ▶

svegliarsi
[to wake up]

alzarsi
[to get up]

fare colazione
[to have breakfast]

**farsi la doccia /
fare la doccia**
[to take a shower]

lavarsi i denti
[to brush one's teeth]

vestirsi
[to get dressed]

uscire di casa
[to leave the house]

cucinare
[to cook]

andare a letto
[to go to bed]

ORGANIZE THE ACTIONS IN A TIMELINE

V 27 ▶

Prima [Before]
Dopo [After] ⎱ + verb
Poi [After]

Dopo [After]
Durante [During] ⎱ + noun

***Prima* faccio *ginnastica*,
poi / dopo *mi faccio* la doccia.**
[First, I exercise, then I take a shower.]

Dopo* colazione, *Arturo esce di casa.
[After breakfast, Arturo leaves the house.]

Durante* la settimana *non esci mai?
[Don't you ever go out during the week?]

DID YOU KNOW ❓

Prima o poi
This expression means:
one day, for sure, but
in an indefinite future.
*Prima o poi imparo
a cucinare!*
[Sooner or later I'll learn
how to cook!]

LEISURE ACTIVITIES

V 28 ▶

**guardare
la tv**
[to watch TV]

leggere
[to read]

**fare sport /
ginnastica**
[to do sports]

**ascoltare
musica**
[to listen
to music]

andare
al cinema
[to go
to the cinema]

fare shopping
[to go shopping]

uscire
con gli amici /
le amiche
[to hang out
with friends]

rilassarsi /
riposarsi
[to relax]

ballare
[to dance]

DID YOU KNOW ❓

Il dolce far niente
If you love to relax, you enjoy
il dolce far niente!
This expression refers to a state of
absolute relaxation, serene inactivity.

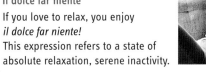

SPORTS

V 29 ▶

il calcio
[soccer]

il tennis
[tennis]

il nuoto
[swimming]

la corsa
[running]

il basket / la pallacanestro
[basketball]

la pallavolo / il volley
[volleyball]

MEMORY TIPS

To memorize the names
of the daily activities
or leisure activities,
it can be helpful
to classify them based
on different criteria.

- Classification based
  on **preferences**

activities I like	activities I don't like

- Classification based on **habits**

activities I never do	activities I do often

- **Chronological** classification

activities I do first	activities I do later

For example:
mi alzo ▶ *mi faccio la doccia* ▶ *faccio colazione* ▶ *esco*

DAILY ACTIONS

1 Look at the images and complete the names of the actions.

1. F☐R☐
   C☐☐A☐☐O☐E

2. ☐VE☐☐IA☐SI

3. C☐C☐N☐RE

4. L☐☐A☐☐I
   I D☐N☐I

5. V☐☐TI☐S☐

ORGANIZE THE ACTIONS IN A TIMELINE

2 Look at the images and complete the sentences with the words in the list, as shown in the example.

prima | **dopo** | ✓**poi** | **durante** | **poi**

1. _____ si fa la doccia e ____*poi*____ si veste.

2. Mangiano con gli amici _____ la pausa pranzo.

3. _____ il cinema, vanno in discoteca.

4. Mi alzo e _____ faccio ginnastica.

LEISURE ACTIVITIES

3 Match the verbs on the left and the groups of words to the right, as shown in the example.

1. fare   la TV
2. ascoltare   al cinema
3. guardare   un libro
4. andare   musica
5. leggere   sport

USEFUL SENTENCES

4 Write the function of the sentences: propose something (**P**), accept (✓), refuse (✗).

	P	✓	✗
1. Usciamo?	○	○	○
2. Mi dispiace, non posso.	○	○	○
3. Facciamo venerdì?	○	○	○
4. Per me va bene.	○	○	○
5. Andiamo al ristorante domani?	○	○	○
6. No, scusa, ho il corso di yoga.	○	○	○
7. D'accordo.	○	○	○
8. Va bene.	○	○	○

DIECI *IDEE SUGLI ITALIANI: VERO O FALSO?*

There are many stereotypes about Italians. But are they true? First of all, it must be pointed out that stereotypes are false because they apply a single definition to an entire group or population of without relying on direct experience, and even less on statistics. In fact, in regards Italy and the Italians, there are statistics that can disprove or confirm some of the most widespread stereotypes. Before reading the texts and the results of these statistics below, please indicate whether you believe in the stereotypes about Italians in **bold** are true (vero = V) or false (falso = F).

1 They always eat pasta ○ V | ○ F

Italy holds the record for the highest pasta consumption in the world. With an average of around 50 pounds of pasta consumed per person per year, this is significantly more than other countries. The second highest consumer is Tunisia with 37 pounds, while the United States has an average of around 21 pounds per person per year.

2 They are practicing Catholics ○ V | ○ F

Although 60% of Italians identify as Catholic, only 25% of them practice their faith. Additionally, the percentage of religious weddings has been steadily declining over the years.

3 They always take an afternoon nap ○ V | ○ F

In the past, some public offices and shops used to have a long break from around 1 pm to 4 pm. However nowadays, working hours are typically continuous and don't allow for breaks or naps.

4 They love to dress well ○ V | ○ F

Statistics show that Italians love to spend money on buying shoes and clothes. The average expenditure on clothing in Italy represents 6.3% of total spending, compared to the EU average of 5%.

5 They always wear sunglasses ○ V | ○ F

Despite the popular perception that foreigners have, only 15% of Italians habitually wear sunglasses.

6 They live with their parents all their life ○ V | ○ F

Saying "all their life" is false; however, it is true that in Italy the average age of leaving home is over 30 years old. This is higher than in many European countries and in the United States, where the average age is 19 years old.

7 They have many children ○ V | ○ F

The idea that Italians have a high birth rate is an old and false stereotype. With the birthrate bellow 1.20, Italy has one of the lowest birthrates in Europe. In comparison, the birthrate in the United States is around 1.70.

8 They talk with their hands ○ V | ○ F

Italians love to use hand gestures, even when they are on the phone. It's a common and natural behavior that unites people across the country, from the North to the South.

9 They love soccer ○ V | ○ F

Italy shares its love for soccer with other nations, such as Brazil, Argentina, Spain, the United Kingdom, Germany, and France. They all have a large fan base statistically based on the percentage of the population that follows soccer.

10 They love to sing ○ V | ○ F

The stereotypical image of an Italian with a mandolin or guitar singing serenades is false. However, as in every country in the world, many people in Italy love to sing. Perhaps they are just less shy to show it!

Solution: 1. VERO | 2. FALSO | 3. FALSO | 4. VERO | 5. FALSO | 6. FALSO | 7. FALSO | 8. VERO | 9. VERO | 10. FALSO

1 *Do you remember what happened in episode 5? Select the right sentence.*

1. Nello studio c'è Anna e non Francesca. ○
2. Ivano sa chi è Anna. ○
3. Anche Anna è una psicologa. ○
4. Alla fine Anna rivela chi è veramente. ○

2 *Look at the images and complete the sentences with the verbs in the list.*

si sveglia | gioca | si guarda | guarda

1. Ivano _____.

2. Ivano _____ l'orologio.

3. Ivano _____ a tennis.

4. Ivano _____ allo specchio.

VIDEO

3 <u>Before</u> *watching the video: organize the dialogue, as shown in the examples. Then watch the video and check.*

6	Capisco. Ho la soluzione per Lei.
	Sì. Di solito il lunedì.
	Si sveglia. E fa questo sogno spesso?
1	E poi... mi sveglio.
	Questo è il sogno del lunedì.
	Come il lunedì?
	Una festa.
	Sì? Che cosa?

4 *Complete the dialogue with the prepositions in the list.*

alle | di | tra | alle | per

Anna Ma come? Lei non è un attore? _____ un attore, eh, andare _____ feste, conoscere persone nuove, è molto importante.

Ivano Sì, sì, certo, lo so... Questa festa... Come mi devo vestire... Elegante?

Anna Ma noo, è una festa _____ amici!

Ivano Va bene, ma io...

Anna No no, niente "ma"! Allora, domani _____ sette, piazza Cavour, dove c'è il cinema. _____ sera, naturalmente. E... Va bene? Oh, puntuale, eh!

5 *In your opinion, what is going to happen in the next episode? Is Ivano going to the party or not? Is Francesca going to be at the party as well? Discuss with two classmates.*

1. IN CITTÀ: BOLOGNA (EMILIA ROMAGNA)

2. IN CAMPAGNA: LAVANDETO DI ASSISI (UMBRIA)

3. AL MARE: STINTINO (SARDEGNA)

4. IN MONTAGNA: SANTA MADDALENA (TRENTINO - ALTO ADIGE)

In this lesson, I will learn how to:
- describe the weather
- inquire about a trip
- talk about a vacation
- indicate the date

COMINCIAMO

a Match the pictures with the seasons.

autunno: __   inverno: __   primavera: __   estate: __

b What do you do in each season? Complete the chart with the activities in the list or add activities.

fare una vacanza lunga | lavorare | andare al mare | andare in montagna | studiare | fare sport

IN AUTUNNO	IN INVERNO	IN PRIMAVERA	IN ESTATE

7A **Partire**

G Ci vado tutti gli anni. • Non ci vado mai!
V objects for vacations • the weather

1 PARLARE Itinerari

1a In pairs. Look at the brochure to the right: in your opinion what objects are useful and / or necessary for your vacations?

costume

crema solare

scarpe da trekking

occhiali da sole

cappello

ombrello

maglione

TESORI ITALIANI • viaggi di gruppo

Basilica palladiana, Vicenza

Laveria Lamarmora (Iglesias)

CULTURA
Visita dei palazzi e delle ville dell'architetto Andrea Palladio (1508 – 1580) in Veneto.

NATURA e CULTURA
Trekking e archeologia industriale nel sudovest della Sardegna.

1b Which of the three itineraries do you prefer for a short vacation? Why? Talk to your classmate.

2 LEGGERE Un modulo di richiesta informazioni online

2a Read the form. In your opinion, to which tour of point 1 does Claudio want to participate?

www.tesoriitaliani.it

richiesta di informazioni

DATI PERSONALI

NOME:
Claudio

COGNOME:
Cateni

E-MAIL:
claccia@gmail.com

TOUR SELEZIONATO:

ADULTI: 1 ▾   BAMBINI: 2 ▾

MESSAGGIO

Salve, vorrei avere informazioni sul viaggio.
È necessario portare scarpe da trekking?
Le escursioni sono solo il giorno, o anche la notte?
Quanto tempo rimaniamo nelle diverse località?
Conosco abbastanza bene le due regioni, in particolare
Napoli e Catania: ci vado tutti gli anni, ma per la prima volta
vorrei partire con i bambini (hanno 6 e 8 anni). Secondo
voi l'itinerario è difficile per loro? Per i bambini è importante
passare uno o due giorni in spiaggia: ci vorrei andare da solo
con loro… È possibile lasciare il gruppo per uno o due giorni?
Grazie per le risposte e a presto, Claudio Cateni

2b True (T) or false (F)?

T F

CLAUDIO:

1. è sicuro di fare questo viaggio. ○ ○
2. visita le regioni ogni anno. ○ ○

3. di solito visita le regioni senza i bambini. ○ ○
4. vuole portare i bambini al mare. ○ ○
5. vuole andare in spiaggia con il gruppo. ○ ○

programma di aprile

L'Etna

NATURA
**Tour dei vulcani attivi
in Campania e Sicilia:
Vesuvio, Vulcano, Stromboli
e Etna.**

3 *GRAMMATICA* Ci

3a Read the two sentences and respond to the second question, as shown in the example.

> Conosco bene le due regioni, in particolare Napoli e Catania: ci vado tutti gli anni...

1. Dove va Claudio tutti gli anni?

   A Napoli e a Catania .

> Per i bambini è importante passare uno o due giorni in spiaggia: ci vorrei andare da solo con loro...

2. Dove vuole andare Claudio da solo con i bambini?

   .

3b Why do we use ci?

○ To avoid the repetion of a person's name.
○ To avoid the repetion of a place's name.

3c In pairs. Taking turns, a student asks another student when he / she goes to the places listed and then the other student does the same. Follow the model to the right.

> Tu quando vai **in discoteca**?

> **Ci** vado ogni sabato sera, e tu?

> Io non **ci** vado mai.

al mare | al cinema
in montagna | al ristorante | a teatro
in campagna | al lavoro | in palestra

4 *VOCABOLARIO* Il tempo

4a What is the weather like this April in Italy? Complete the map with the elements in the list, as shown in the example.

è nuvoloso e fa caldo | ✓nevica | c'è il sole e fa freddo
c'è il sole e fa molto caldo | ✓piove e c'è vento
è nuvoloso e fa freddo

Il tempo in Italia per questo mese di aprile

VALLE D'AOSTA
nevica

VENETO

TOSCANA

CAMPANIA

SARDEGNA
piove e c'è vento

SICILIA

4b Think about your answer to point **1b**: do you still want to go to the same place? Why so or why not? Talk about this with your classmate you worked with before.

5 *SCRIVERE* Richiesta di informazioni

Ask information about the favourite itinerary chosen from the brochure. Take into consideration the type of trip and the weather.

richiesta di informazioni	
DATI PERSONALI	
NOME E COGNOME:	E-MAIL:
TOUR SELEZIONATO:	ADULTI: BAMBINI:
MESSAGGIO	

▶ *GRAMMATICA* ES 1, 2, 3 e 4 ▶ *VOCABOLARIO* ES 1, 2, 3 e 4

Un racconto di viaggio

1 *LEGGERE* Il viaggio di Enrico e Mariangela

1a *Read the e-mail and pick the appropriate title. The answer is subjective. Then place the chosen title in the object of the e-mail.*

Una vacanza ideale! | Una vacanza catastrofica! | Una vacanza perfetta... o quasi!

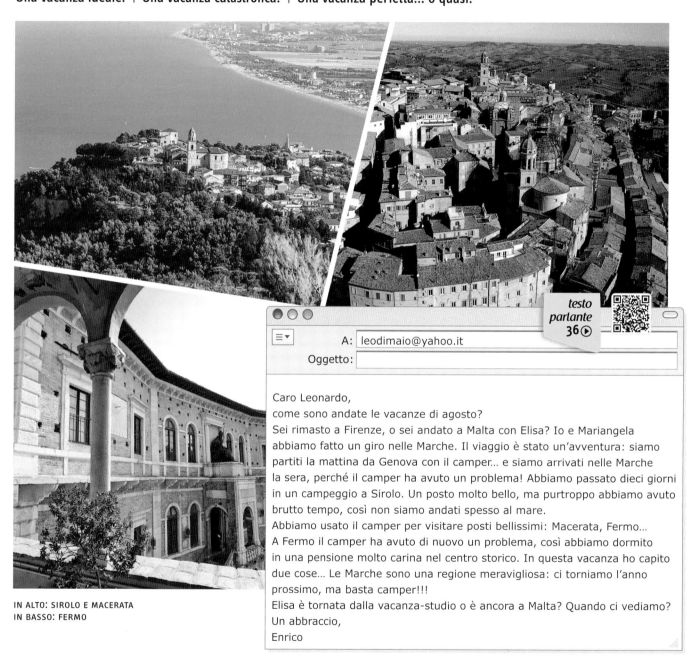

A: leodimaio@yahoo.it

Oggetto:

Caro Leonardo,
come sono andate le vacanze di agosto?
Sei rimasto a Firenze, o sei andato a Malta con Elisa? Io e Mariangela
abbiamo fatto un giro nelle Marche. Il viaggio è stato un'avventura: siamo
partiti la mattina da Genova con il camper... e siamo arrivati nelle Marche
la sera, perché il camper ha avuto un problema! Abbiamo passato dieci giorni
in un campeggio a Sirolo. Un posto molto bello, ma purtroppo abbiamo avuto
brutto tempo, così non siamo andati spesso al mare.
Abbiamo usato il camper per visitare posti bellissimi: Macerata, Fermo...
A Fermo il camper ha avuto di nuovo un problema, così abbiamo dormito
in una pensione molto carina nel centro storico. In questa vacanza ho capito
due cose... Le Marche sono una regione meravigliosa: ci torniamo l'anno
prossimo, ma basta camper!!!
Elisa è tornata dalla vacanza-studio o è ancora a Malta? Quando ci vediamo?
Un abbraccio,
Enrico

testo parlante 36 ▶

IN ALTO: SIROLO E MACERATA
IN BASSO: FERMO

1b *Complete the chart using the info in the e-mail, as shown in the example.*

1. compagno/a di viaggio di Enrico...............	5. mezzo di trasporto...............
2. città di partenza	6. sistemazione *camper* ....
3. destinazione	7. città visitate ....
4. durata della vacanza	8. destinazione delle prossime vacanze...............

2 GRAMMATICA Il passato prossimo

2a Find in the e-mail the passato prossimo of the verbs in the list.

andare [x3] .... *sei andato*

partire .... | arrivare *siamo arrivati*

avere [x3] ....

passare .... | usare *abbiamo usato*

dormire .... | capire *ho capito*

tornare ....

2b Match the verbs at the passato prossimo with the corresponding subjects, as shown in the examples. Attention: some verbs correspond to the same subject.

1. siamo partiti
2. ho capito
3. abbiamo avuto
4. sono andate
5. abbiamo usato
6. non siamo andati
7. è tornata
8. ha avuto
9. abbiamo dormito
10. sei andato
11. siamo arrivati
12. abbiamo passato

a. le vacanze di agosto

b. tu (Leonardo)

c. io e Mariangela

d. il camper

e. io (Enrico)

f. Elisa

2c Complete the passato prossimo of the two verbs.

AVERE + PAST PARTICIPLE		ESSERE + PAST PARTICIPLE	
USARE		**ANDARE**	
io		io	
tu		tu	sei andato/a
lui/lei/Lei		lui/lei/Lei	
noi	abbiamo usato	noi	siamo andati/e
voi		voi	
loro		loro	sono andati/e

2d In pairs. Using the regular verbs, derive the past participle of each verb.

arriv**are** ➥ (io) sono arriv____
av**ere** ➥ (io) ho av____
dorm**ire** ➥ (io) ho dorm____

2e In pairs. Look at the verbs with auxiliary essere. Do you see anything in particular in their past participle?

2f In pairs (student A and student B). Go to the ▶ COMUNICAZIONE section at p. 201 and work on the passato prossimo.

💡 FOCUS

IRREGULAR PAST PARTICIPLES (1)		
essere	➥	(io) sono **stato/a**
fare	➥	(io) ho **fatto**
rimanere	➥	(io) sono **rimasto/a**

3 PARLARE Che cosa hai fatto l'estate passata?

Walk around the classroom and look for a classmate who did those activities last summer. Each time ask the same question to different classmates. Then fill out the chart.

> L'estate passata **hai visitato** una città?

> Sì. / No.

ACTIVITY	CLASSMATE'S NAME
CON AVERE	
visitare una città	
dormire in albergo	
studiare	
usare la bicicletta	
usare il treno	
ballare	
CON ESSERE	
partire con amici	
andare al mare	
andare in montagna	
rimanere a casa	

Una vacanza speciale

1 *PARLARE* Vacanze... in azione!

1a *We often use these verbs when we talk about vacations. When you take time off, in what order do you do these things?*

tornare a casa | visitare il luogo | preparare i bagagli | arrivare a destinazione | partire per la destinazione

1. ⟩ 2. ⟩ 3. ⟩ 4. ⟩ 5.

1b *In pairs. Tell a classmate a special vacation (good one, bad one, interesting one, etc.): when you left, where you went, what you did, etc. You can also use a map to show where the place is and also use some pictures.*

2 *ASCOLTARE*
Il Parco del Delta del Po

37 ⊙ *2a* *Carlotta went on vacation to Parco del Delta del Po in the Veneto region with her friend Viola. Listen to the audio track and select the two pictures that <u>don't</u> belong to Carlotta's story.*

2b *Read the transcription of Carlotta's voicemail and check.*

▶ Risponde il 347 9872231. Lasciate un messaggio dopo il segnale acustico.

BIIP

● Ciao, mamma. Qui tutto bene, io e Viola siamo arrivate ieri mattina, alle 10... C'è un po' di vento... Ma tranquilla, non ho freddo, va tutto bene! L'agriturismo è bellissimo, il parco è bellissimo, insomma è tutto perfetto! Ieri **abbiamo preso** subito le biciclette e siamo andate a fare birdwatching nel parco – **ho visto** uccelli incredibili! – poi siamo tornate all'agriturismo per pranzo... Abbiamo mangiato i gamberi con la polenta... Che buoni! Dopo siamo andate a fare un'altra escursione, ma a piedi. Alla fine siamo tornate all'agriturismo veramente stanche, così ieri sera siamo andate a dormire presto. Ecco... Ah, due ore fa, stamattina, **è venuto** anche Giuseppe, il mio amico dell'università. Rimane con noi fino alla fine della vacanza. Senti, ora vado, riprovo a chiamare stasera, ok? Baci baci baci...

2c *Order the time expressions in the list.*

stasera | ieri mattina | stamattina | ieri sera

PRIMA — oggi pomeriggio — DOPO

FOCUS

FA
due ore fa
tre giorni fa
un anno fa

3 GRAMMATICA Participi passati irregolari (2)

3a *Look at the* **highlighted** *verbs in Carlotta's message and complete the chart using the past participles.*

PRENDERE	VEDERE	VENIRE

3b *In pairs (student A and B). A write a sentence using the passato prossimo and B continues with another sentence. Then switch the roles: B starts and A follows. Use the expressions in the list, as shown in the example.*

ieri | una settimana / un anno fa | poi / dopo più tardi | alla fine | così

EXAMPLE:
studente A   Ieri ho preso la macchina...
studente B   ...ma poi ha avuto un problema tecnico.

3c *To continue playing with the* passato prossimo, *go to the* ▶ COMUNICAZIONE *section at p. 202.*

1 PARLARE E VOCABOLARIO › Divieti

1a *In some Italian places, there are "particular" restrictions. Observe the 3 signs: do you think that they are normal or weird? Discuss with a classmate.*

A Positano
(Campania):
è vietato camminare
con gli zoccoli.

A Bolzano
(Alto Adige):
non è permesso
fumare nei parchi.

A Vicenza (Veneto),
nei parchi: i giovani
non possono sedersi
sulle panchine.

Per me...

Secondo me...

Perché...

1b *In pairs. Match the signs with the explanations in the list, as shown in the example.*

a. È vietato parcheggiare. | b. Non è permesso fare foto. | c. È vietato usare il telefono.
d. Non puoi entrare con animali. | e. È vietato entrare con cibo e / o bevande. | ✓ f. È vietato fumare.

1 f	2	3	4	5	6

2 LEGGERE › Saluti da Sirolo

2a *Read the postcard. In which city from point 1 does Annalisa lives?*

Sirolo, mercoledì 16 agosto

Caro Michele, finalmente sono in questa
località meravigliosa dove tu hai passato
le vacanze l'anno scorso.
C'è sempre il sole, fa caldo e la natura
è incredibile... Le spiagge sono sempre pulite:
qui al mare è vietato fumare (e anche
nei giardini pubblici, come da noi!)...
Vorrei restare qui...
Invece devo tornare al lavoro il 28 agosto. ☹
L'anno prossimo ci torniamo insieme?

Tanti saluti e baci,
Annalisa

ITALIA
1€

Michele Gamper

via Penegal 3

39100 Bolzano

2b *This information is true (T) or false (F), or not in the postcard (X)?*

	T	F	X
1. Michele è stato a Sirolo l'estate scorsa.	○	○	○
2. In spiaggia a Sirolo è permesso fumare.	○	○	○
3. A Sirolo ci sono molti giardini pubblici.	○	○	○
4. Annalisa e Michele lavorano insieme.	○	○	○
5. Annalisa vuole tornare a Sirolo con Michele.	○	○	○

2c *How do talk about the date?*

1. Organize the elements to express the date in Italian.

mese | giorno della settimana | numero

a. .... b. .... c. ....

2. How does Annalisa indicate a specific day of the month? Complete.

.... 28 agosto

2d *In pairs. Taking turns, a student asks the other when he / she did certain things. The other classmate responds.*

**tornare dalle vacanze | mangiare al ristorante
andare al cinema | parlare al telefono
andare in vacanza | vedere gli amici
leggere un libro | dormire fino a tardi | cucinare
fare sport | prendere l'aereo**

Quando sei tornato/a dalle vacanze?

La settimana scorsa.

Il 5 luglio.

3 **SCRIVERE** La mia cartolina

3a *Think about a place you have visited. Complete the chart writing the most interesting points of the visit. You don't have to fill all the categories out and you can use other categories if desired.*

CIBO

ALLOGGIO

NATURA

MONUMENTI

LOCALITÀ

3b *Now write a friend, a classmate or an imaginary person, a postcard from the place you are vacationing.*

caro/a

un abbraccio / tanti saluti e baci / un bacio

DIECI participi passati irregolari

1 ho detto una frase in italiano
→ _____

2 ho bevuto un caffè
→ _____

3 sono stato/a a Napoli
→ _____

4 ho fatto un viaggio
→ _____

5 ho letto un libro
→ _____

6 ho preso il treno
→ _____

7 sono rimasto/a a casa
→ _____

8 ho scritto una cartolina
→ _____

9 ho visto un film
→ _____

10 sono venuto/a a piedi
→ _____

Write the infinitive of the verbs below each sentence.

ASCOLTO IMMERSIVO®

Scan the QR code to the left, close your eyes, relax and listen.

THE LOCATIVE MEANING OF CI

The locative *ci* is used to replace the name of a location mentioned previously. It corresponds to the English *there*:

- *Ti piace <u>Roma</u>?*
  [*Do you like Rome?*]
- ▶ *Sì, ci vado tutti gli anni.*
  [*Yes, I go there every year.*]

Conosco bene <u>Torino</u>, ci abito!
[*I know Torino well, I live there!*]

Notice that in Italian, *ci* always precedes the verb.

EXPRESSIONS OF TIME

Ogni (+ singular noun) and *tutti / tutte* (+ article + noun) can be used to convey the idea that something happens regularly.

ogni + singular noun	**tutti / tutte** + article + noun
Vado allo stadio **ogni** <u>domenica</u>. [*I go to the stadium every Sunday.*]	*Vado allo stadio* **tutte le** <u>domeniche</u>. [*I go to the stadium every Sunday.*]
Passo le vacanze in Sicilia **ogni** <u>anno</u>. [*I spend my holidays in Sicily every year.*]	*Passo le vacanze in Sicilia* **tutti gli** <u>anni</u>. [*I spend my holidays in Sicily every year.*]

'ALMA.tv

Watch the Linguaquiz
Espressioni di tempo.

THE PASSATO PROSSIMO

The *passato prossimo* is used to describe completed actions in the past. It is a compound (= composed by two separate elements) tense, similar to the English present perfect [*I have studied, he has been*]. However, in Italian the *passato prossimo* is used much more frequently than in English, where the simple past tense is more common [*I went, he was*]. Moreover, while in English the auxiliary (= helping) verb *have* is used to support all verbs, in Italian the choice of *essere* or *avere* depends on the verb being used.
For example:
<u>Sono</u> **andata** *a Barcellona in primavera.*
[*I went to Barcelona in Spring.*]
*Che cosa <u>hai</u> **mangiato**?*
[*What did you eat?*]

To form the *passato prossimo*, memorize the following rule:

essere or *avere* (in present tense) + past participle

The past participle of regular verbs is formed as follows:

-are verbs	drop *-are* and add *-ato*	and**ato**
-ere verbs	drop *-ere* and add *-uto*	av**uto**
-ire verbs	drop *-ire* and add *-ito*	dorm**ito**

To make the negative form of the *passato prossimo*, add *non* before the helping verb.
Non <u>ho</u> *fatto colazione.* [*I didn't have breakfast.*]

Verbs with the auxiliary *avere*
Avere is the auxiliary verb for many Italian verbs.
When we form the *passato prossimo* with *avere*, the past participle will end in *-o*:
Ilenia <u>ha</u> mangiato il tiramisù.
[*Ilenia ate tiramisù.*]
Fabrizio <u>ha</u> avuto problemi con il camper.
[*Fabrizio had problems with the camper.*]
Carolina e Bianca <u>hanno</u> preparato la cena.
[*Carolina and Bianca prepared dinner.*]

All verbs that answer the question "Whom? / What?" form the *passato prossimo* with *avere*.
Il gatto mangia (what?) *il pesce.* [*The cat eats* (what?) *fish.*]
Il gatto **ha** *mangiato il pesce.* [*The cat ate fish.*]
Luca vede (whom?) *gli amici.* [*Luca sees* (whom?) *his friends.*]
Luca ha visto gli amici. [*Luca saw his friends.*]

These are some verbs that form the *passato prossimo* with *avere*:

aprire [to open]	giocare [to play]
ascoltare [to listen to]	guardare [to watch]
aspettare [to wait]	lavorare [to work]
bere [to drink]	leggere [to read]
camminare [to walk]	mangiare [to eat]
cantare [to sing]	nuotare [to swim]
cercare [to look for]	parlare [to speak / to talk]
chiudere [to sing]	pensare [to think]
comprare [to buy]	prendere [to take]
cucinare [to cook]	ridere [to laugh]
dare [to give]	scrivere [to write]
dormire [to sleep]	studiare [to study]

La casa di avere (p. 264) will help you to memorize some of these verbs.

Verbs with the auxiliary *essere*
When we form the *passato prossimo* with *essere*, the past participle agrees in gender and number with the subject:
Il treno è arrivato tardi.
[*The train arrived late.*]
Anita è uscita con le amiche.
[*Anita went out with her friends.*]
Alfredo e Silvio sono andati al mare.
[*Alfredo and Silvio went to the beach.*]
Ada e Giulia sono arrivate a Roma.
[*Ada and Giulia arrived in Rome.*]
Amedeo e Veronica sono partiti con il camper.
[*Amedeo and Veronica left with their camper.*]

When a sentence includes male and female subjects, the past participle will always end in the masculine plural form *-i*.
These are some verbs that form the *passato prossimo* with *essere*:

andare [to go]	restare [to stay]
arrivare [to arrive]	rimanere [to stay]
cadere [to fall]	ritornare [to go back]
diventare [to become]	salire [to go up]
entrare [to go in]	scendere [to go down]
essere [to be]	stare [to be / to stay]
morire [to die]	uscire [to go out]
nascere [to be born]	venire [to come]
partire [to leave (/ to depart)]	vivere [to live]

La casa di essere (p. 264) will help you to memorize these verbs.

IRREGULAR PAST PARTICIPLES

This is a list of irregular past participles. Memorize them.

aprire [to open]	aperto	mettere [to put]	messo
bere [to drink]	bevuto	nascere [to be born]	nato
chiedere [to ask]	chiesto	perdere [to lose]	perso
chiudere [to close]	chiuso	prendere [to take]	preso
dire [to say]	detto	rimanere [to stay]	rimasto
essere [to be]	stato	scrivere [to write]	scritto
fare [to do]	fatto	vedere [to see]	visto
leggere [to read]	letto	venire [to come]	venuto

'ALMA.tv ▶

Watch the Linguaquiz
Uno strano participio passato.

DAYS AND DATES

To formally write dates in Italian follow the structure:

article / day of the week + number + month

È nata il 19 luglio.
[*She was born on July 19.*]
Vado in vacanza mercoledì 19 luglio.
[*I go on holiday (on) Wednesday, July 19.*]

Be careful! We use *primo* [*first*] and not *uno* [*one*] for the first day of the month.

1 marzo = primo marzo ✓ (uno marzo ✗)

THE LOCATIVE MEANING OF CI

1 *Match the sentences and create dialogues. Then <u>underline</u> what ci is replacing, as shown in the example.*

1. Vai in bici <u>in centro</u>?
2. Che cosa fai a Napoli?
3. Vieni anche tu in discoteca sabato?
4. Ti piace Milano?
5. Vai al mare con Lorena?
6. Come vai a scuola?

a. Sì, ci vivo molto bene.
b. No, ci vado con Cristina.
c. No, ci vado a piedi.
d. Ci vado in autobus.
e. Ci lavoro.
f. Sì, ci vengo verso mezzanotte.

2 *<u>Underline</u> the sentences with the locative pronoun ci.*

1. In piazza Navona ci sono tre fontane.
2. Di solito vado a scuola a piedi, ma oggi ci vado con il tram.
3. In vacanza ci svegliamo sempre tardi.
4. Per andare a Milano in treno ci vogliono tre ore.
5. Il teatro non è lontano da qui, ci potete arrivare in cinque minuti.
6. Ci piace andare al cinema ogni settimana.

EXPRESSIONS OF TIME

3 *Transform the sentences, as shown in the example.*

1. Ogni sabato vedo Giorgio.
   → *Tutti i sabati vedo Giorgio.*
2. Ogni mattina fa ginnastica.
   → _____
3. Tutte le estati vanno a Cagliari.
   → _____
4. Studio tedesco ogni giorno.
   → _____
5. Usciamo con gli amici ogni venerdì.
   → _____

4 *Transform the senteces using* tutti / tutte + *article* + *noun.*

1. Gioco a tennis ogni giovedì.
   Gioco a tennis _____.
2. Mi sveglio alle 7 ogni giorno.
   Mi sveglio alle 7 _____.
3. Ogni estate andiamo in vacanza a Capri.
   _____ andiamo in vacanza a Capri.
4. Dobbiamo pagare le tasse ogni anno.
   Dobbiamo pagare le tasse _____.
5. Ogni domenica Fabio pranza con la madre.
   _____ Fabio pranza con la madre.
6. Dario lava la macchina ogni mese.
   Dario lava la macchina _____.

THE PASSATO PROSSIMO

5 *Who are these sentences referring to? To Rosa, Mario or both? Complete, as shown in the example.*

1. *Rosa e Mario* sono andati a Dublino.
2. _____ è partita da Bari.
3. _____ è arrivato a mezzogiorno.
4. _____ hanno dormito in un albergo.
5. _____ è uscito tutte le sere.
6. _____ hanno visitato il museo della birra.
7. _____ una sera è andata in discoteca.
8. _____ giovedì hanno mangiato al ristorante.
9. _____ sono tornati a casa lunedì.

6 *Complete the past particles with the correct vowel.*

1. La cameriera ha portat__ i menù.
2. Avete pagat__ voi la cena?
3. La signora Mari non è andat__ a Firenze.
4. L'aereo è partit__ per Madrid alle 11:45.
5. Le commesse hanno lavorat__ tutto il giorno.
6. I gatti hanno dormit__ sul divano.
7. Le studentesse cinesi sono arrivat__ giovedì.
8. I ragazzi sono tornat__ a casa tardi.

IRREGULAR PAST PARTICIPLES

7 *Search into the scheme on the top right, the past particles of these verbs.*

bere	_____	essere	_____
aprire	_____	vedere	_____
leggere	_____	prendere	_____
venire	_____	fare	_____
dire	_____	rimanere	_____
abitare	_____	partire	_____

venuto
letto stato rimasto detto
bevuto fatto aperto preso
abitato
partito visto

8 *Auxiliary* essere (E) *or* avere (A)?

	E	A		E	A
1. parlare	○	○	6. fare	○	○
2. venire	○	○	7. aprire	○	○
3. uscire	○	○	8. rimanere	○	○
4. avere	○	○	9. dormire	○	○
5. tornare	○	○	10. vedere	○	○

9 *Complete the sentences with the* passato prossimo *of the verbs in parenthesis.*

1. Dopo la lezione gli studenti (*tornare*) _____ _____ a casa.
2. I bambini (*fare*) _____ _____ colazione con i cereali.
3. I clienti (*bere*) _____ _____ due tè e un caffè.
4. Il signor Romei (*nascere*) _____ _____ a Lucca.
5. Anna (*comprare*) _____ _____ un cappello elegante.
6. (*Tu – vedere*) _____ _____ questo film inglese?
7. La signora Freddi (*scrivere*) _____ _____ una recensione su questo albergo.
8. Io e Mara (*prendere*) _____ _____ il tram per venire qui.
9. Le impiegate (*entrare*) _____ _____ in ufficio alle 8:00 ieri.
10. Patrizio e Gianna (*uscire*) _____ _____ insieme.

DAYS AND DATES

10 *Select the correct dates.*

1. l'uno aprile ○
2. il tre ottobre ○
3. lunedì 4 maggio ○
4. il dicembre venti ○
5. il primo novembre ○

EPISODIO 7

1 <u>Before</u> *watching the video, complete the chart with the verbs, then watch the video and check your answers.*

**andare | arrivare | mangiare | partire | camminare
rimanere | viaggiare | vedere | visitare**

AUXILIARY *ESSERE*	AUXILIARY *AVERE*

2 *Complete the dialogue with the verbs at the* passato prossimo, *then watch again the video and check.*

Maurizio   Allora, Christoph, che cosa

        (*fare*) _____ di bello, nel fine

        settimana?

Christoph   Ah, sabato (*andare*) _____ a

        Firenze! Ho un amico, lavora all'università.

Maurizio   Bella Firenze, eh?

Christoph   Molto, molto bella! (*Io - Vedere*)

        _____ il Ponte Vecchio e

        (*noi - visitare*) _____ gli Uffizi.

SOMETHING MORE

*Other "non motion" verbs that
have the auxiliary* essere *are:*

diventare	sono diventata/o
riuscire	sono riuscita/o
succedere	(*we only use this verb in the third person singular:* è successa/o, sono successe/i)

Some verbs can have both the auxiliary essere *and* avere:

salire	ho salito (le scale)
	sono salita/o (sul treno)
scendere	ho sceso (le scale)
	sono scesa/o (dal treno)
piovere	ha piovuto / è piovuto

3 *Complete the dialogue with the verbs in the list.*

**camminare | ho viaggiato | andare
sono rimasto | vedere**

Maurizio   Allora, con i verbi "di movimento" uso il

        verbo *essere*: sono andato, sono partito,

        sono arrivato, eccetera, eccetera, eccetera.

Christoph   Ma allora "_____"? Non è di

        movimento...

Aldo   È vero. "_____": *viaggiare* è

        movimento. Questa regola non è una regola

        sempre valida.

Christoph   E allora?

Maurizio   Allora puoi pensare: questo verbo risponde

        alla domanda: chi? Che cosa? Per esempio,

        _____: chi, che cosa? Firenze.

        Quindi verbo *avere*. _____: non

        puoi chiedere "chi, che cosa". Uso il verbo

        essere.

Aldo   Sì, ma diciamo anche "ho camminato" e

        _____ non risponde alla

        domanda "chi, che cosa".

SEASONS

V30 ▶

la primavera
[spring]

l'estate (f.)
[summer]

l'autunno
[fall]

l'inverno
[winter]

DID YOU KNOW ❓

Una rondine non fa primavera

The swallow (*rondine*) arrives in Italy in spring.
This expression means: if only one swallow arrives,
it is not yet spring. In other words, to truly change a situation,
something must happen multiple times, not just once.
If it happens only once, it is an exceptional event and that's it.

le scarpe
da trekking
[hiking shoes]

il maglione
[sweater]

i guanti
[gloves]

la macchina
fotografica
[camera]

il cappello
[hat]

l'ombrello
[umbrella]

DID YOU KNOW ❓

Ombrellone e lettino

Gli ombrelloni [beach umbrellas]
and *i lettini* [sunbeds] are always
subject to a fee in Italy and can
be quite expensive during the peak
season (from June to August).

IN THE LUGGAGE

V31 ▶

Il bagaglio [luggage]

lo zaino
[backpack]

il trolley
[trolley]

la valigia
[suitcase]

il costume
[swimsuit]

la crema solare
[sunscreen]

gli occhiali da sole
[sunglasses]

il telo da mare
[beach towel]

la guida
[guidebook]

le ciabatte
[slippers]

THE VERB ANDARE

V32 ▶

andare
[to go]

a casa [home]	a scuola [to school]	a dormire [to sleep]	a Parigi [to Paris]

a piedi [on foot]	a destra [right]	a sinistra [left]

in montagna [to the mountains]	in spiaggia [to the beach]	in palestra [to the gym]

in centro [downtown]	in vacanza [on vacation]	in treno [by train]	in Messico [to Mexico]

al mare [to the seaside]	al cinema [to the cinema]	al ristorante [to the restaurant]

al bar [to the café]	al lavoro [to work]

THE WEATHER

V33 ▶

Che tempo fa? | Com'è il tempo?
[What's the weather like?]

Fa caldo.
[It's hot.]

Fa freddo.
[It's cold.]

C'è il sole.
[It's sunny.]

Fa brutto tempo.
[It's bad weather.]

Nevica.
[It's snowing.]

C'è vento.
[It's windy.]

Piove.
[It's raining.]

È nuvoloso.
[It's cloudy.]

DID YOU KNOW ❓

Non ci sono più le mezze stagioni!
This expression (which we use in small talk) means that today we are going from extreme heat to extreme cold and vice versa, without intermediate temperatures (typical of spring or autumn).

TIME EXPRESSIONS

V34 ▶

- **due anni fa**
  [two years ago]
- **l'anno scorso**
  [last year]
- **un mese fa**
  [one month ago]
- **tre settimane fa**
  [three weeks ago]
- **la settimana scorsa**
  [last week]
- **due giorni fa**
  [two days ago]
- **ieri mattina**
  [yesterday morning]
- **ieri sera**
  [yesterday evening]
- **stamattina**
  [this morning]
- **oggi pomeriggio**
  [this afternoon]
- **stasera**
  [tonight]

SEASONS

1 *What season is it in Italy? Look at the words and write the season.*

costume · occhiali da sole · gelato · bel tempo · sole · campeggio · luglio · vacanza · spiaggia · mare · caldo · aria condizionata

In Italia è _____.

freddo · maglione · cappello · nevica · brutto tempo · piove · ombrello · febbraio

In Italia è _____.

IN THE LUGGAGE

2 *It is winter and you go on vacation in Milan. You must pack. Connect the three columns and place the objects in the backpack, as shown in the example. Attention: there is one object that is not for winter! Which one is it?*

OM	TU	NE
COS	BREL	DA
CAP	GLIO	ME
MA	I	LO
GU	PEL	LO

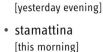

ombrello _____

_____

_____

_____

What object is not for winter?

_____

THE VERB ANDARE

3 *Look at the images and write where you are going, as shown in the example. In some cases more than one solution is possible.*

1. _Vado a Parigi._

2. _____

3. _____

4. _____

5. _____

6. _____

7. _____

8. _____

THE WEATHER

4 *Look at the photos. What is the weather like in these cities? Select the correct option.*

1. A Milano:
   - ○ fa caldo.
   - ○ fa freddo.
   - ○ fa bel tempo.

2. A Firenze:
   - ○ fa freddo.
   - ○ nevica.
   - ○ fa caldo.

3. A Bologna:
   - ○ fa bel tempo.
   - ○ fa brutto tempo.
   - ○ piove.

HOLIDAY ACTIONS

5 *Match the verbs to the left with the words to the right and make sure it all makes sense.*

1. preparare	a casa
2. domandare	per Firenze in treno
3. comprare	i bagagli
4. visitare	informazioni in stazione
5. partire	un biglietto del treno
6. tornare	un museo

6 *Now organize chronologically the actions from point 5, as shown in the example. Several solutions are possible.*

1. _preparare i bagagli_
2. _____
3. _____
4. _____
5. _____
6. _____

TIME EXPRESSIONS

7 *Today is **March 23rd**. Complete with the expressions in the list, as shown in the example.*

✓ieri | oggi pomeriggio | tre settimane fa | stamattina
giovedì scorso | il mese scorso | 10 giorni fa

a. il 17 febbraio ➡ _____
b. il 2 marzo ➡ _____
c. il 13 marzo ➡ _____
d. il 16 marzo ➡ _____
e. il 22 marzo ➡ _ieri_
f. le 7:30 del 23 marzo ➡ _____
g. le 14:30 del 23 marzo ➡ _____

DIECI *DIFFERENZE TRA L'ITALIA E GLI USA*

Studying abroad can offer many advantages, such as improving one's foreign language skills, immersing oneself in a new way of life, and making new friends. If you live in a country like the United States and are interested in studying in Italy, you will naturally find many differences between your home country and Italy. Here a list of the 10 most significant differences to help you avoid a sudden cultural shock.

1 Travel and distances: the United States is a vast country, so Americans tend to rely on cars for transportation. On the other hand, Italy is much smaller, so many people travel between cities by train or bus.

2 Dialects: moving from one region to another, and even from one city to another within the same region, can mean listening to a completely different dialect, which may be difficult to understand to an untrained ear.

3 Facilities at universities: Italian universities do not have their own sports facilities, university team, fraternities, or sororities. Neither is there the sense of belonging that characterizes American colleges.

4 Socializing and food: in Italy, it's common to take a walk downtown with friends, grab an ice cream or an aperitif after work or studying. Lunches, and especially dinners, can last for two hours or more with lots of chatting in between!

5 Time and schedules: in the United States, time is seen as a precious commodity and punctuality is highly valued. Meanwhile in Italy, time management is less rigid, and people tend to be more flexible.

6 Work and changes: in the United States, it's common for people to change jobs frequently, while in Italy, many people aim to stay in their job for as long as possible. Making major career changes is not typical in Italy.

7 Sizes: many cities in Italy have medieval historical centers with narrow streets and limited space, which can be quite different from what an American is used to.

8 Indoor heating: in Italy, the temperature difference between indoors and outdoors is usually not as noticeable as in the U.S., where it is possible to wear short sleeves indoors during winter.

9 The holidays: in Italy, there are many national and religious holidays, and it is common to take a few days off to extend the vacation period, especially in August.

10 What floor? Attention! In Italy and in the rest of Europe, the ground floor is floor 0, followed by the first floor. So, in elevators, the numbers go from 0 and up.

Naturally, these are just some of the most noticeable differences between the United States and Italy. In any case, living within a different culture is a unique opportunity to see your own culture and habits from a different perspective.

Did you notice other differences that are not on the list? Discuss with your classmates and write down other differences between Italy and your country that struck you.

1 <u>Before</u> watching the video, observe the images and write three sentences: what happened at the party?
Use the verbs ballare, baciare, bere *in the* passato prossimo *form... and use your imagination!*

Ivano _____

_____

Ivano e Anna _____

_____

Anna _____

_____

2 *Watch the video and respond: true (*T*) or false (*F*)?*

	T	F
1. A Ivano la festa è piaciuta.	○	○
2. Ivano alla festa ha incontrato un amico.	○	○
3. Ivano ha capito che la ragazza della festa non è Francesca: è Anna.	○	○
4. Anna balla molto bene.	○	○
5. Ivano è rimasto alla festa fino all'una di notte.	○	○

3 *Complete the verbs at the* passato prossimo *form using the auxiliary verbs and the correct past participles, as shown in the examples.*

Paolo Allora, ieri sera, la festa? Com'_____ andat____?

Ivano Mah... Bene. Bene, molto bene. _____ stat____ una bella festa. Ho conosciuto gente nuova...

Paolo Bene! E (*tu*) _____ ballat____?

Paolo E (*voi*) _____ rimast____ a lungo?

Ivano (*Io*) _____ stat____ dalle sette alle undici e mezzo. Poi alla fine della festa ___è___ success_a_ una cosa strana.

4 *Anna tells how the party was to a friend of hers: complete the text with the conjugated verbs at the* passato prossimo *form.*

Ieri sera (*io – essere*) _____
a una festa con Ivano.
(*Noi – ballare*) _____
e Ivano (*parlare*) _____
con gente nuova.
(*Essere*) _____ una bella festa!
Ivano (*rimanere*) _____
fino alle undici e mezzo, poi (*tornare*)
_____ a casa;
io (*rimanere*) _____
alla festa con i miei amici fino all'una.

5 *In Ivano's opinion, the girl at the party is Francesca: in your opinion, what is going to happen in the next episode?
What issues do you foresee? Share ideas with your classmates about what might happen.*

In this lesson, I will learn how to:
- talk about how I spent the holidays
- talk about my plans
- describe my family
- give greetings

COMINCIAMO

Answer the questions with a classmate.

- Quando è il tuo compleanno?

- È un giorno importante per te?

- Che cosa fai e con chi stai?

spegnere le candeline
[to blow out the candles]

ricevere regali
[to receive gifts]

festeggiare
[to celebrate]

mangiare la torta
[to eat the cake]

8A Facciamo festa!

G nel + anno
V Italian holidays · numbers from 101 to 10000 · In che anno?

1 LEGGERE Festività

1a In Italy there are different festivities, religious and not. Match the festivities with the pictures, as shown in the examples.

a. **capodanno:**
primo giorno dell'anno

b. **Epifania:** 6 gennaio,
i bambini ricevono dolci dalla Befana

c. **Pasqua:** tra marzo e aprile,
resurrezione di Gesù

d. **festa della Liberazione:** 25 aprile,
fine del fascismo e della guerra
in Italia

e. **ferragosto:** 15 agosto

f. **Natale:** 25 dicembre,
nascita di Gesù

1 ☐  2 ☐ d  3 ☐

4 ☐   5 ☐ b  6 ☐

1b Read the article: what festivity are they talking about? Complete the text with the name of the festivity. Then compare your options with a classmate.

Tradizioni di .... nel mondo

testo parlante 38 ▶

I **brasiliani** si vestono di giallo, il colore simbolo del sole.
Ma non tutti: a .... gli abitanti di Rio de Janeiro
e San Paolo preferiscono il bianco, il colore della pace.

A cena i **greci** e i **belgi** nascondono una moneta, simbolo di
ricchezza: i primi dentro un dolce, i secondi sotto un piatto.

I **tedeschi** invece bevono il "Feuerzangenbowle",
una bevanda a base di vino rosso, arancia e rum.

Gli **argentini** gettano pezzi di carta dalla finestra:
con questa tradizione eliminano cose vecchie.

In Cina il .... si chiama "festa della primavera"
e ha una data differente (i **cinesi** hanno un calendario
tradizionale diverso). I festeggiamenti durano quindici giorni
e finiscono con la famosa "festa delle lanterne".

A mezzanotte i **russi** aprono la porta di casa
per accogliere l'anno nuovo.

Alla stessa ora gli **spagnoli** e i **messicani**
mangiano uva per avere fortuna (una tradizione
nata in Spagna nel 1909).

E gli **italiani?** A .... mangiamo cotechino e lenticchie
(simbolo di ricchezza), panettone e pandoro, e beviamo spumante.

Infine, in molti paesi porta fortuna indossare vestiti nuovi o qualcosa
di rosso.

glistatigenerali.com

1c Complete the chart with the information from the article, as shown in the example.

TRADIZIONE	DA DOVE VIENE	SIGNIFICATO
1. mangiare cotechino e lenticchie		
2. vestirsi di giallo	Brasile	è il simbolo del sole
3. aprire la porta di casa a mezzanotte		
4. mangiare uva a mezzanotte		
5. nascondere una moneta		
6. vestirsi di bianco		
7. gettare pezzi di carta dalla finestra		

2 VOCABOLARIO E GRAMMATICA ▸ I numeri da 101 a 10000

2a Complete the series of numbers.

101	centouno
110	
128	centoventotto
150	
200	duecento
500	
1000	mille
1500	millecinquecento
1850	
2000	duemila
2125	
6000	seimila
9000	
10000	diecimila

2b Work all together. A student reads the lower number, the following student the next number and so on. Complete the full series.

700	238	5000	1330	112	3821
409	1001	7990	957	4264	301
999	1999	613	182	2047	9810
518	810	6126			

2c Complete the sentence from the article.
What preposition do we use when we talk about the year?

> È una tradizione nata in Spagna _____ 1909.

2d In pairs. Ask a classmate when the most important events in their life happened (tell the year), as shown in the example. Each student asks 5 questions. You can ask the same questions.

> In che anno sei nato?

> In che anno hai finito la scuola?

3 PARLARE ▸ Lo scorso capodanno

In pairs. Tell a classmate what you did on last New Year's day.

> Che cosa hai fatto lo scorso capodanno?
> Dove sei andato?
> Hai festeggiato in famiglia o con amici?
> Che cosa hai mangiato e bevuto?
> A che ora sei andato a dormire?

8B **Feste popolari**

G prima / dopo · possessive adjectives
V una volta a... · Che programmi hai?

1 ASCOLTARE Il Palio di Siena

1a *Do you know the Palio di Siena? What is the corrisponding picture? Discuss your answer with your classmates. You can check the solution at the bottom of the page.*

39 ▷ 1b *Listen to the dialogue between Tommaso and Arianna about the Palio di Siena and select the 4 correct pieces of information.*

1. La corsa del Palio:
a. ○ c'è una volta all'anno.
b. ○ è gratis per chi è in Piazza del Campo.

2. Tommaso:
a. ○ va a Siena a luglio.
b. ○ dopo Siena non sa dove va.

3. Arianna:
a. ○ conosce bene Siena.
b. ○ forse non parte a ferragosto.

4. Diego e Greta:
a. ○ hanno una casa a Siena.
b. ○ vanno a Siena in treno.

1c *Complete the sentences with the words in the list, as shown in the example. Then listen to the audio track again and check.*

dopo | anno | ✓ dopo | mai | prima

1. Io non sono _____ stata a Siena...
2. Il giorno _____ di ferragosto, il 14.
3. C'è due volte all'_____, il 2 luglio e il 16 agosto.
4. E _____ la gita a Siena che cosa fate?
5. Non lo so, decidiamo ___*dopo*___.

1d *Now read the dialogue and check.*

▸ Hai programmi per ferragosto?
● Vado a Siena.
▸ Bello! Con chi?
● Con i miei amici Diego e Greta. Hanno una casa lì.
▸ Vai per il Palio?
● Sì, è la mia festa preferita!
▸ Io non sono mai stata a Siena... Quando vai di preciso?
● Il giorno prima di ferragosto, il 14.
▸ Ma... Il Palio non è a luglio?
● C'è due volte all'anno, il 2 luglio e il 16 agosto.
▸ Ah, ok. Quanto costa il biglietto?
● Niente, guardare la corsa in Piazza del Campo è gratis.

▸ E vai con le tue bambine?
● Noo, macché! Non è un'esperienza ideale per loro, al Palio c'è molto caos.
▸ Ci andate in treno?
● No, Diego e Greta vogliono andare con la loro macchina.
▸ E dopo la gita a Siena che cosa fate? Un giro in Toscana?
● Non lo so, decidiamo dopo... Tu invece a ferragosto parti con Tiziano, no? Quali sono i vostri progetti?
▸ Eh, sì, vorrei partire con Tiziano, ma il suo ufficio quest'anno a agosto non chiude, forse rimaniamo qui.

SOLUTION OF POINT *a*

FOTO 1: carnevale di Satriano di Lucania (Basilicata) | FOTO 2: Palio di Siena (Toscana) | FOTO 3: Festa di Sant'Efisio, Cagliari (Sardegna)

2 GRAMMATICA Gli aggettivi possessivi

2a *Match the possessive adjectives to the left with the nouns to the right, as shown in the examples.*

1. le tue	progetti
2. i vostri	ufficio
3. la mia	bambine
4. il suo	macchina
5. la loro	amici
6. i miei	festa preferita

2b *Now complete the* light blue *boxes with the bold borders with the possessive adjectives from point 2a.*

SINGULAR		PLURAL	
MASCULINE	**FEMININE**	**MASCULINE**	**FEMININE**
il mio			le mie
	la tua	i tuoi	
	la sua	i suoi	
il nostro		i nostri	
	la vostra		le vostre
il loro		i loro	le loro

2c *In pairs. Also complete together the* yellow *boxes.*

2d *In pairs. Respond to the two questions.*

1. What do you find before the possessive adjective?
2. What is characteristic about the adjective *loro*?

FOCUS

UNA VOLTA A...

una volta
- **al** giorno
- **alla** settimana
- **al** mese
- **all'**anno

2e *Transform the groups of words to singular or plural, as shown in the examples.*

SINGULAR	PLURAL
1.	i miei amici
2. la mia festa preferita	*le mie feste preferite*
3.	le tue bambine
4. la loro macchina	
5. *il vostro progetto*	i vostri progetti
6. il suo ufficio	

3 PARLARE Che programmi hai?

In pairs. Ask a classmate what he / she is planning to do on the next holidays coming up and you share your plans too.

Che cosa fai
a capodanno / per la festa di...?

Hai programmi
per capodanno / per la festa di ...?

Che programmi hai per...?

Non lo so, e tu?

Vado..., e tu?

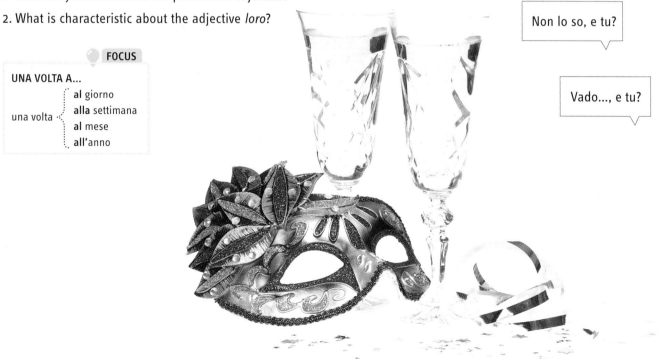

1 ASCOLTARE E VOCABOLARIO
Un album fotografico

40 ▶ 1a A woman (Irene) shows a photo album to a friend. What is Irene like and how is her family? Select the adjectives that you hear.

PIETRO:
○ biondo
○ castano
○ moro

PADRE:
○ timido
○ socievole

MADRE:
○ robusta
○ magra

GIULIANA:
○ alta
○ bassa

IRENE:
○ robusta
○ magra

NONNI:
○ anziani
○ giovani

1b In pairs. Look at the chart and respond to the questions that you find in the next pages, as shown in the example.

Pietro

mamma

Irene: io!

ROSA

ALFREDO

PINO · RITA

NADIA · FABIO

IVO · SARA

PIETRO

IRENE · GIULIANA

MARTINA

💡 FOCUS

When we refer to people we use the word **anziano** not **vecchio**!

la mia famiglia

nonno Alfredo
e nonna Rosa

papà

io e Giuliana bambine

1. Nadia e Fabio sono i genitori di Pietro, Irene e Giuliana. Come si chiamano i genitori di Martina?	
2. Pietro ha due sorelle: una si chiama Irene. Come si chiama l'altra?	
3. Pietro è il fratello di Irene e Giuliana. Come si chiama il fratello di Fabio?	
4. Ivo è lo zio di Pietro, Irene e Giuliana. Come si chiama la zia di Martina?	
5. Pino e Rita sono marito e moglie. Come si chiama la moglie di Alfredo?	*Rosa*
6. Martina è la nipote di Pino e Rita. Come si chiama il nipote di Rosa e Alfredo?	
7. Rosa è la nonna di Pietro, Irene e Giuliana. Come si chiama l'altra nonna?	
8. Martina è la cugina di Irene e Giuliana. Come si chiama il cugino di Martina?	

2 GRAMMATICA — Possessivi e famiglia

2a *Look at the groups of words that you can find in the dialogue at point 1 and then <u>underline</u> the correct options in the chart below.*

**tuo fratello | mia madre | tuo padre | mio padre
i miei genitori | tua sorella | i miei nonni**

> The article before possessive adjectives:
> • **is used / is not used** before singular family names.
> • **is used / is not used** before plural family names.

2b *In small groups. Go to the ▶ COMUNICAZIONE section at p. 203 and play with the possessive adjectives!*

3 SCRIVERE — La mia famiglia

Write a short text about your family, a family that you know or an imaginary family. You can use the elements as an inspiration. You are allowed to use the dictionary and you can also ask your teacher or add pictures.

nome · aspetto · lavoro · età · carattere

1 LEGGERE Biglietti di auguri

1a *Each party has two related invitations. Match the parties to the invitations.*

1. capodanno ☐ ☐
2. compleanno ☐ ☐
3. Natale ☐ ☐

a Auguri! — zio Mario e zia Tina

b Buon compleanno! — Serena

c Auguri! con affetto, Maya

d Tanti auguri! — mamma e papà

e Buon Natale! nonna Agnese

f Buon anno! — Daniele

1b *Complete the three messages with a wish. You must use three different expressions.*

1. Oggi spegni 35 candeline?!? 😮
   O 36? _____!

2. Ciao amici, avete preparato
   il cotechino per la cena di fine anno?
   _____! ♡

3. Ciao Alessio, hai comprato i regali
   per tutta la famiglia? Io non ancora:
   panico! _____,
   ci vediamo dopo le feste!

2 ASCOLTARE E VOCABOLARIO Auguri!!

41▶ **2a** *Listen to the dialogue and then respond to the questions.*

	DARIO	MELISSA
1. Chi ha portato un regalo?	○	○
2. Chi ha preparato il dolce?	○	○
3. Di chi è il compleanno?	○	○

2b *In the Italian language, there are many expressions with the verb* fare. *Here below are different examples. Listen to the audio track again, and link the verbs only with the expressions in the list you'll hear, as shown in the example.*

colazione   il biglietto   una domanda

gli anni   fare — tardi   la spesa

un dolce   una festa

un brindisi   un regalo   shopping   una foto

2c *Based on what you heard in the point 2b, what expressions relate to the pictures below?*

1. ....
2. ....
3. ....
4. ....

1 2 3 4

2d *Which expressions in the list would you use in the situations below? Follow the example. Attention: for the number 6, you must use two expressions.*

Prego, prego! | Cin cin! | Tanti auguri! | Incredibile! Tutto buonissimo! | Salute! | ✓ Scusa, ho fatto tardi!

1. Non sei puntuale:
   Scusa, ho fatto tardi!

2. È il compleanno di qualcuno:
   ....

3. Sei molto sorpreso/a:
   ....

4. Inviti qualcuno a entrare a casa tua:
   ....

5. Fai i complimenti a qualcuno per il cibo:
   ....

6. Fai un brindisi:
   ....
   ....

3 **PARLARE E SCRIVERE**

Quando è il tuo compleanno?

Ask the classmates when their birthdays are and write down the day, then all together create a poster with all the birthdays. During the course length, when there is a classmate's birthday, do not forget to say tanti auguri!

Liam 16 luglio

Abigail 2 marzo

Sylvie 28 ottobre

DIECI nomi di parentela

1 cugino cugina

2 zio zia

3 cognato cognata

4 nonno nonna

5 figlio figlia

6 suocero suocera

7 marito moglie

8 nipote nipote

9 fratello sorella

10 padre madre

The words padre *and* madre *have two synonyms:* papà *and* mamma*. In your opinion, what is the difference between the first two words and their synonyms?*

  ASCOLTO IMMERSIVO®

Scan the QR code to the left, close your eyes, relax and listen.

▶ VOCABOLARIO ES 5 e 6 ▶ FONETICA 153

8 GRAMMATICA

EXPRESSING CALENDAR YEARS

We use the compound preposition *nel* (*in* + *il*) before a year to indicate when a specific event took place:

- *Quando sei andato in Russia?*
  [*When did you go to Russia?*]
- ▶ *Nel 2003.*
  [*In 2003.*]

- *In che anno sei nato?*
  [*What year were you born?*]
- ▶ *Nel 1998.*
  [*In 1998.*]

PRIMA *AND* DOPO

The adverbs *prima di* [*before*] + noun and *dopo* [*after*] + noun are used to talk about a timeline.

prima di	+ noun *Vado a Palermo prima di ferragosto.* [*I go to Palermo before ferragosto.*]
dopo	+ noun *Dopo la gita a Siena che cosa fai?* [*After the trip to Siena, what are you going to do?*]

We can also use *prima* and *dopo* without a noun:
Prima *andiamo a Firenze e* **dopo** *a Pisa.*
[*First we go to Florence and then to Pisa.*]

UNA VOLTA A *(+ DEFINITE ARTICLE)*

To describe how often something happens (*once, twice, three times...* etc.) Italian uses the word *volta/e* + *a* + definite article (compound preposition):
una volta + *a* + definite article [*once a*]
due volte + *a* + definite article [*twice a*]
tre volte + *a* + definite article [*three times a*]
Mangio al ristorante **una volta al** *mese.* (al = a + il)
[*I eat at the restaurant once a month.*]
Vedo Mariangela **una volta all'***anno.* (all' = a + l')
[*I see Mariangela once a year.*]
Vado in palestra **tre volte alla** *settimana.* (alla = a + la)
[*I go to the gym three times a week.*]

POSSESSIVE ADJECTIVES

Possessive adjectives express ownership or possession and indicate to whom or to what something belongs.
While in English they agree with the possessor, in Italian possessive adjectives agree in gender and number with the noun possessed, and are almost always used with the definite articles *il, la, i, le* (see chart).

SINGULAR		PLURAL	
masculine	feminine	masculine	feminine
il mio	la mia	i miei	le mie
il tuo	la tua	i tuoi	le tue
il suo	la sua	i suoi	le sue
il nostro	la nostra	i nostri	le nostre
il vostro	la vostra	i vostri	le vostre
il loro	la loro	i loro	le loro

Note the difference:
La signora Dini ha un <u>gatto</u>. *Il suo gatto è piccolo.*
[*Mrs. Dini has a cat. Her cat is small.*]
Il signor Redi ha <u>una casa</u>. *La sua casa è grande.*
[*Mr. Redi owns a house. His house is big.*]

The possessive adjectives *mio* [*my*], *tuo* [*your*], *suo* [*her / his*], *nostro* [*our*] and *vostro* [*your*] have 4 forms, like adjectives ending in -*o*:
Il mio <u>divano</u> *non è comodo.*
[*My sofa is not comfortable.*]
Andiamo a Milano con **la mia** <u>macchina</u>?
[*Shall we go to Milan in my car?*]
Hai letto **i miei** <u>libri</u>?
[*Did you read my books?*]
Le mie <u>vacanze</u> *sono finite.*
[*My holidays are over.*]

The possessive adjective *loro* [*their*] never changes.
Il loro <u>telefono</u> *non funziona mai.*
[*Their phone never works.*]
Molte persone vanno alla **loro** <u>festa</u>.
[*Many people go to* **their** *party.*]
I loro <u>biglietti</u> *sono ridotti.*
[*Their tickets are reduced.*]
Le loro <u>camere</u> *sono piccole.*
[*Their bedrooms are small.*]

POSSESSIVE ADJECTIVES WITH FAMILY MEMBERS

When using a possessive adjective with a noun that indicate a singular family member, the definite article is usually omitted (except for *loro*):

Mia *sorella si chiama Maria.*
[*My sister's name is Maria.*]
Quanti anni ha **suo** *zio?*
[*How old is his uncle?*]
Suo *marito ha 44 anni.*
[*Her husband is 44.*]
La loro *cugina studia a New York.*
[*Their cousin lives in New York.*]
Il loro *nonno domani festeggia 90 anni.*
[*Their granpa turns 90 tomorrow.*]

We always use the definite article when indicating a relationship with:

- plural family members:
  I miei <u>nonni</u> *vivono in campagna.*
  [*My grandparents live in the country.*]
  Come si chiamano **le tue** <u>sorelle</u>?
  [*What are your sisters' names?*]

- *ragazzo/a* and *fidanzato/a* [*boyfriend / girlfriend*]:
  Il mio <u>ragazzo</u> *lavora in banca.*
  [*My boyfriend works at the bank.*]
  Lei è Linda e lei è **la sua** <u>ragazza</u> *Gloria.*
  [*This is Linda and this her girlfriend Gloria.*]

- modified nouns (LEZIONE 18) relating to family members:
  La mia <u>sorellina</u> (sorella + ina) *ha 4 anni.*
  [*My little sister is 4.*]
  Il mio <u>fratellone</u> *gioca a tennis.*
  [*My big brother plays tennis.*]

- nouns relating to definite family members:
  La mia <u>nonna materna</u> *ha 100 anni.*
  [*My maternal grandmother is 100 years old.*]
  Il mio <u>zio di Genova</u> *arriva domani.*
  [*My uncle from Genoa arrives tomorrow.*]

PRIMA *AND* DOPO

1 Complete with prima *or* dopo.

1. Devo finire il lavoro _____ di venerdì.
2. Ho visto Amanda _____ pranzo, nel pomeriggio.
3. _____ siamo andati a fare la spesa e _____ abbiamo preparato la cena per amici e parenti.
4. _____ il cinema, siamo andati al ristorante.
5. _____ della lezione di italiano devo telefonare a mio fratello.
6. _____ l'antipasto, prendo il pollo.

UNA VOLTA A *(+ DEFINITE ARTICLE)*

2 Complete the sentences using the correct compound preposition. Then organize the actions, from what Claudia does more often (1) to what she does seldom (6). Follow the example.

Claudia:

☐	va al ristorante due volte _____ mese.
1	si lava i denti tre volte __*al*__ giorno.
☐	va in discoteca una volta _____ mese.
☐	va in vacanza al mare una volta _____ anno.
☐	fa sport due volte _____ settimana.
☐	va in viaggio per lavoro tre volte _____ anno.

3 Write the sentences, as shown in the example.

1. (in un anno, faccio le vacanze due volte)
   Faccio le vacanze due volte all'anno _____.

2. (in una settimana, vado al cinema una volta)
   _____.

3. (in un mese, mangio il pesce tre volte)
   _____.

4. (in un giorno, mi lavo i denti quattro volte)
   _____.

5. (in un anno, torno nel mio Paese due volte)
   _____.

6. (in una settimana, faccio sport tre volte)
   _____.

POSSESSIVE ADJECTIVES

4 *Complete with a single letter or more than one, as shown in the example.*

1. La su_**a**___ bicicletta è nuova?
2. I mi_____ amici spagnoli sono di Malaga.
3. I su_____ gatti dormono tutto il giorno.
4. Le nostr_____ vacanze sono andate benissimo!
5. Le lor_____ macchine sono vecchie.
6. Le tu_____ penne sono nello zaino?
7. La vostr_____ insegnante di italiano è brava?
8. La lor_____ casa in campagna è molto grande.
9. Le tu_____ lasagne sono vegetariane?

5 *Read the information about Simone and Adelaide. Then complete Simone's presentation with the articles and possessive adjectives, as shown in the example.*

SIMONE

compleanno:	7 settembre
figlia:	Adelaide
moglie:	Valeria
sport preferiti:	nuoto, calcio
genere musicale preferito:	jazz
animali preferiti:	cane e cavallo
stagione preferita:	estate
città preferite:	Napoli e Barcellona
macchina:	FIAT Panda

ADELAIDE

compleanno:	1 marzo
padre:	Simone
fidanzato:	Manuel
sport preferiti:	nuoto, calcio
genere musicale preferito:	jazz
animale preferito:	gatto
stagione preferita:	estate
città preferite:	Bologna e Atene
macchina:	FIAT 500

Ciao, sono Simone! Alcune informazioni su di me:

_____ compleanno è il 7 settembre,

_____ animali preferiti sono il cane e il cavallo,

_____ città preferite sono Napoli e Barcellona,

_____ macchina è una FIAT Panda.
Ho una figlia, si chiama Adelaide. _____ *Il suo*
compleanno è il primo marzo, _____
fidanzato si chiama Manuel, _____ città
preferite sono Bologna e Atene, _____
macchina è una 500.
Io e Adelaide abbiamo molte cose in comune:
_____ *il nostro* _____ genere musicale preferito è il jazz,
_____ stagione preferita è l'estate e
_____ sport preferiti sono il nuoto e il calcio.

POSSESSIVE ADJECTIVES WITH FAMILY MEMBERS

6 *Transform the sentences using the possessive adjective (and the article if necessary), as shown in the example.*

1. La cugina di Fabrizio è alta.
   ➥ *Sua cugina è alta* _____.

2. La nonna di Mauro e Patrizia si chiama Lidia.
   ➥ _____.

3. Gli zii di Clarissa sono austriaci.
   ➥ _____.

4. Le figlie di Ottaviano e Elena sono bionde.
   ➥ _____.

5. La ragazza di Salvatore si chiama Sara.
   ➥ _____.

6. Il padre di Carlo è di Firenze.
   ➥ _____.

'ALMA.tv
Watch the Linguaquiz *I possessivi.*

EPISODIO 8

1 *Before watching the video, organize the words in the balloons and then create sentences. Then watch the video and check.*

andare | mia | devo
all' | perché | aeroporto
arriva | sorella.

_____

da | sorella | non
tua | molto | vedi

Tu _____ tempo?

miei | anni | 49
fratelli | gemelli
hanno | i | sono

_____ : _____ .

2 *Complete the dialogue with the determinative articles when necessary.*

Christoph Scusa, Maurizio, ma io ho imparato che con
"_____ mio fratello" non devo usare *il*.
Ma tu hai detto "_____ miei fratelli". Perché?

Maurizio È vero, questa è la regola, ma vale solo per
il singolare: _____ mio fratello, _____ mia
sorella, _____ mia madre... Ma io ho due
fratelli, quindi dico "_____ miei fratelli".
E dico anche: quello è _____ mio zio Paolo,
quello è _____ mio zio Fausto. E quelli sono
_____ miei zii.

Christoph Capisco.

Aldo Ma anche al singolare puoi usare l'articolo.
Quando usiamo *loro*, per esempio: "questi
sono _____ miei zii con _____ loro figlia Anna".
(...)

Christoph Ho capito, ma... Che confusione! Allora devo
dire: "_____ mia sorella mi aspetta", giusto?

3 *Complete the sentences with the possessive, with or without article.*

1. Christoph dice che _____ sorella vive in
Inghilterra.
2. Christoph chiede a Maurizio quanti anni hanno
_____ fratelli.
3. Maurizio e Christoph parlano spesso con _____
amico Aldo.
4. Christoph oggi deve andare all'aeroporto perché
arriva _____ sorella dall'Inghilterra.
5. Aldo legge sempre _____ giornale preferito.

SOMETHING MORE

Did you understand what Maurizio meant when he talked about gemelli?

Gemelli *(feminine: gemelle) are siblings male or female born in the same delivery. Often twins also look alike or it is hard to distinguigh them. As far as the possessive adjective, the word* gemello / gemella, *follows the rule of the nouns for relatives such as* fratello, sorella, padre, madre *and so on.*

BIRTHDAY VERBS

V 35 ▶

preparare
una torta
[to bake a cake]

spegnere
le candeline
[to blow out the candles]

fare un brindisi
[to make a toast]

fare un regalo
[to make a gift]

ricevere
un regalo
[to receive a gift]

festeggiare
il compleanno
[to celebrate the birthday]

MEMORY TIP

It can be helpful to form pairs of words
or expressions based on different criteria,
as shown in the two examples below.
- Pairs of elements with a **common origin**
  *regalo / regalare, brindisi / brindare,
  festa / festeggiare, bacio / baciare*
- Pairs of elements with a **similar meaning**
  *preparare una torta = fare una torta,
  andare a letto = andare a dormire,
  andare a destra = girare a destra*

HOLIDAYS

V 36 ▶

1° gennaio
il capodanno
[New Year's Eve]

6 gennaio
l'Epifania [Epiphany]

In Italian, we commonly refer
to this holiday as la *Befana*:
la *Befana* is an old lady who
brings sweets to "good" children.
The holiday is connected to
an ancient folk tradition and
corresponds to the Christian
celebration of Epiphany.

marzo / aprile
la Pasqua [Easter]

For Easter, in Italy it's common
to give children a chocolate egg
with a little surprise inside.

25 aprile
la festa della Liberazione
[Liberation Day]

It's the commemoration of the
liberation of Italy from Nazi
occupation during World War II.

1° maggio
la festa del lavoro [Labor Day]

15 agosto
il ferragosto

It's a holiday associated with
relaxation, leisure activities,
and festivities marking the peak
of the summer season.

25 dicembre
il Natale [Christmas]

Either on the 24th or 25th
children receive gifts
from Babbo Natale [Santa Claus].

NUMBERS FROM 101 TO 10000

V 37 ▶

101	centouno		
142	centoquarantadue		
190	centonovanta	1300	milletrecento
500	cinquecento	2000	duemila
800	ottocento	2600	duemilaseicento
1000	mille	9000	novemila
1280	milleduecentottanta	10000	diecimila

THE FAMILY

V 38 ▶

TINA ♥ PIETRO   PATRIZIO ♥ KATIA

ALBERTO E VALENTINA

ELISABETTA ♥ GIORGIO

ALLEGRA E AMBRA

- **i genitori** [parents]
- **la madre / la mamma** [mother / mom]
- **il padre / il papà** [father / dad]
- **il fratello** [brother]

- **la sorella** [sister]
- **il figlio / la figlia** [son / daughter]
- **lo zio / la zia** [uncle / aunt]
- **il marito** [husband]

- **la moglie** [wife]
- **il nipote / la nipote** [nephew / niece]
- **il cugino / la cugina** [cousin]
- **i parenti** [relatives]

DID YOU KNOW ❓

In couple
To refer to the partner in unmarried couples, we use these expressions:
- il mio compagno / la mia compagna
- il mio ragazzo / la mia ragazza (in young couples)

ADJECTIVES TO DESCRIBE A PERSON

V 39 ▶

timido/a [shy] >< socievole [sociable]
simpatico/a [likeable] >< antipatico/a [unpleasant]
giovane [young] >< anziano/a [elderly]

biondo/a [blonde]
basso/a [short]

castano/a [brunette]
magro/a [slim]

moro/a [brunet]
alto/a [tall]
robusto/a [robust]

GREETINGS

V 40 ▶

on Christmas: Buon Natale!
on New Year's Eve: Buon anno!
for a birthday: Buon compleanno!
for Easter: Buona Pasqua!

for all the holiday: Auguri!, Tanti auguri!
for a toast: Cin cin!, Salute!

● *Buon compleanno!* [Happy birthday!]
▶ *Thank you!* [Grazie!]

● *Buon Natale!* [Merry Christmas!]
▶ *Anche a te!* [Same to you!]

EXPRESSIONS WITH FARE

V 41 ▶

fare shopping
[to go shopping]

Scusi, sa dov'è la farmacia?

fare tardi
[to be late]

fare una domanda
[to ask a question]

fare una foto
[to take a photo]

fare colazione
[to have breakfast]

fare la spesa
[to go grocery shopping]

fare ginnastica
[to do exercise / to work out]

DID YOU KNOW ❓

Fare le ore piccole
This amusing expression means "to go out and come back home very late": *Sabato scorso ho fatto le ore piccole! Sono tornato alle 3 di notte!*

BIRTHDAY VERBS

1 Complete the sentences with the verbs in the list: two verbs at the present tense and three sentences at the passato prossimo. *The verbs are not in order.*

ricevere | fare | festeggiare | fare | spegnere

1. Per il compleanno di Aurora ieri (*io*) _____ _____ un tiramisù.
2. Stasera mio padre _____ 70 candeline!
3. Venerdì scorso (*noi*) _____ _____ un brindisi per i 50 anni di Dario.
4. Il prossimo weekend Dafne _____ i suoi 18 anni in discoteca.
5. Per il mio compleanno (*io*) _____ _____ una mountain bike, ma io odio fare sport!

NUMBERS FROM 101 TO 1000

2 Organize the numbers from the lower to the highest. Write the numbers in figures, as shown in the example.

millecentocinquanta | ✓ **centoventitré | cinquecentosei cinquemilatrecento | tremiladuecento | ottocentonovanta trecentosettantadue | centonovantotto**

123 ▷ ▷ ▷

▷ ▷ ▷

THE FAMILY

3 Look at the family picture at p. 159 and fill out, as shown in the example.

1. Patrizio è il _____marito_____ di Katia.
2. Allegra è la _____ di Ambra.
3. Katia è la _____ di Allegra.
4. Tina è la _____ di Ambra.
5. Ambra è la _____ di Patrizio.
6. Allegra è la _____ di Pietro.
7. Valentina è la _____ di Ambra.

ADJECTIVES TO DESCRIBE A PERSON

4 Look at the images and say if the sentences are true (T) or false (F).

	T	F
1. Agata:		
a. è castana.	○	○
b. è giovane.	○	○
c. è anziana.	○	○

	T	F
2. Sabrina:		
a. è anziana.	○	○
b. è robusta.	○	○
c. è mora.	○	○

3. Tim:		
a. è biondo.	○	○
b. è robusto.	○	○
c. è moro.	○	○

GREETINGS

5 Fill out the greeting cards using the missing letters.

1.
B ☐ ☐ N
N ☐ T ☐ ☐ ☐ !

2.
B ☐ O ☐
C O M ☐ L ☐ A N ☐ ☐ !

3.
T ☐ N T ☐
☐ U G ☐ ☐ ☐ !

4.
B ☐ ☐ N ☐
P ☐ S ☐ ☐ A

EXPRESSIONS WITH FARE

6 Complete with the words in the list.

tardi | shopping | la spesa | una foto

1. fare _____
2. fare _____
3. fare _____
4. fare _____

DIECI COSE FANTASTICHE DA FARE IN ITALIA

1 Eat a lemon granita or ice cream in Sicily.

2 Dive into the Caribbean Sea of Sardinia.

3 Visit the historic center of Matera.

4 Make the tour of the olive mills in Umbria.

5 Attend the Palio of Siena.

6 See the masks of the Carnival in Venice.

7 Drink coffee in Naples.

8 Skiing or hiking in the Dolomites.

9 Visit the archaeological excavations of Pompeii.

10 Visit the island and the spa of Ischia on a Vespa.

The list highlights the top 10 things to do in Italy, but due to time constraints or limited resources, it may not be possible to experience them all. As a solution, we have curated specific itineraries based on factors such as your interests, mood, and available time.

Route 1 – CULTURAL

points **3** **5** **6** **9**

If you love culture, Italy offers endless options: Everywhere you go, you'll find traces of ancient Roman history, medieval art, and Renaissance masterpieces. One must-visit destination is Matera, renowned for its stone structures and ancient, distinctive houses carved into the rock. Two exceptional events worth attending are the Palio di Siena in Tuscany and the world-famous Carnival of Venice, which attracts thousands of visitors from all over the world every year. Finally, equally famous are the archaeological excavations of Pompeii, as they continue to reveal new wonders from the past each year.

Route 2 – NATURE AND WELLNESS

points **2** **8** **10**

Italy caters to both beach and mountain enthusiasts. For beach lovers, Italy offers thousands of kilometers of coastline and breathtaking landscapes and crystal-clear waters, especially in Sardinia. On the other hand, mountain enthusiasts have the majestic peaks of the Dolomites at their disposal. They are full of locations perfectly organized for many activities such as hiking, skiing, rafting, canoeing and mountain biking. A flawless combination of natural beauty and wellness can be found in Ischia, a small island that has been renowned since ancient times for its thermal waters and boasts a distinctive ecological diversity.

Route 3 – ITINERARY OF TASTE

points **1** **4** **7**

Certainly, Italy also offers a lot in terms of tastes and flavors. Here we want to suggest three small, but intense, special pleasures. One is in Sicily, where you can not only try delicious ice cream, but also its most popular variant: granita.

On the other hand, Umbria is renowned as the land of olive oil, and the tour of the olive mills has been an unmissable seasonal event for years, blending nature and gastronomy. Lastly, those who visit Naples must make a point to savor the famous Neapolitan coffee, a source of pride in the local popular culture.

Surely there are fantastic things to do in your country too! Write two possible itineraries for tourists looking for special experiences!

VIDEO ▶

1 Watch the episode <u>without</u> audio, observe the images and tell who, in your opinion, says those sentences from the list.

	IVANO	FRANCESCA	ANNA
1. Io e Lei non siamo mai andati ad una festa.	○	○	○
2. Oggi è il mio compleanno.	○	○	○
3. Grazie anche per la festa.	○	○	○
4. Hai fatto una cosa molto grave!	○	○	○
5. Posso spiegare tutto...	○	○	○

2 In this episode Francesca understands that Anna went to the party with Ivano and calls her sister.
In your opinion, what do they say? <u>Before</u> watching the video with audio, work with a classmate and write a possible dialogue between the twins on a separate sheet of paper. Here you find the first three sentences of the dialogue.

Anna   Ciao!
Francesca Anna?
Anna   Francesca, tesoro!

3 After watching the video, use some of the sentences from point **1** and complete the dialogue between Francesca and Ivano.

Francesca E in questo sogno non ci sono genitori, sorelle, fratelli...? Ma è un sogno frequente?
Ivano   No. Però _____, e allora, forse...
Francesca Auguri!
Ivano   Grazie, Francesca. E _____, la settimana scorsa...
Francesca La festa la settimana scorsa? Che festa?
Ivano   Come, la festa! Siamo andati insieme...
Francesca Io e Lei, a una festa? Ma è sicuro? _____. Forse è un altro dei suoi sogni...

> **TESORO! AMORE!**
> Anna says: *Francesca, tesoro!*
> Often Italians use the words *tesoro* and *amore*
> when they talk to close friends and relatives.

LEZIONE

NEGOZI

9

In this lesson, I will learn how to:
- go shopping
- describe clothing
- go grocery shopping
- ask for something politely
- understanding simple recipes

COMINCIAMO

Respond to the questions and then compare the responses with two classmates.

1. Ti piace fare shopping?

2. Per che cosa spendi di più + ? Per che cosa spendi di meno − ?

   ☐ cibo   ☐ abbigliamento   ☐ casa   ☐ altro: _____

3. Dove preferisci comprare?
   ○ in grandi centri commerciali
   ○ in piccoli negozi
   ○ su internet

4. Hai un negozio "del cuore" dove vai spesso?

MILANO: GALLERIA VITTORIO EMANUELE II

9A **Shopping online**

G adjectives of colors • lo / la • li / le
V clothes • largo / stretto • C'è in blu?

donnamagica.it

Buongiorno, sono Monica.

Buongiorno. Cerco il vestito modello FUNNY, colore rosso. Ma non lo trovo.

Il modello FUNNY è nella sezione NOVITÀ, in alto a destra. Che taglia porta?

La media. C'è?

Sì.

Ok, grazie.

Del modello FUNNY c'è anche la giacca. La trova a questo link: *donnamagica.it/funny_giacca*. Per la media è rimasto il colore bianco.

Bene.

Costa 70 euro. Ma se prende anche il vestito c'è uno sconto del 50 per cento.

Perfetto. Un'altra cosa: le scarpe nere sulla home page, ci sono in blu? Non le vedo.

Che numero ha?

39.

No, in blu c'è solo il 40.

Il 40 è un po' grande per me.

Oggi sono in offerta speciale a 60 euro. Può fare una prova: se non vanno bene le può cambiare.

Va bene. Grazie.

1 **LEGGERE** Live chat

1a Read the chat to the left and complete the chart.

CHE COSA COMPRA LA CLIENTE			
	COLORE	TAGLIA / NUMERO	PREZZO
VESTITO			⟋
GIACCA			
SCARPE			

1b Complete the sentences.

▸ Che ....
● La media.

▸ Quanto costa?
● 70 euro. Ma c'è uno .... del 50%.

▸ Che ....
● 39.

▸ Com'è?
● È .... / piccolo.

2 **VOCABOLARIO** Abbigliamento e colori

2a Create the words, as shown in the examples.

1. GON · · · · · · CA
2. VE   MICIA
3. GIAC   LONI
4. CA   STITO
5. SCAR · · · · NA
6. MA   PE
7. PANTA   GLIETTA

2b *Observe some classmates and memorize how they are dressed. Then work in groups of 3. Taking turns, a student describes a classmate (what he / she is wearing and the color). The other two must guess who the person is.*

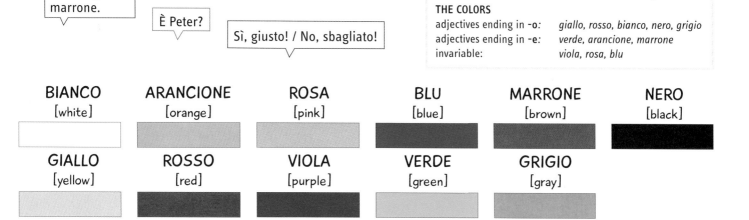

Ha una giacca marrone.

È Peter?

Sì, giusto! / No, sbagliato!

FOCUS

THE COLORS
adjectives ending in **-o**:	*giallo, rosso, bianco, nero, grigio*
adjectives ending in **-e**:	*verde, arancione, marrone*
invariable:	*viola, rosa, blu*

BIANCO
[white]

ARANCIONE
[orange]

ROSA
[pink]

BLU
[blue]

MARRONE
[brown]

NERO
[black]

GIALLO
[yellow]

ROSSO
[red]

VIOLA
[purple]

VERDE
[green]

GRIGIO
[gray]

3 GRAMMATICA **I pronomi diretti**

3a *What are those* **highlighted** *pronouns referring to? Follow the example.*

1. Buongiorno, cerco il vestito modello FUNNY, colore rosso. Ma non **lo** trovo.

   lo = *il vestito*

2. Del modello FUNNY c'è anche la giacca. **La** trova a questo link: *donnamagica.it/funny_giacca*.

3. Perfetto. Un'altra cosa: le scarpe nere sulla home page, ci sono in blu? Non **le** vedo.

4. Può fare una prova: se non vanno bene **le** può cambiare.

3b *Complete the chart of the direct pronouns.*

	singular	plural
masculine		li
feminine		

3c *Complete with the direct pronouns in the list.*

la | la | le | li | lo

1. ● È una giacca molto bella e costa solo 50 euro.
   ▶ Va bene, __ prendo.

2. ● Bello questo vestito, è tuo?
   ▶ Sì, __ metto solo nelle occasioni speciali!

3. Dove sono le mie scarpe? Non __ trovo!

4. Questa maglietta non mi piace, per questo non __ metto mai.

5. ● Buongiorno, sono Anna.
   ▶ Buongiorno, cerco i jeans *slim* da uomo. Ma non __ vedo sul vostro sito.

4 SCRIVERE **Cerco un vestito.**

In pairs. A student wants to buy a garment on a website, the other student is a live chat assistant of said website. Use an app with messages and pretend a conversation. You can use the adjectives and questions here below.

ADJECTIVES	QUESTIONS
grande >< piccolo	Che taglia porta?
largo >< stretto	Che numero ha?
lungo >< corto	Quanto costa / costano?
	C'è / Ci sono in blu?

9B **Fare la spesa**

G questo / quello
V grocery stores · chilo / etto · litro · Volevo... · Basta così.

1 **VOCABOLARIO** Negozi

In what stores is it possible to buy these things?

	MACELLERIA	ALIMENTARI	FRUTTIVENDOLO	FORNO
1. prosciutto salame formaggio	○	○	○	○
2. pane pizza dolci	○	○	○	○
3. latte uova olive	○	○	○	○
4. insalata pomodori patate	○	○	○	○
5. mele arance banane	○	○	○	○
6. carne	○	○	○	○

2 **ASCOLTARE** Due etti di prosciutto

42 ▶ **2a** *Listen to the dialogue. In your opinion, in what store of point 1 are the people who are speaking?*

2b *What did the gentleman buy? Listen to the audio track again and match the columns. Pay attention: you must match only the products that he buys.*

2 etti		caciotta	di soia
una confezione		latte	verdi
mezzo chilo	di	prosciutto	romana
600 grammi		uova	toscano
1 litro		pecorino	da 6
1 chilo e 200 grammi		olive	di Parma

2c *Read the dialogue in the next page and check.*

2d *Find the corresponding measures in the dialogue.*

200 g = ...

500 grammi = ...

1200 grammi = ...

1000 ml = ...

2e *Match the first two columns and create the expressions of the dialogue. Then indicate who is speaking, the merchant or the client, as shown in the example.*

			MERCHANT	CLIENT
1. Buongiorno,	così.		○	○
2. Vuole	tutto?		○	○
3. Lo vuole	mi dica.		○	○
4. Quanto	assaggiare?		☑	○
5. È	pesa?		○	○
6. Basta	altro?		○	○

💡 **FOCUS**

CHILO, ETTO, GRAMMO / LITRO
1 chilo (1 kg) = 1000 grammi (1000 g) = 🇺🇸 2,2 lb
mezzo chilo (½ kg) = 500 grammi (500 g) = 🇺🇸 1,1 lb
1 etto (1 hg) = 100 grammi (100 g) = 🇺🇸 3,52 oz
1 litro (1 l) = 33,81 fl oz

- Buongiorno, mi dica.
▶ Buongiorno, volevo due etti di prosciutto di Parma.
- Va bene.

...

- Ecco qui... 200 grammi. Vuole altro?
▶ Sì. Un po' di formaggio. Che cosa avete in offerta?
- Abbiamo questa caciotta romana.
▶ No, preferisco un formaggio stagionato.
  Quel pecorino toscano com'è?
- Molto buono. Lo vuole assaggiare? Prego.
▶ Grazie... Hm, è vero, è molto buono.
- Allora lo prende?
▶ Sì, ma non tutto. Quanto pesa?
- 1 chilo e 2.
▶ È troppo. Va bene la metà.
- D'accordo. Altro?
▶ Sì, volevo anche una confezione di uova.
- Una confezione da 6 va bene?
▶ Sì, e poi mezzo chilo di quelle olive verdi e un litro di latte di soia.
- Ok. È tutto?
▶ Sì, basta così. Grazie.

3 *GRAMMATICA* Quello

3a *Look at the image: what is the difference between* questo *and* quello?

Abbiamo **questa** caciotta romana.

No, preferisco un formaggio stagionato. **Quel** pecorino toscano com'è?

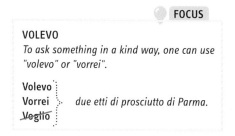

💡 **FOCUS**

VOLEVO
To ask something in a kind way, one can use "volevo" *or* "vorrei".

Volevo
Vorrei ⟩ *due etti di prosciutto di Parma.*
~~Voglio~~

3b Quello *functions like the definite article. Complete the chart.*

QUELLO			
	singular		plural
masculine	_____ formaggio		_____ dolci
	quell'olio		**que**gli spaghetti
	quello yogurt		
feminine	_____ pizza		_____ olive
	quell'acqua		

3c *In pairs. Write a dialogue, as shown in the example. Each time switch the roles.*

EXAMPLE: **prosciutto / salame**
▶ Abbiamo **questo prosciutto** in offerta. Lo vuole?
- No, preferisco **quel salame**.

mele / arance | **pecorino / parmigiano**
mozzarella / caciotta | **ravioli / tortellini**
dolci / biscotti | **formaggio / yogurt fresco**

4 *PARLARE* Panini per tutti

*You are going on a school trip and must prepare sandwiches for everybody in the class.
Go to the* ▶ *COMUNICAZIONE section at p. 203 and follow the instrutions.*

testo parlante 43 ▸

Il **Mercato Orientale di Genova** offre una straordinaria varietà di prodotti: olive, mozzarella, formaggi, salumi, carne, frutta, verdura e soprattutto pesce fresco. Un'altra specialità è l'olio: su una fetta di pane e con un po' di sale, è il cibo più buono del mondo!

Il **Mercato Centrale di Firenze** non è un semplice mercato. Dalle 10 di mattina a mezzanotte qui è possibile fare la spesa, bere e naturalmente mangiare: piatti di pasta, panini, specialità di pesce, dolci. Ma i fiorentini vengono qui anche per leggere un libro, imparare a cucinare (con i corsi di cucina) o a degustare il vino.

4 MERCATI CHE DOVETE CONOSCERE

Per chi cerca cibi particolari ed esotici il **Mercato dell'Esquilino di Roma** è il posto giusto. Qui ci sono prodotti da tutto il mondo, Asia, Africa, Sud America. Una curiosità: molti venditori danno anche ricette e consigli di cucina.

Il **Mercato della Vucciria a Palermo** è un'esperienza magica. Apre alle 4 di mattina e chiude la sera tardi, perché molti palermitani ci vanno per fare la spesa e poi cucinare lì i prodotti che hanno comprato. Nel mercato infatti è possibile preparare il cibo e mangiare. La Vucciria è anche il paradiso dello *street food*: qui potete trovare tutte le specialità della tradizione siciliana.

1 LEGGERE Mercati italiani

Read the text above and select the right answers. In some cases you must pick two cities.

DOVE È POSSIBILE:	GENOVA	FIRENZE	ROMA	PALERMO
1. ricevere consigli sui piatti?	○	○	○	○
2. seguire un corso di cucina?	○	○	○	○
3. trovare prodotti di molti Paesi?	○	○	○	○
4. anche mangiare?	○	○	○	○
5. anche cucinare?	○	○	○	○
6. comprare un olio speciale?	○	○	○	○
7. andare a fare la spesa molto presto?	○	○	○	○
8. andare a fare la spesa molto tardi?	○	○	○	○

2 PARLARE Un mercato particolare

In small groups, respond to the questions.

Di solito vai a fare la spesa al mercato?
Conosci un mercato molto bello o strano? Com'è?

3 *ASCOLTARE E SCRIVERE* La ricetta dell'insalata caprese 44 ▸

3a Listen to the recipe more than one time and select the right elements in the chart.

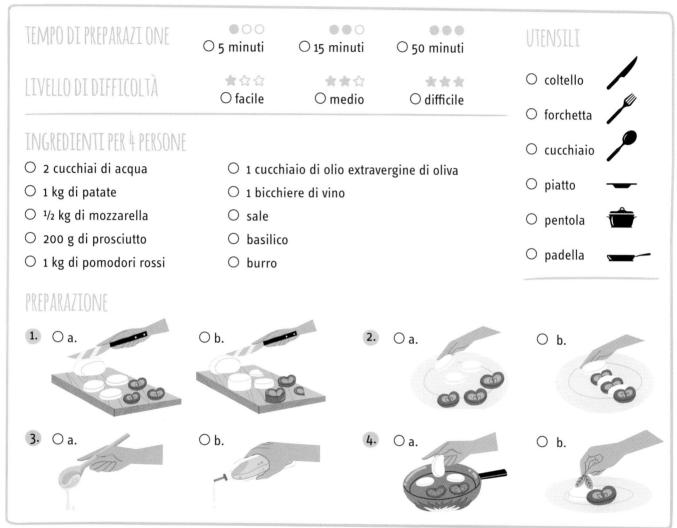

TEMPO DI PREPARAZIONE
- ●○○ ○ 5 minuti
- ●●○ ○ 15 minuti
- ●●● ○ 50 minuti

LIVELLO DI DIFFICOLTÀ
- ★☆☆ ○ facile
- ★★☆ ○ medio
- ★★★ ○ difficile

INGREDIENTI PER 4 PERSONE
- ○ 2 cucchiai di acqua
- ○ 1 kg di patate
- ○ ½ kg di mozzarella
- ○ 200 g di prosciutto
- ○ 1 kg di pomodori rossi
- ○ 1 cucchiaio di olio extravergine di oliva
- ○ 1 bicchiere di vino
- ○ sale
- ○ basilico
- ○ burro

UTENSILI
- ○ coltello
- ○ forchetta
- ○ cucchiaio
- ○ piatto
- ○ pentola
- ○ padella

PREPARAZIONE
1. ○ a. ○ b.
2. ○ a. ○ b.
3. ○ a. ○ b.
4. ○ a. ○ b.

3b Respond to Kim96 in the forum and explain how to make a caprese salad. You can use the words on the right.

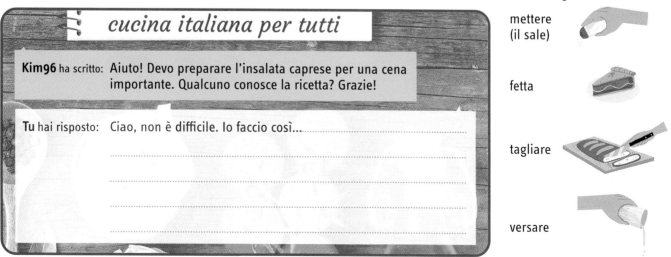

cucina italiana per tutti

Kim96 ha scritto: Aiuto! Devo preparare l'insalata caprese per una cena importante. Qualcuno conosce la ricetta? Grazie!

Tu hai risposto: Ciao, non è difficile. Io faccio così...

mettere (il sale)

fetta

tagliare

versare

1 ASCOLTARE Annunci

45▶ 1a *In what place can you hear these announcements? Match the place to the number associated to each announcement.*

mercato   metropolitana   supermercato   cinema   parcheggio

1b *In what place listed in point 1a can one hear these sentences?*

a. ☐ Due biglietti per lo spettacolo delle 20:30.

b. ☐ Mi scusi, a quale fermata devo scendere per Piazza di Spagna?

c. ☐ Sono entrato e uscito dopo dieci minuti. Perché devo pagare un'ora?

d. ☐ Volevo un chilo di pane integrale.

2 LEGGERE La spesa intelligente

2a *Read the text "La spesa intelligente" and organize the actions, as shown in the example.*

2b *Indicate with a ✓ the combinations in the text, as shown in the example.*

	PRENDERE [2]	FARE [2]	PAGARE [3]	RIEMPIRE [2]
alla cassa				
il carrello				
la fila				
la lista della spesa				
i sacchetti		✓		
il resto				
in contanti				

2c *And you, how do you shop? What are your habits? Talk to two classmates.*

LA SPESA INTELLIGENTE

Io non amo spendere molti soldi quando faccio la spesa. Grazie a queste regole risparmio soldi... e tempo.

Fare la fila
Per fare la fila scelgo una cassa lontana, perché di solito ci sono meno persone.

Riempire i sacchetti
Porto sempre i sacchetti da casa, così non li devo pagare.

5

Prendere il resto
Alla fine non dimentico di prendere il resto e controllo sempre il conto.

3 SCRIVERE Lo shopping intelligente

You must go shopping in a mall but you don't have much time. Write a list of suggestions for smart shopping.

LO SHOPPING INTELLIGENTE

Io non amo perdere tempo quando vado in un centro commerciale.

Grazie a queste regole risparmio tempo e evito lo stress.

Pagare alla cassa
Lascio la carta di credito a casa e pago in contanti, così non posso spendere troppo.

Prendere il carrello
Prendo sempre un carrello piccolo, così non c'è spazio per le cose inutili.

Fare la lista della spesa
A casa faccio una lista delle cose che devo comprare.

Riempire il carrello
Guardo le offerte ma riempio il carrello solo con le cose della lista.

DIECI frasi utili nei negozi

1 Mi dica...

2 Vorrei... / Volevo...

3 Che taglia porta?

4 Che numero ha?

5 Quanto costa?

6 Quanto pesa?

7 Quanto viene al chilo?

8 Vuole altro?

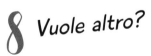

9 È tutto?

10 Basta così, grazie.

What are some useful sentences to go shopping? And to go grocery shopping? Which ones for both?

ASCOLTO IMMERSIVO®   *Scan the QR code to the left, close your eyes, relax and listen.*

9 GRAMMATICA

DIRECT OBJECT PRONOUNS

Direct object pronouns are used to replace the direct object of a sentence. A direct object is the noun or the pronoun that directly receives the action of a verb.
For example:
*Mi piace questo **vestito**, **lo** compro per la festa.*
[*I like this dress, I buy it for the party.*]
Vestito [*dress*] is the direct object while *lo* [*it*] is the direct object pronoun.
Note that in Italian the direct object pronouns is placed before the verb while in English comes after. See more examples:
*Compriamo due **pizze**? **Le** <u>mangiamo</u> stasera davanti al film.*
[*Shall we buy two **pizzas**? We can <u>eat</u> **them** tonight while watching a movie.*]
- *Conosci Paolo?*
  [*Do you know Paolo?*]
▶ *Sì, **lo** <u>conosco</u> molto bene.*
  [*Yes, I <u>know</u> **him** very well.*]

The singular forms of the direct object pronouns are: *mi*, *ti*, *lo / la*. The plural forms are: *ci*, *vi*, *li / le*.

SINGULAR FORMS	PLURAL FORMS
mi	ci
ti	vi
lo / la	li / le

Lo, *la*, *li*, and *le* can replace a thing or a person and agree in gender and number with the noun they are replacing:
*Bella, **questa gonna**, <u>la</u> posso provare?*
[*How beautiful, this skirt, can I try it on?*]
*Non abbiamo **il latte**, domani <u>lo</u> compro.*
[*We don't have milk, I'll buy it tomorrow.*]
***I miei zii** sono americani. Non <u>li</u> vedo spesso.*
[*My uncles are American. I don't see them often.*]

Mi, *ti*, *ci*, and *vi* always replace a person.

> Mi senti?

> Sì, sì, ti sento molto bene!

[● *Can you hear me?* ▶ *Yes, yes, I hear you very well.*]

Direct pronouns and modal verbs

When direct object pronouns are used in conjunction with modal verbs (*potere*, *volere* and *dovere*), they can take two different positions: either they precede the verb or attach to the end of the infinitive (after dropping the final *-e*).
For example:
*Se queste **scarpe** non vanno bene, **le** <u>può</u> cambiare. =*
*Se queste **scarpe** non vanno bene, <u>può</u> cambiar**le**.*
[*If these shoes don't fit, you can change them.*]

COLORS

In Italian, colors are often used as adjectives. As such, they must agree in gender and numbers with the noun they describe. Some colors are adjectives ending in *-o* (4 forms) or *-e* (2 forms). Others are invariable, which means, they never change.

ADJECTIVES ENDING IN *-O*	bianco [white] giallo [yellow] rosso [red] grigio [gray] nero [black]	*il vestito nero* *la borsa nera* *le gonne nere* *i pantaloni neri*
ADJECTIVES ENDING IN *-E*	arancione [orange] verde [green] marrone [brown]	*il vestito verde* *la borsa verde* *le gonne verdi* *i pantaloni verdi*
INVARIABLE ADJECTIVES	rosa [pink] viola [purple] blu [blue]	*il vestito blu* *la borsa blu* *le gonne blu* *i pantaloni blu*

A POLITE REQUEST: VOLEVO AND VORREI

To ask for something politely, we use *volevo* [literally: *I wanted*] or *vorrei* [literally: *I would like*]:
***Vorrei** un etto di prosciutto.* = ***Volevo** un etto di prosciutto.*
[*I would like a pound of ham.*]
Be careful! We don't use the form *voglio* [*I want*] when placing an order. It can sound too direct or impolite.

THE DEMONSTRATIVE ADJECTIVE QUELLO

We use the demonstrative adjective *quello* [that] to indicate someone or something that is far away from both the speaker and the listener (while we use *questo* [this] to talk about someone or something close). *Quello* agrees in gender and number with the noun it modifies, and its forms are similar to those of the definite article.

	singular	plural
masculine	quel formaggio	quei dolci
	quell'olio	quegli affettati
	quello yogurt	quegli spaghetti
feminine	quella pizza	quelle bistecche
	quell'acqua	quelle olive

il formaggio ➥ quel formaggio
l'olio ➥ quell'olio
lo yogurt ➥ quello yogurt
i dolci ➥ quei dolci
gli affettati ➥ quegli affettati
gli spaghetti ➥ quegli spaghetti
la pizza ➥ quella pizza
l'acqua ➥ quell'acqua
le bistecche ➥ quelle bistecche
le olive ➥ quelle olive

THE QUESTION WORD QUALE

In Italian, the question word *quale* [which] is used to ask about a specific choice or option among a group of possibilities. Use *quale* with singular nouns and *quali* with plural nouns.

---

quale + singular noun (masculine or feminine)

quali + plural noun (masculine or feminine)

For example:
*In **quale** negozio posso comprare un cappello?*
[*In which shop can I buy a hat?*]
*In **quale** macelleria compri la carne?*
[*In which butcher shop do you buy meat?*]
***Quali** formaggi sono in offerta?*
[*Which cheeses are on sale?*]
***Quali** scarpe sono in offerta?*
[*Which shoes are on sale?*]

DIRECT OBJECT PRONOUNS

1 Match the questions and the answers. Then in the question, underline the word being substituted by the pronoun in the answer, as shown in the example.

1. Parli il tedesco?

2. Leggi il giornale tutti i giorni?

3. Dove fai la spesa?

4. Nora e Steven sono amici tuoi?

5. Guardi spesso la TV?

6. Ti piacciono queste scarpe?

7. Ti piace la carne?

a. Sì, la guardo tutte le sere con i miei figli.

b. Lo capisco, ma lo parlo poco.

c. Non la mangio. Sono vegetariano.

d. La faccio al supermercato dietro casa.

e. Sì, ma lo leggo solo online.

f. No, li conosco molto poco.

g. Sì, ma non le prendo. Sono troppo care.

2 Transform the sentences, as shown in the example.

PRONOUN BEFORE THE VERB	PRONOUN AFTER THE INFINITIVE
1. Questo film è molto bello, lo devi vedere.	Questo film è molto bello, *devi vederlo*.
2. Volete i biglietti per il museo? _____ qui.	Volete i biglietti per il museo? Potete comprarli qui.
3. Bello, questo cappello! _____?	Bello, questo cappello! Posso provarlo?
4. La tua macchina è troppo vecchia, la devi cambiare.	La tua macchina è troppo vecchia, _____.
5. Non abbiamo olive, le puoi comprare?	Non abbiamo olive, _____?
6. Questo formaggio è molto buono. _____?	Questo formaggio è molto buono. Vuole assaggiarlo?
7. Questi pantaloni sono larghi. Li posso cambiare?	Questi pantaloni sono larghi. _____?
8. Mi puoi telefonare domani?	_____ domani?

3 Complete the sentences with the pronouns in the list.

la | lo | mi | li | le | ti

1. ▶ Ti piace questa gonna?
   ● Sì, ma _____ preferisco in rosa.
2. ▶ Avete questi pantaloni in grigio?
   ● No, mi dispiace. _____ abbiamo solo in nero e blu.
3. ▶ A che ora _____ chiami?
   ● _____ chiamo alle sette, va bene?
4. ▶ Vedi spesso Gregorio?
   ● Sì, _____ vedo il martedì al corso di teatro.
5. ▶ Quelle olive sono biologiche?
   ● Sì, vuole assaggiar_____?

COLORS

4 Write the colors in the list in the correct box. Attention: some colors go well in different boxes, as shown in the example.

✓**verde | blu | gialli | bianche | arancioni**
rosa | rosso | grigia | viola | nero

GONNA	CAPPELLO
verde	verde
SCARPE	**PANTALONI**

5 Complete the sentences with the correct form of the adjectives of colors.

1. Puoi comprare le mele (*verde*) _____?
2. Preferisci le scarpe (*grigio*) _____ o (*viola*) _____?
3. Non puoi comprare una Ferrari (*nero*) _____.
   Una Ferrari deve essere (*rosso*) _____!
4. Hai visto i capelli di Nadia? Sono (*viola*)_____!
5. Questo abito (*blu*) _____ è molto elegante, ma io preferisco i colori chiari...
6. Conosci l'espressione "guardare il mondo con gli occhiali (*rosa*) _____"? Significa: affrontare la vita con ottimismo.

THE DEMONSTRATIVE ADJECTIVE QUELLO

6 Complete with the correct form of quello, as shown in the example.

1. ___quella___ casa
2. _____ zaini
3. _____ cappello
4. _____ amica
5. _____ gatti
6. _____ pizzerie
7. _____ aglio
8. _____ stazione
9. _____ studente
10. _____ arance

7 Complete the sentences with the correct form of quello.

1. _____ città è molto lontana.
2. Vorrei provare _____ stivali in vetrina.
3. Quanto costa _____ libro?
4. Vorrei vivere su _____ isola!
5. Ti piacciono _____ pantaloni rossi?
6. Forse _____ yogurt è scaduto.
7. _____ animali sono pericolosi.

THE QUESTION WORD QUALE

8 Complete with the missing letter.

1. Qual☐ formaggio preferisci: la caciotta romana o il pecorino toscano?
2. Qual☐ autobus vanno in centro?
3. Qual☐ borsa va bene con questo vestito?
4. In qual☐ supermercato fai la spesa?
5. Qual☐ verdure prendo per la cena di domani?
6. Qual☐ antipasto hai ordinato?

9 Complete the sentences with quale or quali.

1. _____ Paesi stranieri hai visitato?
2. _____ lingue parli?
3. In _____ città sei nato?
4. _____ libro di Elena Ferrante preferisci?
5. In _____ ristorante hai prenotato il tavolo?
6. _____ sport di squadra ti piace?
7. Con _____ amici sei uscito ieri sera?
8. _____ piatto italiano preferisci?

EPISODIO 9

1 <u>Before</u> watching the video, complete the chart. Then watch the video and check your answers.

WHO / WHAT	DIRECT PRONOUN
il giornale	_____ leggo
la sedia	_____ vedo
Maurizio e Aldo	_____ vedo
Maurizio e sua moglie	_____ conosco

2 Organize the dialogue between Maurizio and Christoph and fill the gaps with the correct direct pronouns.

CHRISTOPH	MAURIZIO	
1 Ieri ho imparato i pronomi diretti: il giornale... __ leggo; la sedia... __ vedo, __ prendo.	Sì.	**4**
☐ Esatto! Una lingua maschilista.	Maschilista?	☐
3 Non capisco: io posso dire: Maurizio e Aldo? Io __ vedo tutti i giorni...	Rispondi: Sì, __ conosco.	☐
☐ Sì, ma __ è maschile, e tua moglie è una donna.	Sì, certo.	**2**
☐ Capisco. L'italiano è una lingua un po'... maschi...	Sì, è vero. Hai ragione!	☐
☐ Ma se tu sei con tua moglie, come rispondo alla domanda: Conosci Maurizio e sua moglie?	Quando c'è un uomo e una donna, o una parola maschile e una femminile, usiamo sempre il pronome __.	☐

3 Complete the dialogues with the correct direct pronouns.

1. ▸ Christoph incontra spesso Aldo e Maurizio?
   • Sì, ___ vede tutti i giorni.
2. ▸ Quando apre il suo negozio Maurizio?
   • ___ apre ogni giorno alle nove.
3. ▸ Perché Maurizio ha comprato un giornale e una rivista?
   • Per legger__ dopo il lavoro.
4. ▸ Maurizio fa la barba a Christoph o ad Aldo?
   • ___ fa solo a Christoph.
5. ▸ Dove mette Maurizio le forbici e il suo pennello da barba?
   • ___ mette sempre vicino al lavandino.

4 In both sentences, there are errors. Find them and write the correct form.

Ciao Christoph, come vai?

_____

Ciao Maurizio! Oggi non ho molto tempo, sono venuto di fare una domanda di grammatica.

_____

Bene, sono finito le mie domande... Ci vediamo domani?

_____

SOMETHING MORE ➕

We use the direct pronoun **lo**, *when we reference to a full sentence:*

▸ Sai <u>a che ora viene Francesca</u>?

• No, non <u>lo</u> so.

CLOTHES

V 42 ▶

il vestito
[dress]

la giacca
[jacket]

i pantaloni
[pants]

il cappotto
[coat]

la gonna
[skirt]

la camicia
[shirt]

la borsa
[bag]

la sciarpa
[scarf]

i jeans
[jeans]

la maglietta
[T-shirt]

i calzini
[socks]

le scarpe
[shoes]

Un paio di [a pair of]: scarpe, pantaloni, jeans

COLORS

V 43 ▶

bianco
[white]

rosa
[pink]

marrone
[brown]

giallo
[yellow]

arancione
[orange]

viola
[purple]

grigio
[gray]

rosso
[red]

verde
[green]

blu
[blue]

nero
[black]

ADJECTIVES TO DESCRIBE CLOTHES

V 44 ▶

grande
[large]

piccolo/a
[small]

corto/a
[short]

lungo/a
[long]

largo/a
[wide]

stretto/a
[tight]

GROCERY STORES

V 45 ▶

la macelleria
[butcher's shop]

il fruttivendolo
[fruit stand]

il forno
[bakery]

l'alimentari (masculine)
[grocery store]

il supermercato
[supermarket]

UNIT OF MEASUREMENT

V 46 ▶

1 etto (1 hg) = 100 grammi (100 g)
[3,5 ounces]

mezzo chilo = 500 grammi (500 g)
[17,6 ounces]

1 chilo (1 kg) = 1000 grammi (1000 g)
[35 ounces]

1 litro (1 l)
[1 litre]

FOOD

V 47 ▶

LA VERDURA
[VEGETABLES]

la carota
[carrot]

la cipolla
[onion]

la zucchina
[zucchini]

l'aglio
[garlic]

LA FRUTTA
[FRUIT]

la mela
[apple]

la banana
[banana]

l'arancia
[orange]

la pera
[pear]

I CONDIMENTI
[DRESSING AND SEASONING]

l'olio
[oil]

lo zucchero
[sugar]

il sale
[salt]

il pepe
[pepper]

CUTLERY AND TABLEWARE

V 48 ▶

il coltello
[knife]

la forchetta
[fork]

il cucchiaio
[spoon]

il cucchiaino
[teaspoon]

la pentola
[pot]

il piatto
[plate]

la padella
[pan]

> ### DID YOU KNOW ❓
>
> Essere una buona forchetta
> *Costanza è una **buona forchetta**!*
> It means that she often has a good
> appetite and enjoys eating a lot.

THE SUPERMARKET

V 49 ▶

la cassiera
[cashier]

la cassa
[checkout]

il cestino
[basket]

il cassiere
[cashier]

lo scontrino
[receipt]

CLOTHES

1 *Observe the pictures: true (T) or false (F)?*

	T F		T F
Lui ha:		Lei ha:	
una giacca.	○ ○	una borsa.	○ ○
una maglietta.	○ ○	una gonna.	○ ○
un paio di pantaloni.	○ ○	un vestito.	○ ○

COLORS

2 *Observe the pictures and complete the sentences with the colors.*

1. Lei ha un paio di pantaloni

_____

e un paio di scarpe

_____.

2. Lui ha una giacca

e una maglietta

_____.

3. Lei ha una maglietta

e un cappello

_____.

ADJECTIVES TO DESCRIBE CLOTHES

3 *Organize the groups of letters and write the adjective. Then match the adjective and its opposite.*

1. TTO | RE | ST ➥ _____   lungo
2. TO | R | CO ➥ _____   grande
3. CO | PIC | LO ➥ _____   largo

UNIT OF MEASUREMENTS

4 *Spell out in letters the **highlighted** elements.*

1. ● Buongiorno, mi dica.
   ▶ Volevo **2 hg** _____ di prosciutto.
2. ● Quanto viene al **kg** _____ la bresaola?
   ▶ 35 euro.
3. ● Vuole altro?
   ▶ Sì, **1 l** _____ di latte, per favore.
4. ● Prendo queste banane. Quanto pesano?
   ▶ ½ **kg** _____.

FOOD

5 ~~Delete~~ the odd one.

VERDURA	FRUTTA	CONDIMENTI
• cipolla	• mela	• olio
• zucchina	• aglio	• zucchero
• pepe	• arancia	• sale
• carota	• pera	• banana

CUTLERY AND TABLEWARE

6 *Complete the image with the words in the list. Attention: there are two extra words!*

piatto | cucchiaino | coltello forchetta | cucchiaio | pentola

USEFUL SENTENCES

7 *Say where you could hear these phrases: in a grocery store (1) or in a shoe or garment store (2).*

	1 2
1. Che taglia porta?	○ ○
2. C'è la large di questo modello?	○ ○
3. Quanto viene al chilo?	○ ○
4. Che numero ha?	○ ○
5. Quanto pesa?	○ ○
6. Questa gonna c'è in grigio?	○ ○
7. Quanto costano quei pantaloni?	○ ○
8. Il prosciutto è in offerta?	○ ○

DIECI *"ERRORI" DA NON FARE IN ITALIA*

1 Drink a cappuccino after lunch.
Italians never drink cappuccino after noon.

2 Eat pasta as a side dish.
Pasta is always a first course.

3 Wear socks with sandals.
Italians wear socks only with closed shoes, never with sandals or beach shoes!

4 Split the bill based on each other's meal at the restaurant.
With friends, Italians divide the bill equally, even when they eat separate meals.

5 Taking off your shoes at someone's house.
Taking off your shoes is an intimate gesture, and for some people it can be embarrassing.

6 Not offering coffee to a guest at home.
The ritual of coffee is important: not offering it to a guest is rude.

7 Cut the spaghetti with a fork and knife.
For spaghetti, Italians only use a fork.

8 Not waiting for others to eat.
At the table, the Italians start eating together.

9 Entering the church poorly dressed.
In church, Italians do not wear tank tops, short skirts, or shorts.

10 Getting mad at a friend for being late.
Informal meetings in Italy are flexible. Usually two friends don't say, "See you at 10." But rather, "See you around 10."

Which of these things are normal in your country?

There are many videos and articles online about things that a foreigner should not do when in Italy.

The list we propose collects ten of them, but there are many others, even if less striking. It should also be said that tolerance for these mistakes varies depending on the context.

1 For example, it is not 100% true that Italians don't drink cappuccino after noon: it is certainly rare, but lately it is possible to see people having cappuccino even in the afternoon. Another thing to consider is the word *latte*, which in Italian means milk. So, if you order a "latte" at a bar, you will receive... a glass of milk! To have milk with a little bit of coffee, you need to order a *latte macchiato*. After meals and in the evening, one never drinks a cappuccino, that's for sure!

4 Splitting the bill equally, or "pagare alla romana," is a common practice in some parts of Italy. However, it is also possible to encounter groups where everyone pays for only what they have consumed.

5 Taking off shoes in someone else's house is uncommon, and it is always better to ask for permission from the host.

7 Cutting spaghetti with a knife: while it's true that some Italians do it, they often receive criticism from their friends and family! Another dish that Italians don't like to joke about is pizza. DO NOT ask for ketchup or for pineapple on the pizza.

9 The issue of clothing in churches is not present everywhere, but the most important churches in Italy have a dress code that visitors are expected to follow. The dress code is usually posted at the entrance. However, it's not a rule in every church, but it is always good to avoid entering Italian churches wearing very short clothes.

10 The punctuality of Italians varies greatly depending on the person. For very punctual Italians, life in large cities can be challenging due to the varying degrees of efficiency with public transportation, traffic congestions, and difficulty finding parking in city centers.

1 _Before_ watching the video, circle the image with the indicated objects then write the color in the frames to the left.

carrello | formaggio | prosciutto | pesce

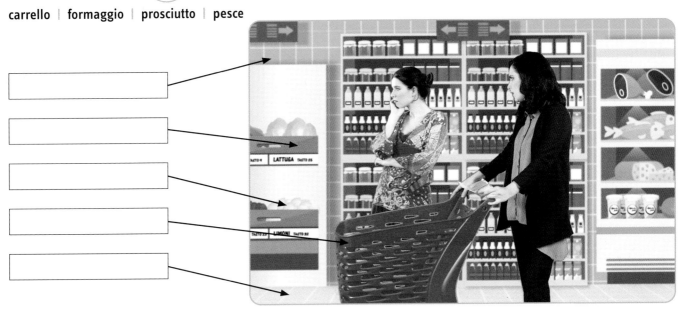

2 _Watch the video. What are they supposed to buy? Complete the chart with the right quantity. Pay attention: there is an extra quantity._

½ litro | 1 chilo | 1 litro | sei | un etto | 2 etti | 1 chilo e ½

Ivano e Paolo				
Francesca e Anna				

3 _Organize the words and put together the announcement played at the supermarket._

prosciutto | sul | offerta | di | al | etti | prezzo | tre | di | due | Parma

Oggi _____ : _____ !

4 _Watch the last scene, pick a character and imagine what he / she is thinking about. Then discuss with a classmate who picked another character._

Character:

_____

Ivano   Francesca   Anna   Paolo

5 _In your opinion, what is going to happen in the next episode after this unexpected meeting?_
Make hypothesis together with a classmate.

In this lesson, I will learn how to:
• indicate advantages and disadvantages
• describe minor health issues
• give advice and instructions
• ask for advice at the pharmacy

COMINCIAMO

a In your opinion, what should the ideal work be? Complete the test. You can select more than one answer.

1. Preferisco lavorare:

a. ○ seduto.
   ○ in movimento.

b. ○ in un ufficio.
   ○ a casa.
   ○ all'aperto.

c. ○ da solo.
   ○ con colleghi.

2. Voglio fare:

a. ○ molti soldi.
   ○ amicizia con i colleghi.

b. ○ un lavoro intellettuale.
   ○ un lavoro manuale.

c. ○ un lavoro sempre diverso.
   ○ un lavoro regolare.

3. Non voglio fare:

○ un lavoro stressante.
○ un lavoro lontano da casa.

b Compare the answers with the ones from your classmates. Are there any points in common?

G cominciare a · finire di · continuare a · ero
V Sono in pensione. · Guadagno bene. · azienda

46 ▶ **1** **ASCOLTARE** Due lavori diversi

1a *Listen to the two interviews and complete the chart, as shown in the examples: based on Donato and Maddalena's opinion, what are the advantages and disadvantages of their jobs?*

Maddalena / programmatrice

Donato / giardiniere

ADVANTAGES 😃	DISADVANTAGES 😟
un lavoro all'aperto	

ADVANTAGES 😃	DISADVANTAGES 😟
guadagna bene	

1b *Complete the transcription with the elements in the list, then listen to the audio track again and check.*

Donato
certo, in inverno questa
perché fa freddo, a volte
e mi piace stare da solo
ma nella natura, all'aperto, non stressante

Maddalena
è lontano da casa, passo molto tempo
lavorare tardi
molto bene con i colleghi
guadagno bene, ma purtroppo rimango ore

Io mi chiamo Donato... e sono in pensione da dieci anni. Ho cominciato a lavorare molto giovane, a 16 anni, e ho sempre fatto il giardiniere nei parchi della mia città, Torino. Era un lavoro manuale, fisico, _____.
Io ho sempre amato le piante _____,
_____, quindi ero molto felice.
_____ è una
professione difficile _____
_____ piove, ma in primavera i parchi sono meravigliosi. Anche adesso in pensione continuo a andare al parco tutti i giorni.

Mi chiamo Maddalena e ho cominciato a lavorare due anni fa, dopo l'università. Faccio la programmatrice in un'azienda informatica. All'inizio ero molto timida, ma nella mia azienda ho fatto amicizia rapidamente: mi trovo
_____,
sono molto simpatici e spesso usciamo insieme.
_____ e ore
seduta davanti al computer, questo aspetto non mi piace molto. Poi l'ufficio _____
_____ nel traffico in macchina e
finisco di _____,
quindi la sera sono davvero stanca.

1c *In pairs. A student completes the questions for Donato, the other one the questions for Maddalena. Then each student asks what they like: the classmate uses the text about Donato or Maddalena and responds.*

QUESTIONS FOR DONATO
Che cosa | A quanti anni | Che tipo | Da quanto tempo
1. _____ sei in pensione?
2. _____ hai cominciato a lavorare?
3. _____ di lavoro era?
4. _____ fai adesso in pensione?

QUESTIONS FOR MADDALENA
Come | Che | Come | Quando
1. _____ hai cominciato a lavorare?
2. _____ lavoro fai?
3. _____ eri all'inizio?
4. _____ stai la sera dopo il lavoro?

2 **GRAMMATICA** L'imperfetto: introduzione

2a *Complete the imperfetto tense of the verb essere with the forms used by Donato and Maddalena.*

ESSERE

io	
tu	eri
lui / lei / Lei	
noi	erav<u>a</u>mo
voi	erav<u>a</u>te
loro	<u>e</u>rano

2b *Why do we use the* imperfetto?

> To describe:
> a. ○ at the present.   b. ○ in the past.
> c. ○ in the future.

2c *In pairs. Write 2 sentences with a minimum of 5 words using the verb essere at the imperfetto. Cut out the words of each sentence. Taking turns, one of your group will be scrambled sentence to a classmate and he / she will have to reorganize it, as shown in the example below.*

> 🔆 **FOCUS**
>
> **COMINCIARE, FINIRE, CONTINUARE**
> *comincio* **a** *lavorare*
> *finisco* **di** *lavorare*
> *continuo* **a** *lavorare*

3 **SCRIVERE** Il mio / La mia insegnante

Write a brief description of the professional life of your Italian teacher. Use the information that you know and your imagination. How long has she / he been a teacher? What are the positive and the negative aspects of her / his job? Was is different when she / he started to work in a classroom?

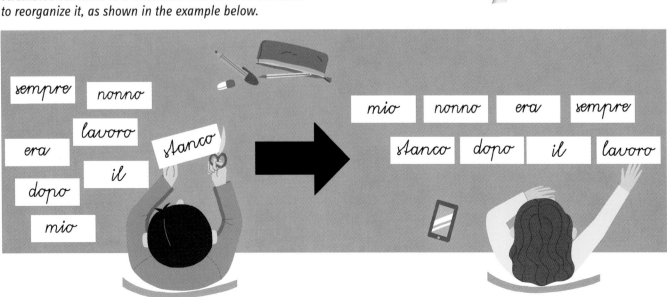

1 *LEGGERE* L'influenza

1a   Read the section **A** and write the names of three body parts that you find in the text.

....

A. TI SENTI MALE? ECCO COME SCOPRIRE SE HAI L'INFLUENZA.
ATTENZIONE: NON È NECESSARIO AVERE TUTTI QUESTI SINTOMI INSIEME!

1. HO LA TOSSE
2. MI FA MALE LA TESTA
3. HO MAL DI GOLA
4. HO LA FEBBRE (ALTA O BASSA)
5. HO IL NASO CHIUSO E IL RAFFREDDORE, RESPIRO MALE
6. SONO SEMPRE STANCO, MI SENTO MOLTO DEBOLE

B. CONSIGLI E RIMEDI PER CHI HA L'INFLUENZA

1   2 80%   3 50%   4 46%   5 95%

1b   Now match the texts to the corresponding pictures in the section **B**.

a [ ]
Per quasi tutti
dormire molto
è una soluzione
efficace: riposo
assoluto per
diversi giorni!

b [ ]
Per una persona
su due è utile
bere bevande
calde (e buone!),
come il tè al miele
o una tisana con
il limone.

c [ ]
Il primo
consiglio
è andare
dal medico
di famiglia.

d [ ]
Per quasi il 50%
delle persone
è utile mangiare
frutta, in
particolare
quella ricca di
vitamina C.

e [ ]
Per molte persone
può essere un aiuto
prendere farmaci;
diverse medicine
riducono la febbre
e la sensazione
di forte stanchezza.

2 VOCABOLARIO Disturbi e corpo

2a Which specialist should they go to?

 dall'oculista | dall'otorino
dall'ortopedico | dal dentista

1
Ho mal di denti!

Jane

....

2
Mi fa male
la schiena.

Lisa

....

3
Ho problemi
agli occhi.

Jonas

....

4
Mi fanno male
le orecchie!

Achille

....

2b Complete the image with the words in the list.

naso | schiena | orecchio | occhio | testa

braccio

bocca

mano

stomaco

gamba

ginocchio

piede

3 PARLARE Problemi e consigli

In groups of 3 students (student A, B and C), taking turns, A mimes a physical distress to the body parts found in point 2b. Student B says what problem it is and C proposes a resolution. Repeat various times and change roles each time. Follow the example.

A

B
Ti fa male
lo stomaco.

C
Forse sei stressato,
devi riposare. Può essere
utile fare una vacanza!

10c Rallentare

1 VOCABOLARIO Verbi

Match the verbs to the expressions in the list. Attention: you can match an expression to different verbs.

bene | fame | amicizia | caldo | così così
sete | stanchi | mal di testa | soldi
un lavoro stressante | freddo

avere

fare

sentirsi

stare

trovarsi

2 LEGGERE E PARLARE Consigli

2a *In pairs. Cover the text below. The title is: "Sano e felice - consigli anti stress". In your opinion, what suggestions will be given?*

2b *Now read the red column on the left and match the suggestions to the explainations in the blue column on the right, as shown in the examples.*

2c *When you are stressed out, what are the things you do or don't? Discuss together.*

testo parlante 47 ⊙

SANO E FELICE dimentica lo stress con i nostri consigli

1		dormi minimo sette o otto ore a notte
2		fa' sport
3	*b*	medita nelle pause
4		non guardare sempre il cellulare
5		al lavoro fa' amicizia con i colleghi
6	*f*	ridi
7		va' a passeggiare al parco ogni tanto
8	*g*	non avere sempre fretta
9		non fare mille cose insieme

a. concentrarsi su una cosa alla volta riduce lo stress
✓ b. lo yoga aiuta se fai un lavoro stressante
c. sentirsi sempre stanchi rovina la giornata
d. fa male agli occhi e alla mente
e. la natura è una medicina potente
✓ f. l'allegria è la medicina della felicità
✓ g. rallentare il ritmo della giornata aiuta a stare bene
h. l'attività fisica dà energia positiva
i. le relazioni umane sono molto importanti

3 GRAMMATICA L'imperativo con *tu*

3a *Find in the text the tu imperative of these verbs.*

REGULAR VERBS		
MEDIT**ARE**	RID**ERE**	DORM**IRE**

IRREGULAR VERBS	
FARE	ANDARE

3b *In the text there is also the negative imperative of the verbs* guardare, avere *and* fare. *How do we form the negative imperative for the subject* tu? *Complete.*

_____ + infinitive

3c *We use the imperative to:*

○ give suggestions.
○ express enthusiasm.
○ protest.
○ give order or instructions.

3d Do your best to complete the sentences with the correct verbs at the imperative.
Several solutions are possible, then compare your sentences to the ones from a classmate.

Ti senti triste e stressato? _____ questi consigli!

- _____ con un amico!
- _____ un film divertente!
- _____ una lettera a una persona cara!
- _____ una musica rilassante!

FOCUS

IMPERATIVE – SPECIAL CASES
The verbs *fare* and *andare* have to forms:
va' / vai and **fa' / fai**.

4 [ASCOLTARE] Una posizione yoga

4a Listen to the yoga lesson: **48** ▶
every time that you listen
to the name of a body
part, touch said part.

4b Listen again to the audio track and select the
pose that the teacher explains.

1. ○ l'albero

2. ○ il guerriero

4c Listen to the audio track again and complete the verbs
in parenthesis at the imperative, as shown in the
example. Attention: <u>one</u> verb is at its <u>negative</u> form.

1. Attenzione: (*fare*) _____ questo esercizio
se hai problemi alle gambe.

2. (*Andare*) _____ piano e (*seguire*)
____*segui*____ le istruzioni passo dopo passo.

3. Prima (*rilassare*) ___*rilassa*___ il corpo,
(*respirare*) _____...

4. (*Aprire*) _____ le gambe...

5. (*Aprire*) _____ anche le braccia...

6. (*Fare*) _____ attenzione...

7. Adesso (*girare*) _____ il piede sinistro
a sinistra, poi (*piegare*) _____ il ginocchio
sinistro.

8. Alla fine (*girare*) _____ la testa a sinistra
e (*guardare*) _____ davanti a te.

9. (*Rimanere*) ___*Rimani*___ nella posizione
per un minuto.

10. (*Tornare*) _____ in piedi e poi (*ripetere*)
_____ la posizione a destra.

3. ○ il cane a faccia in giù

4d Do you want to try two yoga poses?
Play in pairs (student **A** and student **B**).
Go to the ▶ *COMUNICAZIONE* section. Student **A**
goes to p. 200 and student **B** goes to p. 204.

FOCUS

BODY PARTS – IRREGULAR PLURALS
il braccio → **le braccia**
l'orecchio → **le orecchie**

1 SCRIVERE Prodotti in farmacia

Write a brief advertising campaign for Fortifix and Olio di Argan, as shown in the two examples.
Use your imagination! You can also use the nouns and the adjectives in the list.

farmaco | medicina | aiuto | soluzione
potente | utile | efficace | forte | naturale

2 ASCOLTARE La farmacista consiglia

49 ▶ *2a Listen to the audio track and select the correct option.*

Il ragazzo:

1.
a. ○ sta male da due giorni.
b. ○ sta male da lunedì.

2.
a. ○ dorme bene.
b. ○ ha dolore sempre.

3.
a. ○ non deve cenare.
b. ○ deve mangiare leggero.

4.
a. ○ deve andare dal dottore tra alcuni giorni.
b. ○ deve andare dal dottore immediatamente.

5.
a. ○ alla fine compra un farmaco.
b. ○ alla fine non compra niente.

2b *Organize the words and create sentences that relate to the descriptions, as shown in the example. Then listen to the audio track again and check.*

1. Il ragazzo chiede qualcosa in farmacia:
il | stomaco | qualcosa | mal | volevo | contro | di

....

2. La farmacista chiede dettagli sul problema:
dolore | è | senti, | forte | un

.... ?

3. Il ragazzo indica che tipo di farmaco vuole:
di | qualcosa | ho | di | bisogno | forte
Ho bisogno di qualcosa di forte.

4. La farmacista indica una soluzione diversa:
hai | di | mah, | forse | riposare | bisogno

....

5. Il ragazzo accetta il consiglio:
come | Lei | faccio | dice

....

3 **PARLARE** Ho bisogno di...

In pairs (student A and student B). Student A is a pharmacist and student B is a client. Read the instructions and create a dialogue in the pharmacy.

B entra in farmacia e chiede un rimedio per il suo problema.

A chiede dettagli sul problema di B.

B dà altre informazioni su come si sente.

A dà consigli e istruzioni.

DIECI espressioni con *avere*

AVERE...

1 fame   **2** sete

3 caldo

4 freddo

5 bisogno (di riposare)

6 fretta

7 ragione

8 torto   **9** sonno

10 mal di testa

A te quando succedono queste cose?

MAI O QUASI MAI	QUALCHE VOLTA	SPESSO

  ASCOLTO IMMERSIVO®   *Scan the QR code to the left, close your eyes, relax and listen.*

PROFESSIONS

Most professions in Italian follow the common nouns rule, which means that the gender (masculine or feminine) and number (singular or plural) of the noun changes depending on who is performing the profession.
Nouns ending in -o like *commesso* [*clerk*], *impiegato* [*office worker*], *segretario* [*secretary*], *gelataio* [*ice cream man*], *artigiano* [*artisan*], and *cuoco* [*chef*] change to -a (feminine singular), -i (masculine plural) or -e (feminine plural).

	singular	plural
masculine	il commess**o**	i commess**i**
feminine	la commess**a**	le commess**e**

Nouns ending in -ista like *musicista* [*musician*], *tassista* [*taxi driver*], *giornalista* [*journalist*], *farmacista* [*farmacist*], and *dentista* [*dentist*] have the same form for both genders in the singular. If the noun is masculine, the plural is formed by changing the final -a to -i. If the noun is feminine, the plural is formed by changing the final -a to -e.

	singular	plural
masculine	il farmac**ista**	i farmac**isti**
feminine	la farmac**ista**	le farmac**iste**

Nouns ending in -tore like *traduttore* [*translator*], *attore* [*actor*], *imprenditore* [*entrepreneur*] and *programmatore* [*programmer*] are masculine and they change to -tori in the plural. Their feminine counterparts end in -trice and change to -trici in the plural.

	singular	plural
masculine	il programma**tore**	i programma**tori**
feminine	la programma**trice**	le programma**trici**

Nouns ending in -iere like *cameriere* [*waiter*], *giardiniere* [*gardener*] and *infermiere* [*nurse*] are masculine and they change into -ieri in the plural. Their feminine counterparts end in -iera and change to -iere in the plural.

	singular	plural
masculine	il camer**iere**	i camer**ieri**
feminine	la camer**iera**	le camer**iere**

Nouns ending in -ante like *cantante* [*singer*] and *insegnante* [*teacher*] have the same form for both genders in the singular (-ante) and in the plural (-anti).

	singular	plural
masculine	l'insegn**ante**	gli insegn**anti**
feminine	l'insegn**ante**	le insegn**anti**

Some irregular nouns include:

	singular	plural
masculine	lo studente	gli studenti
feminine	la studentessa	le studentesse

	singular	plural
masculine	il dottore	i dottori
feminine	la dottoressa	le dottoresse

Instead of *dottoressa*, in Italian we can use the synonym *medico*, in the masculine form, also to refer to a woman. Nevertheless the feminine *medica* is becoming more frequently used:
Il mio medico / La mia medica di famiglia è Lorella Rialti.
[*My family doctor is Lorella Rialti.*]

'ALMA.tv
Watch the Linguaquiz
Le professioni.

THE IMPERFETTO OF ESSERE

In Italian, the *imperfetto* is often used for descriptions in the past, particularly to describe ongoing or repeated actions, events or states of being. See some examples with the verb *essere*:
*Mio nonno **era** sempre stanco dopo il lavoro.*
[*My grandfather was always tired after work.*]
*Anni fa **ero** molto timida con i colleghi.*
[*Years ago I was very shy around my colleagues.*]

io	ero
tu	eri
lui / lei / Lei	era
noi	eravamo
voi	eravate
loro	erano

You will learn more about the *imperfetto* in LEZIONE 12.

IRREGULAR PLURALS

In Italian, certain body parts have irregular plurals. Additionally, the plural form of the noun may, at times, change gender. For example:

singular	plural
la mano [hand]	**le mani** [hands]
il ginocchio [knee]	**le ginocchia** [knees]
l'orecchio [ear]	**le orecchie** [ears]
il braccio [arm]	**le braccia** [arms]

THE INFORMAL IMPERATIVE (TU)

Like in English, the imperative tense is used in Italian to give commands, instructions, directions, and polite suggestions. Here some examples:

Stop talking. | *Eat your vegetables.* | *Sit down, please.*

Note that the pronoun *you* is generally not used, as it is implied by the context.

In Italian, the informal imperative (*tu* form), is formed as follows:

guardare [verbs in -are]	rimanere [verbs in -ere]	aprire [verbs in -ire]	finire [verbs in -ire with -isc]
guarda	rimani	apri	finisci

For example:

*Per stare bene, **dormi** sette o otto ore a notte.*

[*To stay healthy, get seven or eight hours of sleep a night.*]

***Torna** a casa presto!*

[*Come home soon!*]

In Italian, the subject pronoun is always omitted when using the imperative.

Irregular verbs

Essere, *avere* and *dire* have irregular forms:

essere	avere	dire
sii	abbi	di'

while verbs like *andare*, *dare*, *stare*, *fare* have two forms:

andare	dare	stare	fare
va' / vai	da' / dai	sta' / stai	fa' / fai

The negative form (*tu*)

With *tu*, the negative form of the imperative is formed with *non* + infinitive:

***Non guardare** sempre il cellulare.*

[*Don't always look at your cell phone.*]

***Non essere** timido.*

[*Don't be shy.*]

***Non aprire** la finestra per favore.*

[*Don't open the window please.*]

PREPOSITIONS

cominciare + a, continuare + a, finire + di

In Italian, it is common to use a preposition with a verb even when there is no equivalent preposition in English (and vice versa). *Cominciare a, continuare a,* and *finire di* are three common expressions that respectively express the beginning, continuation and completion of an action. They are followed by an infinitive.

For example:

*Lucia ha cominciato **a** lavorare molto giovane.*

[*Lucia started working very young.*]

*Ho preso un farmaco ma continuo **a** avere mal di testa.*

[*I took something (a drug) but I still have headache.*]

*Finisci **di** lavorare tardi?*

[*Do you finish work late?*]

Note that in the English equivalent there is no preposition.

da

The preposition *da* is used in many different ways.

For example,

● to express duration:

*Ho mal di stomaco **da** lunedì.*

[*I have had a stomach ache **since** Monday.*]

Conosco Laurent da tre anni.

[*I have known Larent **for** three years.*]

● to indicate where I go, if I go to see someone:

*Devi andare **dal** medico.*

[*You have to go **to the** doctor.*]

*Ceni **da** Matteo stasera?*

[*Are you having dinner **at** Matteo's tonight?*]

PROFESSIONS

1 *Complete the chart with the missing letters.*

	SINGULAR	PLURAL
masculine	barist_	barist_
feminine	barista	barist_
masculine	attore	att___
feminine	att__	att___
masculine	infermier_	infermier_
feminine	infermiera	infermier_
masculine	dottore	dott____
feminine	dott___	dott____
masculine	segretario	segretar_
feminine	segretari_	segretari_
masculine	cantante	cantant_
feminine	cantant_	cantant_

2 Match the word with its ending to create the full noun of the profession and then say if the noun is masculine (**M**) or feminine (**F**), as shown in the example. Attention: in some cases they can be both genders.

✓commess | camer | music | bar | imprendi
dottor | impiegat | segretari | cant | tradut
gelatai | tass | operai | programma | dent
insegn | giornal | student | inferm | cuoc

		M	F
commess	-O	⊘	○
	-ISTA	○	○
	-TRICE	○	○
	-ESSA	○	○
	-IERE	○	○
	-ANTE	○	○

THE IMPERFETTO OF ESSERE

3 Complete with the correct form of the verb essere at the imperfetto.

1. Mia nonna _____ francese.
2. Questi pantaloni sono molto vecchi. Adesso sono grigi, ma prima _____ neri.
3. Tu_____ timido anni fa, invece adesso sei molto socievole!
4. Noi _____ sempre molto stanchi il venerdì.
5. Prima _____ magro, adesso sono robusto.
6. Voi _____ bravi a scuola?

IRREGULAR PLURALS

4 Write the plurals of the nouns. Attention: some have a regular plural but others do not.

1. la mano _____
2. l'occhio _____
3. il braccio _____
4. il piede _____
5. l'orecchio _____
6. il dente _____
7. il ginocchio _____
8. la gamba _____

THE INFORMAL IMPERATIVE (TU)

5 Match the sentences to create dialogues. Then complete the suggestions using the verb in parenthesis at the imperative with tu, as shown in the example.

1. Devo andare in centro, ma ho fretta e c'è molto traffico.
2. L'aria condizionata non funziona!
3. Come mi vesto per la festa di domani?
4. Non posso mangiare carne.
5. Non ho contanti.
6. Ho fame!

a. Allora (*prendere*) _____ un primo vegetariano, o il pesce.
b. (*Pagare*) _____ con la carta di credito.
c. (*Andare*) *Va'* in bicicletta! Ci vogliono solo 10 minuti!
d. (*Mangiare*) _____ un panino, in frigo c'è il prosciutto crudo.
e. (*Mettere*) _____ la gonna nera, è molto bella!
f. (*Chiamare*) _____ la reception. Forse puoi cambiare stanza.

6 Complete the chart, as shown in the example.

	IMPERATIVE	IMPERATIVE IN THE NEGATIVE FORM
1.	Mangia molta verdura.	*Non mangiare* solo dolci!
2.	Dormi minimo 7 ore.	_____ in classe.
3.	_____ di fare i compiti.	Non finire il latte, lo voglio anch'io!
4.	Guarda questo film, è molto interessante.	_____ troppa televisione.
5.	_____ sport 2 o 3 volte alla settimana.	Non fare la spesa, non è necessario.
6.	Va' in farmacia, hai la febbre!	_____ a letto tardi.
7.	Apri la porta, per favore.	_____ il regalo, aspetta!
8.	_____ calma, sei sempre così nervosa!	Non stare seduta tutto il giorno, fa male alla schiena.
9.	Sii paziente!	_____ antipatico!

PREPOSITIONS

7 Complete with the proper prepositions: da, a or di. Attention: in one case, you must use a compound preposition.

1. A che ora finisci _____ lavorare?
2. Andiamo _____ Paola domani?
3. Lidia comincia _____ lavorare alle 8:30.
4. Continua _____ venire al corso di inglese, per favore!
5. Devo andare _____ dottore.
6. Abbiamo cominciato _____ studiare cinese.

EPISODIO 10

1 <u>Before</u> watching the video, complete the chart with the tu imperative of the verbs in the list. Then watch the video and check.

ascoltare | partire | prendere | scrivere | mangiare
dormire | scusare | leggere | guardare

ENDING IN -A	ENDING IN -I

Maurizio   Ah, facile: usi il *non* più l'infinito!

Christoph   Che cosa? Non _____ ...? Non scrivere? Non partire?

Maurizio   Esatto!

Christoph   È facile, questo! Bene!

Aldo   E l'imperativo di *essere* e _____? Sai qual è?

Maurizio   Aldo, _____ buono, Christoph ha imparato l'imperativo solo oggi!

Christoph   Sì, per favore: _____ pazienza, devo ancora imparare bene la vostra grammatica!

2 Complete the dialogue with the verbs in the list.

guarda | ascolti | scrivi | guardare | sii
ascolta | devi | abbi | scrivi | avere | ascolto

Christoph   Buongiorno!

Maurizio   Ciao, Christoph! Come va?

Christoph   Bene! Maurizio, ascolta!

Maurizio   Sì, ti _____ ...

Christoph   Ieri ho imparato l'imperativo! Allora, tu adesso _____ ... Ma io dico: _____! Perché tu _____ ascoltare!

Maurizio   Sì, certo.

Christoph   E anche: guarda! Ma: scrivi! Prendi! Dormi! È come quando dici: "Tu _____ una mail; tu dormi molto".

Maurizio   Sì, è vero! Guardare, _____; mangiare: mangia. Scusare: scusa! Tutti verbi in -*are*. Ma scrivere: _____! Leggere: leggi! Dormire: dormi! Partire: parti! Tutti i verbi in -*ere* e in -*ire* non cambiano...

Christoph   Che strano, vero? Ma se voglio usare *non*, come funziona?

SOMETHING MORE

In Italian, there are expressions in the imperative that do not have a literale meaning when translated (= you must do something). A few examples?

Guarda, se vuoi la mia opinione...
Senti, hai visto i miei occhiali?
Ascolta, ho mal di testa...

In this case, the use of guarda, senti, ascolta *is a way to catch someone's attention about something we are saying.*

Another imperative expression that is very frequently used, especially in oral interactions, is dai, *used to encourage someone to do something.*

Dai, non essere triste! È solo un momento difficile!
Dai! Dai! Così! Sì! Abbiamo vinto!

BODY PARTS

V 50 ▶

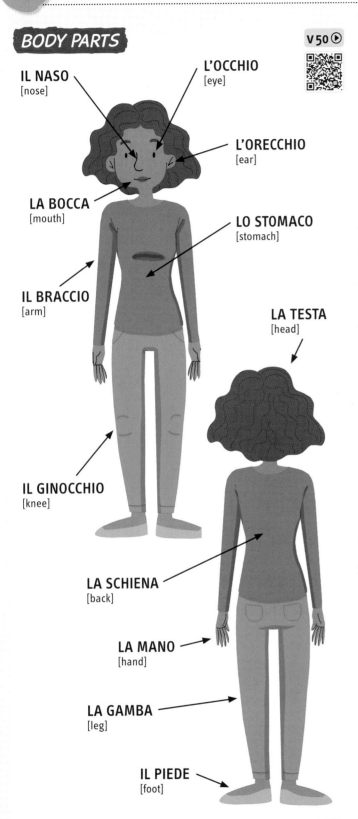

IL NASO
[nose]

L'OCCHIO
[eye]

L'ORECCHIO
[ear]

LA BOCCA
[mouth]

LO STOMACO
[stomach]

IL BRACCIO
[arm]

LA TESTA
[head]

IL GINOCCHIO
[knee]

LA SCHIENA
[back]

LA MANO
[hand]

LA GAMBA
[leg]

IL PIEDE
[foot]

DID YOU KNOW ❓

Occhio non vede, cuore ♥ non duole!

Non duole means "it doesn't hurt". This expression implies that if a problem isn't visible, we don't suffer; hence some times, it's better to just ignore it.

SMALL AILMENTS

V 51 ▶

Ho la febbre.
[I have a fever.]

Ho il raffreddore.
[I have a cold.]

Ho la tosse.
[I have a cough.]

DID YOU KNOW ❓

Ammalarsi e guarire

 ← The verb used to indicate the onset of illness is **ammalarsi**. When the illness ends, we use **guarire**. →

If someone is sick, you can say:
Buona guarigione!

Ho mal di...

testa [I have a headache]	gola [I have a sore throat]
denti [I have a toothache]	
schiena [I have a backache]	stomaco [I have a stomachache]

Mi fa male...

la testa [I have a headache]	la gola [I have a sore throat]
la schiena [I have a backache]	lo stomaco [I have a stomachache]

Mi fanno male...

le orecchie [I have a earache]	i denti [I have a toothache]
le gambe [My legs hurt]	i piedi [My feet hurt]

EXPRESSIONS WITH AVERE

V 52 ▶

avere sete
[to be thirsty]

avere fame
[to be hungry]

avere caldo
[to be hot]

avere freddo
[to be cold]

avere ragione
[to be right]

2+2=4

avere torto
[to be wrong]

2+2=3

avere fretta
[to be in a hurry]

avere mal di gola
[to have a sore throat]

avere sonno
[to be sleepy]

Ho bisogno di una vacanza!
[I need a vacation!]

<u>avere bisogno di</u> [to need]:
riposare [to rest],
dormire [to sleep],
un caffè [a coffee], soldi [money],
un lavoro [a job], tempo [time]...

BODY PARTS

1 *Look for the body parts in the scheme (across → and down ↓) and then write the words in the pictures below, as shown in the example.*

```
G I N O C C H I O R B S
A N A S O P N T C T R T
M M A N O I V E C U A O
B O C C A E B S H I C M
A L I A R D O T I S C A
I S C H I E N A O A I C
R A T O R E C C H I O O
```

testa

2 *Match the objects with the parts of the body, as shown in the example.*

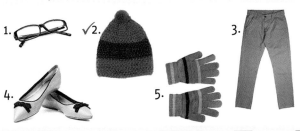

1. 2. ✓ 3.

4. 5.

piedi: ☐ mani: ☐ occhi: ☐ gambe: ☐ testa: 2

SMALL AILMENTS

3 *Complete the sentences with the missing words.*

1. No, grazie, non prendo il caffè oggi.
   Ho _____ di stomaco.
2. Devo andare in farmacia. Mi _____ male i denti da due giorni.
3. Dopo la palestra, mi _____ male le gambe.
4. Hai sempre mal _____ schiena? Non devi stare seduta tutto il giorno!
5. Dottore, mio figlio _____ la febbre.
6. Ieri ho dormito poco e oggi mi _____ male la testa.

EXPRESSIONS WITH AVERE

4 *Read the sentences and write the expression with the verb avere that has a similar meaning, as shown in the examples.*

1. Dico una cosa giusta.
   → Ho _____.
2. Non ho tempo, sono in ritardo.
   → Ho _____.
3. Mi fa male la testa.
   → Ho _mal_ di testa.
4. Ho bisogno di bere.
   → Ho _____.
5. Dico una cosa sbagliata.
   → Ho _torto_____.
6. Ho bisogno di dormire.
   → Ho _____.
7. Devo mangiare qualcosa.
   → Ho _____.

USEFUL SENTENCES

5 *At the pharmacy. Organize the words and make sentences, as shown in the example. Attention: the first word is always at the right place.*

1. **Volevo | di | contro | il | testa | qualcosa | mal**
   → *Volevo qualcosa contro il mal di testa*.
2. **Ho | di | di | qualcosa | forte | bisogno**
   → _____.
3. **Da | questo | ha | dolore | quando**
   → _____?
4. **Forse | riposare | bisogno | ha | di**
   → _____.
5. **È | dolore | forte | un**
   → _____?

DIECI *GESTI TIPICAMENTE ITALIANI*

1 Wait a second.

2 Get some coffee?

3 Go away!

4 I don't care!

5 What are you talking about?

6 Ok / Fine.

7 It's very expensive.

8 It's so tasty!

9 Are you crazy?

10 Summarize, you talk too much!

Are there concepts for these gestures in your culture? Are they similar or different?

According to many foreigners, "Italians talk with their hands," but is it true?

Certainly, yes, although they are not fully aware of it. The reason for this characteristic likely lies in the fact that Italy, because of its geographical position in the center of the Mediterranean, has always been a land of passage and often of conquest for a multitude of peoples who brought with them their language, culture, and habits. Gestures were then adopted to facilitate communication primarily between Italians and foreigners. This later happened between the Italians themselves, who from the North to the South, have always presented many differences in terms of dialects, mentality, and traditions. However, where in most cases gestures can help, they can also pose a risk if we think about how the meaning of some gestures change from one country to another.

Some examples:

gesture number **1**, "Wait a second", can also be done with one hand. But if you do this in Greece or Turkey, you are sending someone to Hell!

Gesture number **5**, in Arab countries it means "one moment" and "wait", while in India it means "to eat".

The gesture number **6**, which in Italy, as well as in the USA, means OK. However, in other cultures, this corresponds to an obscene or offensive gesture.

The gesture number **7**, in Korea, if made without moving the fingers, means "love."

If gesture number **9** is universally recognized as an indication of someone doing something crazy and incomprehensible, gesture number **4** embodies a distinctly Italian attitude.
It is even rumored that the philosopher Ludwig Wittgenstein, upon observing it, was compelled to reconsider his philosophy of language!

VIDEO

1 *Watch the video and respond: true (T) or false (F)?*

	T	F
1. Francesca chiede a Ivano di uscire con sua sorella.	○	○
2. Ivano vuole continuare ad andare da Francesca.	○	○
3. Francesca torna a casa.	○	○
4. Paolo ha un appuntamento con una ragazza.	○	○
5. Anna invita Ivano a pranzo.	○	○
6. Ivano ha un problema al cuore.	○	○

2 *Complete the sentences with the correct prepositions.*

1. Fino all'ultimo ho sperato _____ non annullare il nostro appuntamento.
2. Non possiamo continuare _____ vederci, signor Solari.
3. Ora vado a casa, ho bisogno _____ stare un po' da sola e capire che cosa fare.
4. Ma voi due potete rimanere insieme _____ mangiare, perché no?
5. Sono... felice _____ stare con te.

3 *What happened until now? Match the sentences on the left with those on the right, as shown in the example.*

1. Ivano comincia ad andare
2. Anna Busi va allo studio della sorella e
3. Anna è nello studio di Francesca e
4. Anna invita Ivano a una festa. Ivano
5. Ivano va alla festa e si diverte con
6. Dopo una settimana, Ivano
7. Francesca si arrabbia al telefono con Anna
8. Francesca e Anna incontrano
9. Al bar, Francesca spiega tutto a Ivano
10. Ivano invita Anna a pranzo. Lei

a. vede Ivano. Chiede a Francesca informazioni su di lui.
b. pensa di parlare con Francesca.
c. dalla psicologa Francesca Busi.
d. Anna, che secondo lui è Francesca.
e. in quel momento arriva Ivano.
f. perché ha capito che lei è andata alla festa con Ivano.
g. ringrazia Francesca per la festa. Francesca non capisce.
h. accetta con piacere.
i. Ivano e Paolo al supermercato.
l. e poi va a casa.

4 *You are Paolo and you write to Giorgia. Tell Ivano and Anna's story to Giorgia (how did they meet, why, who is Francesca, etc.).*

....
....
....
....
....
....
....

COMUNICAZIONE

COMUNICAZIONE

LEZIONE 2D

3 PARLARE In una scuola di lingue

STUDENT A

You are Fabio Segre.
You are at
"Mondolingua"
language school
to sign up for
a Chinese course.
Talk to the
administration.

> Nome: Fabio
> Cognome: Segre
> indirizzo: via Candia 82, Roma
> e-mail: segrefa@gmail.com
> telefono: 06 33200978
> età: 48
> professione: architetto
> lingue: italiano, inglese

LEZIONE 5D

3 PARLARE In un ufficio informazioni

STUDENT A

You are an employee at the tourist info point in Torino.
Look at the brochure and give information to the
tourist in front of you.

#SpecialeEstate
TARIFFA UNICA 5 €
TUTTI I VENERDÌ DI LUGLIO E AGOSTO
dalle 18:30 alle 22:30

Via Accademia delle Scienze, 6 Torino | museoegizio.it

MUSEO EGIZIO

LEZIONE 10C

4d ASCOLTARE Una posizione yoga

STUDENT A

1. Watch the photo below and give instructions: your
   classmate listens and executes the pose. Use the
   imperative form of the verbs in the list, or others.

   **alzare | abbassare | aprire | chiudere | fare
   girare | mettere | piegare | prendere | respirare
   rilassare | rimanere | toccare**

2. Now listen to the instructions
   given by your classmate
   and execute the pose that
   he / she describes.

2b GRAMMATICA Anche / Neanche

Write what you like 😊 *and what you don't like* 😞*, as shown in the example. The classmate responds (to an affirmative sentence using* anche a me / a me no*; to a negative sentence with* neanche a me / a me sì*). *Show the responses to your classmate* 😊 / 😞 *within the* **blue** *boxes.*

😊 A me piace la lingua italiana. E a te?	😊 Anche a me. 😊	😞		😊	
😊		😊		😞	
😊		😞		😊	

2f GRAMMATICA Il passato prossimo

In pairs: student **A** *and* **B***. Student* **A***, taking turns, creates phrase 1 with the subject in* **blue** *(on the left), then student* **B** *creates their own phrase 1 with the subject in* **red** *(on the right). Follow the example. If a sentence is wrong, the student skips the turn. The student who completes the 6 sentences first, is the winner.*

EXAMPLE:

Maria	**rimanere** a Milano in agosto	Valerio

studente A   Maria **è rimasta** a Milano in agosto. / **studente B**   Valerio **è rimasto** a Milano in agosto.

1.	Dario	**andare** in vacanza in Sardegna	Giada	6.
2.	Virginia e Raffaella	**fare** un giro in Liguria	Elio e Umberto	5.
3.	Vera	**arrivare** a casa la sera tardi	tu	4.
4.	Ottavio e Aldo	**partire** alle 10 di mattina	Sara e Cristina	3.
5.	tu	**avere** un problema con la moto	Franco	2.
6.	io e Rita	**passare** dieci giorni a Capri	io e Salvo	1.

COMUNICAZIONE

3c GRAMMATICA Participi passati irregolari

In a group of 3 students play with another group of 3 students (group A and B).
*Group A works with the **blue** boxes. Group B with the green boxes.*
Group A starts with ARRIVARE: toss the dice (• = io, •• = tu, ••• = lui / lei, etc.) and create a sentence with the verb using the passato prossimo, as shown in the example. Group B checks. If the sentence is correct, group A moves to the next verb (DORMIRE). If any issue with it comes up, group A stays.
The group B writes a sentence with the verb VEDERE: toss the dice and create a sentence using the passato prossimo. Group A checks. And so on.
Attention: with the JOKER you decide what verb to use!
Follow the arrow (→ ↓) and arrive to the end. The group who arrives at the word "finish", wins.

EXAMPLE: **TORNARE** + •••• (= noi) >>> L'estate passata siamo tornate in vacanza in Liguria.

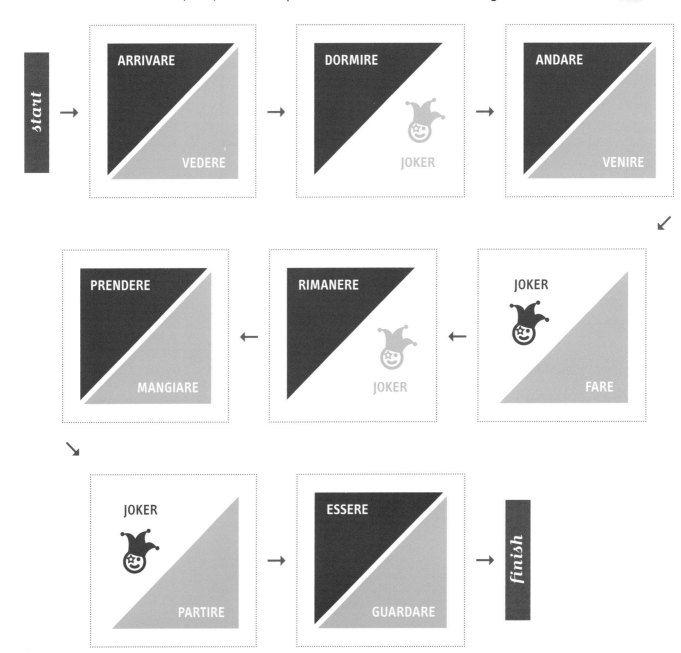

2b **GRAMMATICA** Possessivi e famiglia

Play with small groups. Taking turns, a student toss the dice: • = move up one box, •• = move up two boxes, etc.
The number on the dice stands also for the possessive adjective: • = mio, •• = tuo, etc. The student creates a sentence
with the word in the box and the possessive adjective related to the number on the dice, as shown in the example.
If the sentence is correct, the student stays. If it is wrong, goes back to the previous box. Then it is the turn
of another student who tosses the dice, etc. The student who arrives first to the end, wins the game.

EXAMPLE: **ZIO** + ••••• (= vostro) >>> Mi piace la casa di <u>vostro</u> zio.

start → LAVORO	→ MACCHINA	→ BIGLIETTI	→ SORELLE	→ VIAGGIO ↓
CAPPELLO	← AMICHE	← FAMIGLIA	← FRATELLI	← TRADIZIONI
NONNI ↓	→ CANE	→ ZIA	→ OCCHIALI	→ BICICLETTA ↓
COMPLEANNO	← SCARPE	← CUGINA	← NATALE	← AMICI
GENITORI ↓	→ BORSE	→ CASA	→ VACANZE	→ **finish**

4 **PARLARE** Panini per tutti

1. *You are going on a school trip and must prepare sandwiches for everybody in the class. Write down on a sheet of paper what sandwich you want and pass the sheet around. At the end of the exercise, everyone will have a list with all the sandwiches.*

2. *Write a list of the things you must buy to prepare all the sandwiches.*

3. *The class is split in two groups: clients and salesmen. Create couples (a client + a salesman) and write the dialogue while in a grocery store.*

LISTA DELLA SPESA

Buongiorno, mi dica.

Buongiorno, volevo...

COMUNICAZIONE

LEZIONE **2d**

3 **PARLARE** In una scuola di lingue

STUDENT B

You work at "Mondolingua" language school in the administrative department and you give information.

Mondolingua

Corsi di inglese, arabo, cinese, russo.
Per l'iscrizione:
test online sul sito www.mondolingua.com

LEZIONE **5d**

3 **PARLARE** In un ufficio informazioni

STUDENT B

You are a tourist on vacation in Torino for the first time. You are very interested in the Egyptian History and Archeology. You go to the tourist info point to ask info and book a visit at the Egyptian Museum.

LEZIONE **10c**

4d **ASCOLTARE** Una posizione yoga

STUDENT B

1. *Listen to the instructions given by your classmate and execute the pose she / he is describing.*

2. *Now look at the picture to the right and give instructions: your classmate listens and executes the pose. Use the imperative form of the verbs in the list or others.*

alzare | abbassare | aprire | chiudere
fare | girare | mettere | piegare
prendere | respirare | rilassare
rimanere | toccare

PROGETTI

PROGETTI

LE DIECI PAROLE PREFERITE

1 *In groups of 3 (student A, B, C). Each group writes a list of "favorite" words in Italian. You can use the words from LEZIONE 1 or any other. All the students write.*

2 *Create different groups: one of students A, one of students B, one of students C. The new groups read the different lists and select 10 "favorite" words.*

3 *Each student goes back to their initial group and shows the list of point 2. The initial group selects 5 "favorite" words.*

4 *At the end, with the teacher, students vote the 10 favorite words of the whole class. Write a list all together.*

PRESENTARE UNA PERSONA

1 *In pairs (student A and B). Think of a famous person (still alive) that you love, for example: an athlete, an actor / actress, a singer, a scientis etc.*

2 *Each student looks for different information:*
   • *student A collects personal details (the name of the person, where he / she is from, where he / she lives, their job, their age, etc)*
   • *student B looks for pictures or videos related to that person.*

3 *Write a presentation together, then present it to your classmates. You can use paper, your mobile phone or a software like PowerPoint.*

Questo è… / Questa è…

TWO FAMOUS ITALIAN PEOPLE: TIZIANO FERRO (SINGER) E SAMANTHA CRISTOFORETTI (ASTRONAUT)

LEZIONE 3

UN MENÙ PERFETTO

1   *In pairs. Pretend to have an Italian restaurant (any type: seafood specialties, vegetarian cuisine, vegan and so on).*

Find an interesting name and write (on a sheet, or on your computer) the ideal menu for your restaurant.

You can add photos, use the dictionary or ask your teacher for words.

NOME DEL RISTORANTE
PRIMI
SECONDI
CONTORNI
DOLCI
BEVANDE

2   *What is the favorite restaurant of your whole class?*

LEZIONE 4

CERCARE INFORMAZIONI SU UNA SISTEMAZIONE TURISTICA

1   *In group of 3 students. You want to spend four days away in an Italian city. What city would you like to visit? Select an interesting place. You can ask information to your teacher.*

2   *Decide how much money you want to spend.*

3   *Go to an Italian website that has reviews such as tripadvisor.it and select the city, type of accomodation and type of services. You can use both your phone or your computer.*

4   *Read the comments / the reviews. You don't have to understand 100% but just get the main idea: is the feeback positive or negative?*

5   *Select the ideal accomodation. Each group will eventually explain where they decided to go, when they will be leaving and where they will be staying. The entire class indicates on the map of Italy where the groups go.*

MODICA (SICILY)

PROGETTI

CERCARE INFORMAZIONI
SU ATTRAZIONI TURISTICHE

NAPLES: THE GOD NILE STATUE [1ST / 2ND CENTURY AD]

1 In groups of 3 people. For this activity you must use internet or a paper guide of Napoli. Look for information* about <u>a</u> couple of museums or important places in Napoli from the list below. Each group picks a different couple. Write the information on a separate piece of paper and, if possible, print a picture of the two attractions.

a. **Museo archeologico**
   Complesso di Santa Chiara

b. **Napoli sotterranea**
   Scavi di Ercolano

c. **Museo nazionale di Capodimonte**
   Città della Scienza

d. **Museo Madre**
   Museo civico di Castel Nuovo

e. **Scavi di Pompei**
   Scavi di San Lorenzo Maggiore

   * information to search:
   ▶ **orari**
   ▶ **giorni di chiusura / giorni di apertura**
   ▶ **tariffe (biglietto intero, biglietto ridotto)**
   ▶ **costo della visita guidata**
   ▶ **possibilità di prenotare online**

2 The class prints a big map of Napoli. Each group glues their material and pictures. You have a mini guide of Napoli: which attractions do you want to visit?

L'AGENDA
DEL TEMPO LIBERO

1 In pairs. Prepare a brief brochure about a cultural activity, a sportive activity, etc. that you find interesting, as shown in the examples below. Use your imagination! You can use a large sheet, or a laptop and then add pictures.

Corso di salsa
con maestri cubani
il giovedì dalle 20:00 alle 21:30
la prima lezione è gratuita
SCUOLA DI BALLO *Ritmo*, CATANIA

Museo del Design | MILANO
dal martedì al giovedì
15:00 | 19:00
dal venerdì alla domenica
10:00 | 18:30
CHIUSO IL LUNEDÌ

Orto botanico di Pisa

dal lunedì al sabato
• da marzo a ottobre: 9:00 | 18:30
• da novembre a febbraio: 9:00 | 17:00

CHIUSO LA DOMENICA
VISITE GUIDATE: SÌ

2 Show your brochure in the classroom. Then, always in pairs, select the most interesting activities and on a separate paper fill the classroom agenda with activities and events. What will you be doing this week?

LUNEDÌ	....
MARTEDÌ	....
MERCOLEDÌ	....
GIOVEDÌ	....
VENERDÌ	....
SABATO	....
DOMENICA	....

LEZIONE 7

PREPARARE UNA PUBBLICITÀ TURISTICA

1 In a group of 3 people. Think about a region or an interesting area to visit: it can be in Italy or in another country.

2 Work together and look for information about this region. Use the internet or a paper guide. Put together the information on a big sheet of paper, in a chart as the one here below. You can ignore some categories and / or add different information.

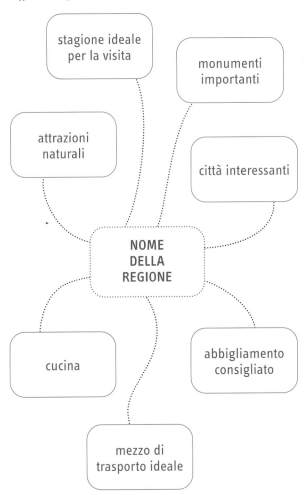

- stagione ideale per la visita
- monumenti importanti
- attrazioni naturali
- città interessanti
- NOME DELLA REGIONE
- cucina
- abbigliamento consigliato
- mezzo di trasporto ideale

3 Prepare an advertisement about the region. You can use the itineraries from **LEZIONE 7** (section A) as a model.

4 Present your advertising to your classmates. At the end of the class decides what destination is the most ideal for a long weekend.

LEZIONE 8

LE COSE IMPORTANTI NELLA VITA

1 In pairs. Read what it is important for Italians.

Quali sono le cose importanti nella tua vita?

- **89%** la mia nuova famiglia
- **85%** la mia famiglia di origine
- **60%** l'amicizia
- **50%** il successo nel lavoro

source: Censis

2 Are, for you as well, these things important in your life? Or is it different? Talk and decide <u>an</u> important thing for both of you. You can use a dictionary or ask your teacher.

3 A student of each couple writes at the board an important thing.

4 Each couple selects <u>two</u> important things that were written on the board: which one was chosen the most?

PROGETTI

UNA RICETTA FAMOSA

1 In pairs. Think of a famous Italian recipe. Here below are some examples.

trofie al pesto (in the picture)
spaghetti alle vongole
risotto
polenta funghi e formaggio
insalata rucola e parmigiano
panna cotta

2 Watch the blog and the video on the internet and look for information* about your recipe. You can use the dictionary and / or ask the teacher for help.

* **information to look up:**
▸ **nome della ricetta**
▸ **ingredienti**
▸ **tempo di preparazione**
▸ **preparazione**

3 Present the recipe to the class. You can create a poster with drawings and pictures, a video or... bring the food ready!

'ALMA.tv ▶
Watch the video *Trofie al pesto* in the column L'italiano per la cucina.

CONSIGLI PER UNA VITA FELICE

1 In pairs. Write a list of three suggestions to live a happy life.

2 Work with another classmate. Look at your lists and correct the vocabulary or grammar if needed. Then select two suggestions that you find particularly important.

3 Each student writes a suggestion on the board.

4 Now work in groups of 4 people. Look at the board: which suggestions do you usually follow and which one you don't? What would you like to start doing? Discuss all together.

FONETICA

FONETICA

LEZIONE 1

1 La "musica" della domanda

 F1 ▶ *When the question is placed in Italian it sounds different (it has a different intonation).*

		INTONATION
normal sentence	Lei è Marta	→
question	Lei è Marta?	↗

Listen to the sentences: write "?" (question mark) if it is a question or "." (a full stop) when it is not a question.

1. Tu sei Valerio ___
2. Lei si chiama Paola ___
3. Lei è italiana ___
4. Lui si chiama Alfredo ___
5. Si scrive così ___
6. Non è inglese ___
7. È di Milano ___
8. Ha un libro ___

2 Come si pronuncia la lettera c?

2a *Listen and complete the chart with the sentences in the list. In these words, the letter c is pronounced as in the word dieci or as in the name Carlo?*

 F2 ▶

1. Chiara | 2. Cina | 3. arrivederci
4. chiamarsi | 5. piacere | 6. che | 7. come
8. curioso | 9. americano | 10. francese

C is pronounced as in dieci	C is pronounced as in Carlo

2b *Now repeat the words.*

c + a, o, u, c + h	c + i, e
americano, come, curioso, Chiara, che, chiamarsi	Cina, arrivederci, piacere, francese

2c *How do you pronounce the following sentences?*

1. Mi chiamo Concetta, piacere.
2. Sono di Pechino.
3. Arrivederci, Rachele!
4. Ciao, io mi chiamo Alice, e tu come ti chiami?

LEZIONE 2

1 La lettera h

1a *Listen to the words and respond to the question.*

 F3 ▶ ho | hobby | hamburger | hotel | hai | hostess

> In Italian, is the letter h pronounced when at the beginning of a word?   Yes ○ No ○

1b *Listen to the audio track again and repeat the words.*

1c *Listen and repeat.*

F4 ▶
1. Fa la hostess.
2. Hai un hobby interessante.
3. È un hotel piccolo.
4. Ho venticinque anni.
5. Mangio un hamburger.

2 L'apostrofo

2a *Listen to the groups of words and respond to the question.*

 F5 ▶ un'insegnante | l'operaio | l'azienda | l'ufficio
un'amica | l'Italia | l'impiegato

> Is there a pause between the article *l'* / *un'* and the noun?
> sì ○ no ○

2b *Listen to it again and repeat the groups of words.*

2c *Listen and repeat.*

F6 ▶
1. Lei è un'amica di Marta.
2. Pino fa l'impiegato.
3. Ugo fa l'operaio.
4. Sara è un'insegnante.
5. Dov'è l'ufficio?

2d *With the letter h at the beginning of the word, we usually use the apostrophe. Repeat the group of words.*

l'hamburger | l'hotel | l'hobby | l'hostess

LEZIONE 3

1 La lettera g

1a *Listen and select the correct pronunciation.*

 F7 ▶

1. funghi	dʒi	gi	6. biologico	dʒi	gi
2. mangi	dʒi	gi	7. prego	dʒo	go
3. ragù	dʒu	gu	8. spaghetti	dʒe	ge
4. pagare	dʒa	ga	9. vegetariano	dʒe	ge
5. gelato	dʒe	ge	10. paghi	dʒi	gi

1b *Now repeat the words.*

g + a, o, u / g + h	g + i, e
funghi, ragù, pagare, prego, spaghetti, paghi	gelato, vegetariano, mangi, biologico

1c *Listen and repeat.*

 F8 ▶
1. Vuole una pizza margherita o una pizza ai funghi?
2. Pago un gelato allo yogurt e due gelati alla fragola.
3. Per me, spaghetti alle vongole.
4. Tu sei vegano e mangi solo cibo biologico?

LEZIONE 4

1 Ancora la *c: cia, cio, ciu*

1a *Listen to the words and respond to the question.* **F9**

Francia | faccio | acciuga

Is the letter *i* pronunced?   Yes ○ No ○

1b *Repeat the words, then listen to the audio track and check.*

diciotto | doccia | riccio | ciuco | pancia | comincio

F10

2 Ancora la *g: gia, gio, giu*

2a *We do not pronounce the letter* i *in these groups of words either. Repeat these words then listen to it again and check.*

F11

mangiare | viaggio | giusto
artigiana | giocare | Giulia

2b *In groups of 3 or 4 people in a circle.*
A student pronounces the word 1, another student pronounces the word 2 and so on. If a student makes a mistake, he / she will start over from word 1.

1. pomeriggio → 2. cominciare → 3. Cina → 4. Giacomo
8. ghiaccio ← 7. ciao ← 6. fango ← 5. giorno
9. Giuseppe → 10. parmigiano → 11. mancia → 12. calcio
16. chiocciola ← 15. bacio ← 14. giungla ← 13. manca
17. diciassette → 18. frangia → 19. formaggio → 20. chiuso

LEZIONE 5

1 Gruppi di vocali "difficili"

1a *Listen to the audio track and repeat the words.* **F12**

uomo | video | Europa | vuoi | aereo

1b *Try to pronounce these words with a classmate, then listen to the audio track and repeat.* **F13**

uovo | meteo | euro | puoi | maestro

1c *Now try to pronounce these pairs of words: be careful of the difference!*

vuoi − voi | puoi − poi

1d *Play in pairs. Pronounce these sentences several times. When you are ready, say the sentences (two per student): the teacher checks. The couple who repeats everything without errors before you, wins the game.*

1. Il maestro di musica usa video in classe.
2. L'aereo non parte perché il meteo è brutto.
3. In Europa molti Paesi usano l'euro.
4. Poi puoi venire con me. O non vuoi?

LEZIONE 6

1 La pronuncia di *sc*

1a *Listen and select the right pronunciation. Follow the example.* **F14**

	ʃ	sk		ʃ	sk
1. fresche	○	✓			
2. piscina	○	○	5. scala	○	○
3. scuro	○	○	6. esco	○	○
4. scendere	○	○	7. boschi	○	○

1b *Complete the chart about the pronunciation of the sound* sc.

			is pronunced	
sc	+	a, o, u	ʃ	sk
		h	ʃ	sk
		e, i	ʃ	sk

1c *Listen to the words: is the letter* i *pronounced in the highlighted parts?* **F15**

	yes	no		yes	no
1. fischio	○	○	4. mischiare	○	○
2. coscia	○	○	5. lascio	○	○
3. schiuma	○	○	6. prosciutto	○	○

1d *In pairs (student A and student B). Student A pronounces sentence 1, and student B will listen and verify if it is correct. Student B pronounces sentence 2 and student B will listen and verify, etc. Then start over and switch roles: B repeats sentence 1 and A repeats sentence 2, etc.*

1. Preferisci il pesce o il prosciutto?
2. Francesco Boschi ha molto fascino.
3. Scusi, capisce il tedesco?
4. Che scherzo sciocco!
5. Preferisco uscire senza sciarpa.
6. Quando finisce lo sciopero?

FONETICA

LEZIONE 7

1 I suoni della lettera s

1a *Listen and repeat the words that include the letter s (first column) then read the rule (second and third column).*

F 16 ▶

The letter s is pronounced		
1. **ca**s**a** 2. vi**s**itare 3. meravigli**oso**	between two vowels	z
4. agritu**rism**o 5. **sb**agliato	before letters b, d, g, m, n, v	
6. **so**lo 7. **s**icuro	at the beginning of a word, before a vowel	s
8. fal**s**o 9. pen**s**ione	after a consonant	

1b *In pairs (student A and student B). Student A reads out loud sentences 1, 3 and 5. Student B reads out loud sentences 2, 4 and 6. Be careful to the way the s is pronounced. Then switch the roles. Then work with a different classmate (A with another student B, then B with another student A) as done previously.*

1. È una casa meravigliosa.
2. Non sono sicuro.
3. Sabrina è una snob!
4. Ho visitato la Sicilia.
5. Che cosa pensi di Sandro?
6. Si sveglia sempre alle 7.

LEZIONE 8

1 La pronuncia di gl e gn

1a *Listen to the sentences and repeat. Pay attention to the pronunciation of the highlighted groups of letters.*

F 17 ▶

1. Mio figlio abita a Cagliari.
2. Mia moglie è nata in Puglia.
3. Sono insegnante di spagnolo.
4. A giugno passo una settimana in campagna.

1b *Listen to the words: what sound do you hear?*

F 18 ▶

	1	2	3	4	5	6
gl	○	○	○	○	○	○
gn	○	○	○	○	○	○

1c *Listen to the sentences and complete with the missing letters.*

F 19 ▶

1. Vado a Bolo☐☐☐ nel fine settimana.
2. Che cosa fai a lu☐☐☐☐?
3. Può scriverlo alla lava☐☐☐?
4. Non mi piace l'a☐☐☐☐!
5. Mi hai dato un consi☐☐☐☐
   sba☐☐☐☐to!

LEZIONE 9

1 La lettera v e altre consonanti

1a *Listen to the words and write the letter that you hear. Then check with the whole class.*

F 20 ▶

section A: v o f?

1. ☐ai 2. ☐ai
3. a☐a 4. A☐a
5. ☐oto 6. ☐oto
7. ☐ermi 8. ☐ermi

section B: v o b?

1. ☐asta 2. ☐asta
3. ☐ello 4. ☐ello
5. ☐ene 6. ☐ene
7. ☐ado 8. ☐ado

1b *Listen to it again and repeat the words from point a.*

1c *In pairs. Complete your words, then work with a classmate. Talking turns, a student reads a word and the other one writes it down. At the end of the exercise, you check together.*

MY WORDS		MY CLASSMATE'S WORDS	
write v or f	write v or b	write v or f	write v or b
1. ☐ino	4. ☐olo	1. ☐ino	4. ☐olo
2. ☐olata	5. ☐ara	2. ☐olata	5. ☐ara
3. ☐oglio	6. ☐acca	3. ☐oglio	6. ☐acca

LEZIONE 10

1 Le lettere con l'accento

1a *The accent on the last vowel has a lot of emphasis. Listen and repeat the words.*

F 21 ▶

1. pubblicità → 2. caffè → 3. perché ↘
6. menù ← 5. Niccolò ← 4. così

1b *The two highlighted letters have a different pronunciation. In one case your mouth must be opened wider, which one?*

○ caffè   ○ perché

1c *How do you pronounce these words? Read and repeat with a classmate.*

università   città   Perù
però   purè
lunedì   papà   bebè
ventitré   felicità

ESERCIZI

1 ESERCIZI

SEZIONE A Buongiorno!

1 Alfabeto
Complete the alphabet.

A – B (bi) – C (_____) – D (di) – E – F (effe)
G (_____) – H (_____) – I – L (elle) – M (emme)
N (enne) – O – P (_____) – Q (qu) – R (_____)
S (_____) – T (_____) – U – V (vu) – Z (_____)

Lettere straniere:
J (_____) – K (kappa) – W (doppia vu)
X (_____) – Y (ipsilon)

2 Spelling
Write the names, as shown in the example.

1. A – U – GI – U – ESSE – TI – O
   AUGUSTO
   _____

2. ESSE – O – PI – ACCA – I – E
   _____

3. CAPPA – A – TI – I – A
   _____

4. DOPPIA VU – I – ELLE – ELLE – I – A – EMME
   _____

5. DI – A – VU – I – DI – E
   _____

3 Numeri
Solve the calculations and complete the crosswords, as shown in the example.

DOWN

1. 20 - 3 =
   _____

2. 12 + 6 =
   _____

3. 12 + 8 =
   _____

5. 7 + 3 =
   _____

7. 4 + 1 =
   _____

ACROSS

1. 16 - 4 = _dodici_   8. 3 - 3 = _____

4. 7 + 4 = _____   9. 2 + 2 = _____

6. 1 + 6 = _____

4 Saluti
Complete the expressions in the list, as shown in the example.

1. **buongiorno** | **ciao** | **arrivederci** | **buonasera**

FORMAL	INFORMAL

2. **buongiorno** | **ciao** | **arrivederci** | **buonasera**

WHEN YOU ARRIVE	WHEN YOU LEAVE	WHEN YOU ARRIVE OR LEAVE

3. **buongiorno** | ✓**ciao** | **arrivederci** | **buonasera**

		ciao

5 Formale o informale?

E 1 ▶ Listen to the audio track and complete. Then select: formal or informal?

1.
● _____, mi chiamo Claudia.
E _____ Ivano, no?
▶ No, mi chiamo Manuel, _____!
● Ah, sì, scusa! _____.

DIALOGUE: ○ formal   ○ informal

2.
● _____, sono Martino Filippi.
▶ Chiara Orlandi, _____.
● Piacere _____.

DIALOGUE: ○ formal   ○ informal

3.
● Ciao, _____ _____
Carlo, e tu?
▶ Sophie, _____.
● Come, _____?
▶ Sophie. Si _____ ESSE – O – PI –
ACCA – I – E.

DIALOGUE: ○ formal   ○ informal

6 Risposta logica
Select the logical reaction.

1. Come si scrive?
   ○ CI – A – ERRE – ELLE – O. | ○ Scusa.

2. Mi chiamo Fausto.
   ○ Piacere, e tu? | ○ Piacere, Paloma.

3. Ciao, mamma.
   ○ Ciao, amore. | ○ Arrivederci.

4. Tu ti chiami Maddalena?
   ○ No, sono Barbara. | ○ No, sono Maddalena.

SEZIONE B Di dove sei?

7 Città e Paesi
Match the country with the city, as shown in the example.

COUNTRY	CITY
1. Brasile	a. Stoccolma
2. Svezia	b. Pechino
3. Spagna	c. Mosca
4. Francia	d. Brasilia
5. Cina	e. Madrid
6. Russia	f. Parigi

8 Paesi e nazionalità
Look at the images and write the country and correspondent nationality, as shown in the examples. Keep an eye to masculine and feminine!

1. Germania
   tedesca

2. ....

3. Inghilterra

4. ....

5. ....

6. ....

9 Maschile o femminile?
Masculine (M) or feminine (F)? Attention: some adjectives are both masculine and feminine.

	M	F			M	F
1. spagnola	○	○	4. svedese		○	○
2. russo	○	○	5. tunisina		○	○
3. inglese	○	○	6. argentino		○	○

10 Domandare la provenienza
Complete the dialogue with the words in the list, as shown in the example.

è | scusa | ✓no | elle | dove | chiami | svizzera
come | italiana | tuo | non | sono

1.
▶ Ti _____ Serena?
● ____No____ , Paola.
▶ Come, _____?
● Paola.

2.
▶ _____ si scrive il _____ nome?
● Si scrive ACCA – E – _____ – E – ENNE – A.

3.
▶ Di _____ sei?
● _____ francese, di Parigi.

4.
▶ Sei di Brasilia?
● No, _____ sono brasiliana. Sono di Lisbona.

5.
▶ Sei _____?
● No, sono _____, di Roma.

6.
▶ Dimitri _____ russo?
● Sì, di Mosca.

11 Piacere mio.
Organize the dialogue, as shown in the example.

▢ No, di Oxford.

▢ Piacere mio. Sei spagnolo?

▢ Sono inglese.

▢ Pedro, piacere.

▢ Di Londra?

[1] Ciao, mi chiamo Chris, e tu?

▢ No, sono argentino. Tu di dove sei?

1 ESERCIZI

12 Parole della classe

a *Separate the words, as shown in the example.*

F O G L I O/L I B R O L A V A G N A A S T U C C I O M A T I T A Z A I N O
P E N N A A G E N D A/F I N E S T R A/S E D I A Q U A D E R N O
P O R T A D I Z I O N A R I O T A V O L O E V I D E N Z I A T O R E

b *Complete the web page with 5 words from point 12a, as shown in the example.*

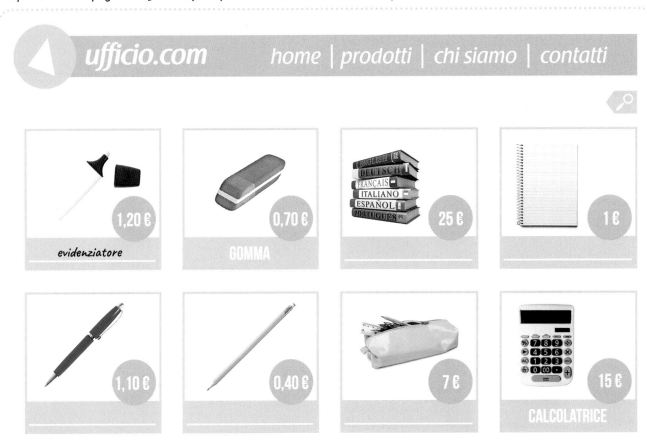

13 Essere e avere

Complete with the correct form of essere or avere.

1. Pedro _____ spagnolo.

2. Io _____ di Buenos Aires e tu di dove
_____?

3. Scusa, _____ un evidenziatore?

4. Il signor Ricci non _____ un tablet.

5. Lei _____ di Toronto.

6. Nello zaino io _____ un tablet.

14 Maschile e femminile

Follow the feminine words to get out of the labyrinth, as shown in the example. Go horizontal → or vertical ↓.

START	quaderno	nome
penna	astuccio	studentessa
lezione↓	agenda	dizionario
zaino	sedia	evidenziatore
foglio	signora	chiave
libro	studente	matita
gomma	porta	**FINISH**

15 Articolo indeterminativo

Complete the chart and write the indefinite article, as shown in the example.

✓ **porta** | **agenda** | **studente** | **evidenziatore** | **chiave** **dizionario** | **matita** | **lezione** | **zaino** | **quaderno**

MASCULINE	FEMININE
	una porta

SEZIONE D Può ripetere?

16 Parole in disordine

Organize the words and create a sentence.

1. si | il | come | nome | scrive | tuo
➥ _____?

2. chiamo | e | Stefania | tu | mi
➥ _____?

3. la | d'identità | carta | ha
➥ _____?

4. si | pronuncia | "chiave" | come
➥ _____?

5. dove | di | sei
➥ _____?

17 In albergo **E2** ▶

Complete the dialogue between the tourist (T) and the receptionist (R) with the phrases in the list, as shown in the example. Then listen to the audio track and check.

Bene! Come si chiama? | **Come si scrive il cognome?** | ✓ **Buonasera.** | **Prego. Buonanotte!** | **Certo... Ah, Lei è di Trieste! Una città bellissima! Allora... Camera 18.** | **Ok... Signor Aldo... Stankovic. Ha un documento, per favore?** | **Come, scusi? Può ripetere?**

T ▶ Salve.
R ● *Buonasera.* _____
T ▶ Ho una prenotazione.
R ● _____
T ▶ Aldo Stankovic.
R ● _____
T ▶ Aldo Stankovic.
R ● _____
T ▶ ESSE – TI – A – ENNE – KAPPA – O – VU – I – CI.
R ● _____
T ▶ Sì, va bene la carta d'identità?
R ● _____
T ▶ Grazie.
R ● _____

18 Formale e informale

Turn formal phrases into informal and viceversa, as shown in the example.

FORMAL	INFORMAL
1. Ha un penna, per favore?	*Hai una penna, per favore?*
2. Scusi, può ripetere?	....
3.	Sei tedesco?
4. Come si chiama?	....
5.	Di dove sei?
6.	Mi chiamo Linda, e tu?

19 Frasi utili

Match the sentences, as shown in the example.

1. Lui è Yukio.   a. Di Roma.
2. Come ti chiami?   b. TI – A – VU – O – ELLE – O
3. Grazie.   c. Piacere!
4. Sei cinese?   d. No, va bene una matita?
5. Di dove sei?   e. No, sono di Tokyo.
6. Hai una penna?   f. Si dice *ragazzo*.
7. Come si scrive?   g. Prego.
8. Come si dice *boy*?   h. Laura.

20 Giusto o sbagliato?

Select the correct sentences.

1.
○ Ciao, signor Flamini.
○ Buongiorno, signor Flamini.

2.
○ Sono di Cina.
○ Sono di Pechino.

3.
○ Come si chiami?
○ Come ti chiami?

4.
○ Non è spagnolo, è italiano.
○ No è spagnolo, è italiano.

5.
○ Di come sei?
○ Di dove sei?

6.
○ Che significa *gatto*?
○ Come significa *gatto*?

'ALMA.tv ▶

Watch the Linguaquiz *Presentarsi.*

2 ESERCIZI

SEZIONE A Studio italiano.

1 Nome e aggettivo
Complete with the adjectives in the list.

francese | americana | giapponese
italiano | argentino | italiana

1. è uno sport
....

2. è un ballo
....

3. è una macchina
....

4. è una città
....

5. è una strada
....

6. è un piatto
....

2 Presentazioni
Order the phrases, as shown in the example.

☐ ama l'

☐ ragazza francese. Ha 25

☐ *1* Questa è Céline, una

☐ Parigi. Studia

☐ italiano perché

☐ arte italiana.

☐ anni e abita a

3 Città, paesi e preposizioni
Complete with a or in and then <u>underline</u> the correct option.

1. La Torre Eiffel è _____ **Londra / Parigi.**
2. Buenos Aires è _____ **Argentina / Messico.**
3. Il Taj Mahal è _____ **Giappone / India.**
4. La Fontana di Trevi è _____ **Lisbona / Roma.**
5. L'Empire State Building è _____ **New York / Rio de Janeiro.**
6. La Sagrada Familia è _____ **Russia / Spagna.**

4 Domande personali
Complete the dialogues with the missing words.

1. ▶ Che _____ parli? ● Italiano, francese e inglese.
2. ▶ Quanti _____ hai? ● 28, e tu?
3. ▶ _____ ti chiami? ● Sofia, piacere.
4. ▶ _____ studi italiano? ● Perché lavoro in Italia.
5. ▶ _____ dove sei? ● Di Vienna.
6. ▶ _____ abiti? ● A Torino.

5 Verbi in -are
Complete the verbs with the missing letters.

1. Tu parl__ tedesco?
2. Lei mangi__ la pizza?
3. Io am__ Barcellona.
4. Lei dove studi__ inglese?
5. Io cerc__ un'insegnante di spagnolo.
6. Tu abit__ in Francia?

6 Numeri
Form the numbers, as shown in the example.

1. RAN – TU – QUA – NO   *quarantuno*
2. TA – NO – VAN – TRÉ   _____
3. DU – VEN – TI – E   _____
4. TAN – TE – TA – SET – SET   _____
5. NO – CIN – TA – VE – QUAN   _____
6. EN – SE – TR –TA – I   _____

7 Contare
Complete the series.

1. ventuno – ventidue – _____ – ventiquattro
2. settanta – ottanta – novanta – _____
3. _____ – quarantaquattro – quarantasei – quarantotto
4. novantotto – ottantotto – _____ – sessantotto
5. trenta – _____ – quaranta – quarantacinque
6. sessantadue – _____ – sessanta – cinquantanove

SEZIONE B Che lavoro fai?

8 Professioni
Find in the chart the names of the 8 professions as shown in the example. The words can be found both horizontal → and vertical ↓.

U	L	A	D	I	O	C	A	S	S	T	A
I	M	P	I	E	G	A	T	O	M	I	R
N	A	T	R	E	S	N	O	I	C	E	C
S	E	G	E	L	A	T	A	I	A	V	H
E	V	A	T	O	L	A	M	U	M	M	I
G	E	I	T	C	A	N	O	L	E	I	T
N	U	R	R	I	S	T	E	D	R	A	E
A	L	L	I	M	M	E	S	U	I	A	T
N	E	R	C	E	S	T	A	G	E	N	T
T	I	S	E	G	R	E	T	A	R	I	O
E	F	E	B	E	N	A	N	D	E	Q	U

9 Professioni e luoghi di lavoro
True (T) or false (F)?

T F

1.
a. È un'infermiera. ○ ○
b. Lavora in un ristorante. ○ ○
c. Fa la cuoca. ○ ○

2.
a. È un cameriere. ○ ○
b. Lavora in un ospedale. ○ ○
c. Fa il commesso. ○ ○

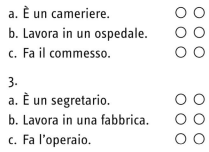

3.
a. È un segretario. ○ ○
b. Lavora in una fabbrica. ○ ○
c. Fa l'operaio. ○ ○

4.
a. È una cantante. ○ ○
b. Lavora in una scuola. ○ ○
c. Fa la gelataia. ○ ○

10 Domandare la professione
Organize the dialogues, as shown in the examples.

1.
☐ Faccio l'insegnante in una scuola di lingue.
☐ Ah, interessante! Che lingue insegna?
[1] Lei che lavoro fa?
☐ Spagnolo e italiano.

2.
☐ Fa il cameriere?
[1] Lei che lavoro fa?
☐ Lavoro in un ristorante.
☐ No, il cuoco.

11 Fare
Complete with the correct form of the verb fare.

1. Io _____ l'insegnante in una scuola di lingue.
2. Tu che lavoro _____?
3. Lavoro in un ospedale. _____ l'infermiera.
4. Paola _____ la commessa.
5. Studia e lavora. _____ il gelataio.
6. Tu _____ l'impiegata?

12 Articolo determinativo
<u>Underline</u> *the correct article.*

1. **il / la** penna   2. **il / l'** ragazzo   3. **il / lo** zaino
4. **il / lo** studente   5. **l' / lo** ufficio   6. **il / la** chiave
7. **il / lo** cellulare   8. **la / lo** stazione   9. **l' / la** scuola

13 Dove lavora?
Create logical sentences, as shown in the example.

Il
La
L'

dottore lavora in
impiegato lavora in
commesso lavora in
cuoca lavora in
insegnante lavora in
infermiera lavora in
cameriere lavora in
operaia lavora in

una fabbrica.
un ristorante.
un negozio.
una scuola.
un ospedale.
un ufficio.

SEZIONE C Tre ragazzi di talento

14 Nome e aggettivo
~~Delete~~ the odd adjective, as shown in the example.
Attention: in one case there are <u>two</u> words to delete.

1. Un professore **universitario** / ~~italiana~~ / **bravo**.
2. Una città **piccola** / **grande** / **famoso**.
3. Un ristorante **piccola** / **cinese** / **straordinaria**.
4. Un'azienda **grande** / **tedesco** / **interessante**.
5. Un ufficio **moderna** / **nuovo** / **piccolo**.
6. Un ragazzo **giovane** / **famosa** / **russo**.

15 Pronomi
Write the personal pronoun, as shown in the example.

1. _____*loro*_____ ascoltano
2. _____ studia
3. _____ lavorate
4. _____ domandano
5. _____ parliamo
6. _____ fai
7. _____ hanno
8. _____ parla
9. _____ studiate
10. _____ guardo
11. _____ fate
12. _____ siamo

16 Verbi in -are
Complete by using the present tense of the verb in parenthesis.

1. Tu e Laura che lingue (*parlare*) _____?
2. Michela (*avere*) _____ 65 anni.
3. Io e Sergio (*lavorare*) _____ in un negozio.
4. Tu (*abitare*) _____ in Svizzera?
5. Noi (*studiare*) _____ l'arabo.
6. Tu e Teresa (*abitare*) _____ a Roma?

17 Abbinamenti con i verbi
Match making sure to make sense, as shown in the example. More than one solution is possible.

1. essere
2. parlare
3. abitare
4. lavorare
5. fare
6. avere
7. studiare

a. l'inglese e lo spagnolo
b. in via Rossini
c. di Milano
d. 47 anni
e. in una fabbrica
f. matematica
g. l'infermiere

18 Italiani di talento
Read the profiles and respond to the questions.

Nome: Guglielmo
Cognome: Castelli
Anno di nascita: 1987
Città di provenienza: Torino
Città di residenza: Torino
Professione: artista
Collabora con: *Vogue Italia*, musei a Roma, Ginevra e Amsterdam

Nome: Chiara
Cognome: Ferragni
Anno di nascita: 1987
Città di provenienza: Cremona
Città di residenza: Milano
Professione: Imprenditrice digitale
Collabora con: Nepresso, Bulgari, Swarovski, Pantene...

1. Dove abita Gugliemo?

_____

2. Di dov'è Chiara?

_____

3. Dove abita Chiara?

_____

4. Quanti anni hanno Chiara e Guglielmo?

_____

5. Che lavoro fa Guglielmo?

_____

6. Che lavoro fa Chiara?

_____

7. Dove lavora Guglielmo?

_____

SEZIONE D Qual è il tuo numero di telefono?

19 Un biglietto da visita

You are Serena Altieri. Look at your business card and respond to the questions, as shown in the example.

Serena Altieri
FOTOGRAFA

📍 via della Rocca 13, 10123 Torino

📞 333 8154871

✉ serena@studioimmagine.com

🌐 www.studioimmagine.com

1. Come ti chiami? _Serena Altieri_.
2. Come si chiama il tuo sito web? _____.
3. Che lavoro fai? _____.
4. Qual è la tua e-mail? _____.
5. Qual è il tuo numero di telefono? _____.

20 Preposizioni

Complete with di, in *or* a.

1. Abito ____ via Ricasoli.
2. Lavori ____ una scuola?
3. Il mio numero ____ telefono è 349 0754633.
4. Insegno in una scuola ____ lingue.
5. Lavorano ____ Milano.
6. Sono tedesco, ____ Berlino.
7. Insegno ____ Piazza Tasso.
8. ____ dove sei?
9. Faccio un corso ____ francese.
10. Studiano ____ Roma.

21 Domande formali

Complete the formal questions with the missing letters.

1. C☐e lingue parl☐?
2. Qu☐l è il ☐uo in☐irizzo?
3. Dove abit☐?
4. L☐i che lavor☐ fa?
5. Come ☐i chiam☐?
6. Qual ☐ la Su☐ mail?
7. Scus☐, pu☐ ripetere?

22 In segreteria

Listen to the audio track and complete the dialogue.

 E3 ▶

▶ Bene, allora adesso _____ l'iscrizione. Lei si chiama...?
● Sofia Fantini.
▶ Ok... Sofia... Fantini... Abita a _____?
● Sì.
▶ E qual è il Suo indirizzo?
● Piazza Giuseppe Verdi 9.
▶ Perfetto. E qual è la _____ mail?
● s.fantini@gmail.com
▶ Ok... Il Suo numero di telefono?
● Il _____ va bene?
▶ Sì, certo.
● Ok. 0 - 6 - _____ - 1 - 7 - 1 - 3 - 2 - 1 - 0.
▶ Bene... 06 - _____ - 71 - 32 - 10. Quanti anni ha?
● 35.
▶ Che lavoro fa?
● Sono insegnante.
▶ Ah, _____! Che cosa insegna?
● Tedesco.
▶ Ah, quindi parla italiano, tedesco e studia spagnolo? _____!
● Grazie.
▶ E perché _____ questo corso?
● Perché sono sposata con un ragazzo argentino.

23 Risposta logica

Select the logical answer.

1. Parlo italiano, inglese, francese e tedesco.
   ○ Bravo! | ○ Certo!

2. Che lavoro fa?
   ○ In una scuola. | ○ La direttrice.

3. Qual è il Suo numero di telefono?
   ○ Va bene il fisso? | ○ dariapassigli@yahoo.com

4. Dove lavori?
   ○ Di Venezia. | ○ In Piazza Vittorio Veneto.

5. Brava!
   ○ Grazie. | ○ Piacere.

6. Lei è sposato?
   ○ No. | ○ Prego.

24 Domande personali

<u>*Underline*</u> *the correct interrogative pronouns.*

1. **Qual / Che** è il tuo numero di telefono?
2. **Come / Dove** abiti?
3. **Quanti / Perché** studi l'italiano?
4. **Dove / Che** lingue parli?
5. **Che / Perché** lavoro fai?
6. **Come / Che** ti chiami?

3 ESERCIZI

SEZIONE A Al bar

1 La colazione

Write the products into the right box, as shown in the example.

✓un caffè | un uovo | un cornetto | una spremuta
pane e burro | una tazza di latte | cereali
un bicchiere d'acqua | biscotti | un tè

MANGIO
🍴

BEVO
🍷 *un caffè*

2 Al bar

a *What phrases belong to the barista (B) and which ones to the client (C)? Attention: one sentence belongs to both.*

	B	C
1. E da bere che cosa prende?	○	○
2. Una pasta alla crema, per favore.	○	○
3. Sono 2,60 €.	○	○
4. Ecco il Suo caffè.	○	○
5. Quant'è?	○	○
6. Buongiorno.	○	○
7. Un caffè macchiato.	○	○

b *Organize the sentences to make a dialogue, as shown in the example.*

▶ 6 ● ☐ ▶ ☐ ● ☐ ▶ ☐ ● ☐ ▶ ☐ ● ☐

3 Verbi regolari in -ere

Complete the verbs, as shown in the example.

1. io prend_o_
2. lei scriv____
3. noi legg____
4. loro legg____
5. tu scriv____
6. voi prend____
7. io legg____
8. lui prend____
9. noi scriv____

'ALMA.tv ▶

Watch the video
Che caffè vuoi? in the column
Vai a quel paese.

4 Nomi plurali

Complete with the plural or singular of the nouns.

SINGULAR	PLURAL
panino	
	paste
	caffè
cappuccino	
bar	
spremuta	

5 I soldi

Match the prices in the list with the images.

un euro e venti | cinque euro e trenta
ottanta centesimi | ottanta euro

6 Tipi di caffè

Match the definitions with the images.

caffè doppio | caffè americano
caffè macchiato | caffè ristretto

1. ....

2. ....

3. ....

4. ....

SEZIONE B Che cosa mangi?

7 Il cibo
Separate the words, as shown in the examples.

P O M O D O R O / B U R R O I N S A L A T A P E S C E
F O R M A G G I O V I N O P A N E Y O G U R T R I S O
L A T T E / B I S T E C C A F U N G H I S A L A M E

8 Aggettivi singolari
Complete with the missing letters.

1. il pane fresc☐
2. la cucina portoghes☐
3. la carne bianc☐
4. il caffè fredd☐
5. il vino frances☐
6. il latte cald☐
7. la birra fresc☐
8. il pollo biologic☐

9 Abbinamenti
a *Complete with the words in the list.*

acqua | succo | cornetto | vino

1. _____ { rosso / bianco

2. _____ { di frutta / d'arancia / di pomodoro

3. _____ { integrale / alla crema / al cioccolato

4. _____ { naturale / fresca

b *Write the name of the products, as shown in the example. Use the names in point 9a.*

1. ....

2. ....

3. ....

4. *vino rosso*

10 Anche / Invece
Create logical sentences, as shown in the example.

1. Io non mangio la carne, invece
2. Carlo a pranzo mangia solo un panino, invece
3. Tamara adora i ristoranti asiatici. Anche
4. Agata è vegetariana e anche
5. Piero ama il vino bianco,

a. Linda ama la cucina giapponese e indiana.
b. Marcello ama la bistecca.
c. Brunella non mangia la carne.
d. invece Rossella ama la birra.
e. Paolo mangia sempre un primo e un'insalata.

11 La parola corretta
<u>Underline</u> *the correct words between the* **highlighted** *ones.*

1. Il mio cibo preferito è la **verdura / carne**: sono vegetariano.
2. Matteo prende un panino, **anche / invece** io non mangio.
3. Di contorno prendo **un'insalata / un'arancia**.
4. Amo la cucina **turca / spagnolo**.
5. Con il pesce bevo un bicchiere di vino **bianco / integrale**.

3 ESERCIZI

SEZIONE C Al ristorante

12 Piatti italiani
Match the words and then create the names of dishes.

1. bruschetta al
2. risotto ai
3. spaghetti
4. pollo
5. patate

a. arrosto
b. alla carbonara
c. fritte
d. pomodoro
e. funghi

13 Il menu
Indicate if the plate is an antipasto (**A**), *a* primo piatto (**P**), *a* secondo piatto (**S**), *a* contorno (**C**) *or a* dolce (**D**), *as shown in the example.*

	A	P	S	C	D
1. bistecca	○	○	⊘	○	○
2. gelato	○	○	○	○	○
3. insalata di pomodori	○	○	○	○	○
4. bruschetta al pomodoro	○	○	○	○	○
5. spaghetti alla carbonara	○	○	○	○	○
6. pollo arrosto	○	○	○	○	○
7. tiramisù	○	○	○	○	○
8. patate fritte	○	○	○	○	○

14 Al ristorante
Select the logical answer.

1. Volete ordinare da bere?
   ○ Sì, grazie, una bottiglia di vino bianco.
   ○ Io prendo gli affettati.

2. Vuole anche un contorno?
   ○ Sì, grazie, il risotto ai funghi.
   ○ No, grazie, va bene così.

3. Anche Lei prende la bruschetta al pomodoro?
   ○ No, grazie, io sono vegetariano.
   ○ No, grazie, non prendo l'antipasto.

4. Che cosa vuole per secondo?
   ○ Avete un piatto del giorno?
   ○ Avete il tiramisù?

15 Un'ordinazione

E4 ▶ *Listen and* <u>underline</u> *the correct option between the* **highlighted** *ones.*

1. I signori **vogliono / non vogliono** vino.
2. I signori vogliono ordinare **adesso / dopo**.
3. Il signore **è / non è** vegetariano.
4. Il ristorante **ha / non ha** un piatto del giorno.
5. La signora non mangia **le verdure / il pesce**.
6. Il signore non prende il dolce perché **è a dieta / non ama i dolci**.

16 Verbi irregolari
Complete the sentences using the verbs in the list. Attention: there is an extra verb!

posso | volete | stiamo | beve | sta | bevete | vuoi

1. Come _____, signora?
2. _____ ordinare?
3. Tu _____ anche il secondo?
4. A colazione Claudia _____ sempre un caffè.
5. Voi _____ vino bianco?
6. Non _____ bere caffè la sera. Ho problemi a dormire.

17 Articoli determinativi plurali
Complete the gaps using the right plural article.

1. _____ ristoranti
2. _____ lezioni
3. _____ spaghetti
4. _____ studenti
5. _____ penne
6. _____ uffici
7. _____ bar
8. _____ caffè
9. _____ operaie

18 Commenti sui ristoranti
a *Read the comments: are they positive (☺) or negative (☹)?*

1. La perla blu
Ristorante semplice ma buono. Cucinano specialità della tradizione siciliana. Usano solo prodotti biologici. Consiglio in particolare i formaggi.
Lisa C.
☺ ○   ☹ ○

2. Mare aperto
Volete mangiare in un ristorante tipico a Catania? Qui trovate una cucina tradizionale e ricette a base di pesce. Hanno anche un menù per vegetariani. Molto buono.
GioGio1
☺ ○   ☹ ○

3. Pepe
Vuoi un consiglio? Questo ristorante è terribile. Secondo me non usano cibo fresco. Anche il pane è cattivo. Da evitare.
FrancoTT
☺ ○   ☹ ○

b *Complete by using the definite articles, then indicate the most ideal restaurant (pick the number) for this people.*

Arturo:
Non mangio _____ carne, ma adoro _____ pesce! ☐

Benedetta:
Amo _____ animali, ma non sono vegana: la mia passione sono _____ formaggi. ☐

Riccardo:
Io non amo _____ prodotti industriali, mangio solo cibo bio. Viva _____ cucina naturale! ☐

SEZIONE D Vorrei prenotare un tavolo.

19 Parole in disordine
Order the words and create sentences.

1. una | abbiamo | per | prenotazione | sei | persone

   ➡ _____.

2. con | carta | pagare | la | possiamo

   ➡ _____?

3. tavolo | vorrei | tre | un | prenotare | persone | per

   ➡ _____.

4. cosa | secondo | prendete | per | che

   ➡ _____?

20 Prenotare un tavolo
Read the notes written by the waitress and complete the phone calls with the missing words.

Lisi
x 4
ore 13:00

▶ Ristorante "La Bettola", buonasera.

● Salve, vorrei prenotare un tavolo per _____ persone per domani.

▶ A pranzo o a cena?

● A _____.

▶ D'accordo. A che nome?

● _____.

▶ Bene signore, a domani allora!

21 Frasi utili
Match the phrases to the images.

1. Il conto, per favore!   3. Quant'è?
2. Pronto?   4. Prego.

22 Abbinamenti con i verbi
Select the logical combinations.

1. ○ prenotare in contanti
2. ○ mangiare un tavolo
3. ○ pagare con la carta
4. ○ prenotare per due persone
5. ○ bere la bruschetta
6. ○ pagare una birra
7. ○ ordinare da mangiare

23 Piccole parole
Complete by using the words in the list.

ma | di | e | al | non | a

1. Vorrei un tiramisù, _____ non posso mangiare dolci: sono a dieta.
2. Mangio carne e pesce, _____ sono vegetariano.
3. Per pranzo mangio un panino _____ prosciutto.
4. Prendo un cappuccino _____ un cornetto.
5. _____ che nome?
6. Prendo la parmigiana _____ melanzane.

'ALMA.tv ▶

Whatch the video *Al bar e al ristorante* in the column Italiano in pratica.

SEZIONE A La casa

1 La casa
Complete the advertising using the words in the list.

bagno | cucina | letto
divano | sedia

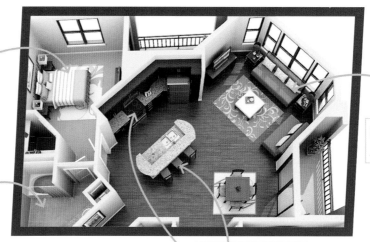

CAMERA:
.... 310 €
ARMADIO 215 €

SOGGIORNO:
.... 420 €

.... :
DOCCIA 150 €

.... :
TAVOLO 80 €
.... 25 €
FRIGORIFERO 330 €

LA FINE DEI MOBILI CARI!
Leggi il nostro catalogo su
www.casamoderna.it!

2 A casa di Eleonora
Underline the correct option between the **highlighted** ones.

Vivo con Sebastiano, il mio ragazzo. Purtroppo abitiamo in un **appartamento / casa** piccolo e caro: Venezia non è **economico / economica**, ma io lavoro qui! Abbiamo una sola **televisione / stanza**: zero spazio. Per fortuna il quartiere è **rumoroso / silenzioso**, non è in una zona **turistica / città**: dormiamo molto bene!

3 Le case di Giuliano e Serena
E5 ▶ Listen to the audio track and then pair the images related to Giuliano or Serena's homes.

○ Giuliano   ○ Serena

○ Giuliano   ○ Serena

○ Giuliano   ○ Serena

○ Giuliano   ○ Serena

4 Dormire
Write the personal pronoun, as shown in the example.

1. _____ dormite
2. _____ dorme
3. _tu_ dormi
4. _____ dormono
5. _____ dormo
6. _____ dormiamo

5 Le stanze della casa

Match the furniture / the actions in the list and the rooms of the house.

divano | mangiare | doccia | fare il bagno
letto | cucinare | frigorifero | dormire

1. cucina: _____
2. soggiorno: _____
3. camera: _____
4. bagno: _____

SEZIONE B La casa in vacanza

6 Aggettivi plurali

Complete the adjectives with the missing letters.

Albergo "Panorama"
★★★★

spiaggia privata

colazione internazionale ☐nclus☐

ristorante t☐pic☐, specialità di carne e pesce

wi-fi gr☐tuit☐

aria co☐dizi☐nat☐

camera si☐gol☐
100 € a notte

camera matri☐onial☐
120 € a notte

7 Abbinamenti con gli aggettivi

Find the odd word and ~~delete~~ it.

1. colazione: **ottima** | **internazionale** | **condizionata**
2. stile: **tradizionale** | **gratuito** | **unico**
3. camera: **silenziosa** | **doppia** | **internazionale**
4. ristorante: **tipico** | **italiano** | **matrimoniale**

8 Verbi regolari e irregolari

Fill out the chart, as shown in the examples.

	VERB	PRONOUN	INFINITIVE
ni – ve – amo	*veniamo*	noi	*venire*
te – ven – i			venire
fe – pre – co – ris – no		loro	
go – ve – n		io	
va – no – n			andare
a – te – ve		voi	
te – ca – pi			capire
ni – fi – amo		noi	

9 Tutti i verbi

Conjugate the verbs at the present tense, as shown in the example.

1. io / andare: _____
2. tu / fare: _____
3. Lei / capire: _____
4. voi / parlare: _____
5. io / essere: _____
6. lui / fare: _____
7. noi / preferire: _____
8. voi / andare: _____
9. tu / vedere: _____
10. voi / bere: *bevete*
11. io / amare: _____
12. tu / venire: _____
13. lui / potere: _____
14. loro / fare: _____

SEZIONE C Recensioni

10 Da *eccellente* a *pessimo*

Organize the expressions in the list from best to worst, as shown in the example.

✓eccellente | pessimo | buono
nella media | molto buono

☺ 1. _____*eccellente*_____
2. _____
3. _____
4. _____
5. _____ ☹

11 Dovere

Complete the chart with the present tense of the verb dovere.

DOVERE	
io	
tu	
lui / lei / Lei	deve
noi	
voi	
loro	devono

12 Agriturismo

Read and tell if the sentences are true (T) or false (F).

CHE COS'È L'AGRITURISMO?

Un agriturismo è molte cose: una fattoria con piante e animali, un albergo, un ristorante!

In un agriturismo puoi dormire nel silenzio della natura e mangiare prodotti biologici (come yogurt e frutta fresca a colazione, o formaggi locali e verdura di stagione a cena).

Gli agriturismi hanno camere in stile tradizionale, ma quasi tutti offrono servizi moderni, come il wi-fi, la televisione e l'aria condizionata in camera. Molti agriturismi hanno una piscina e qualcuno ha anche una spa.

Gli agriturismi sono il posto ideale per fare una vacanza rilassante, anche con i bambini.

agriturismovero.com

Gli agriturismi:

	T	F
1. sono in città.	○	○
2. vanno bene per le famiglie.	○	○
3. vanno bene per i vegetariani.	○	○
4. sono rumorosi.	○	○
5. hanno sempre la spa.	○	○

13 Aggettivi plurali

a *Follow the plural of the adjectives to exit the maze, as shown in the example. Go in both directions horizontal → or vertical ↓.*

START	grande	piccola	freschi
rumorose	vegetariano	singole	doppia
economici	comodi	elegante	unico
informale	tipiche	tradizionale	vecchia
rosso	piccoli	grandi	biologica
gratuite	rotta	care	frizzante
nuovo	matrimoniale	eccellenti	informale
economica	rosso	sporche	FINISH

b *Now write all the plural adjectives from point a and tell if they are masculine (M) and / or feminine (F) as shown, in the example.*

		M	F
1.	rumorose	○	✓
2.		○	○
3.		○	○
4.		○	○
5.		○	○
6.		○	○
7.		○	○
8.		○	○
9.		○	○
10.		○	○
11.		○	○
12.		○	○

14 Abbinamenti

What adjectives go well with these nouns? Complete as shown in the example. If necessary, change the gender and / or the number of the adjective. Several solution are possible.

nuovo | biologico | scomodo | ✓rotto
caro | matrimoniale | sporco

COLAZIONE	LETTI
	rotti

CAMERE	FRIGOBAR
	rotto

SEZIONE D Voglio cambiare camera!

15 I giorni della settimana
Complete the list with the missing days.

1. _____
2. martedì
3. _____
4. _____
5. venerdì
6. _____
7. _____

16 Parole in disordine
Organize the words and create sentences.

1. l'aria | non | condizionata | funziona
   ➥ _____.

2. la | deve | mettere | password
   ➥ _____.

3. problema | non | c'è
   ➥ _____.

4. abbiamo | camere | non | libere
   ➥ _____.

5. sono | soddisfatto | non | molto
   ➥ _____.

17 Problemi in albergo
Select the logical reaction.

1. Mi dispiace, oggi il tecnico non può venire.
   ○ E domani?
   ○ Bene, grazie.

2. Il letto è scomodo e la televisione non funziona.
   ○ Vuole cambiare camera?
   ○ Non c'è problema.

3. Posso usare il telefono fisso?
   ○ Abbiamo ancora camere libere.
   ○ Certo, è gratuito.

4. Non sono soddisfatto.
   ○ Voglio cambiare camera.
   ○ Mi dispiace, che problema ha?

'ALMA.tv ▶

Watch the video
In vacanza in the column
Italiano in pratica.

18 Recensioni
Complete the comments with the words in the list. Then indicate if the comment is positive (☺) or negative (☹).

sono | **rotta** | **simpatica** | **preferisco** | **vacanza**
non | **care** | **pulite** | **letto** | **dormo** | **funziona**

Villa B&B Da Cristina

1. **Marta**
Consiglio questo B&B! Cristina è molto
_____ e le camere sono grandi e
_____.
☺ ○   ☹ ○

2. **Lorenzo**
Non _____ soddisfatto. Le camere
sono _____ e la notte non
_____ bene per il traffico.
☺ ○   ☹ ○

3. **Elena**
Esperienza orribile, voglio cambiare albergo!
Cristina _____ è molto gentile, il
_____ è scomodo e la finestra è
_____.
☺ ○   ☹ ○

4. **Carolina**
Ottimo posto per una _____
rilassante! La televisione in camera non
_____, ma non c'è problema: io
_____ leggere!
☺ ○   ☹ ○

SEZIONE A La città

1 Venezia
Organize the sentences and create a text, as shown in the example.

☐ Ponte di Rialto. Un altro luogo

☐ città ricca di storia e di cultura. Ci sono molti palazzi

☐ sono anche ponti storici, come il

☐ *1* Venezia è una

☐ bellissima chiesa.

☐ importante è Piazza San Marco, con la

☐ antichi, musei e chiese. Ci

2 Mezzi di trasporto
Write the names of the transportations under the images.

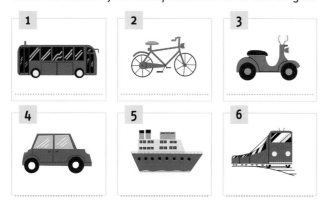

3 I mesi
Separate the words, as shown in the example. Then write the months in order.

SETTEMBRELUGLIOMARZO
FEBBRAIONOVEMBRE
MAGGIODICEMBRE
GENNAIOOTTOBRE
AGOSTO / APRILE / GIUGNO

1. _____
2. _____
3. _____
4. _____*aprile*_____
5. _____
6. _____
7. _____
8. _____
9. _____
10. _____
11. _____
12. _____

4 La città
Look at the picture of Rome and tell if the statements are true (T) or false (F).

IL FIUME DI ROMA, IL TEVERE.

Nella foto...

	T	F
1. ci sono due ponti.	○	○
2. c'è un tram.	○	○
3. c'è traffico.	○	○
4. ci sono molti palazzi.	○	○
5. ci sono molte biciclette.	○	○

5 C'è / Ci sono
Complete the chart with the expressions in the list.

**un museo di arte contemporanea | la metro
le biciclette | due chiese | i ponti storici
molte piazze | un palazzo antico | molti turisti
un teatro | un ristorante giapponese**

C'È	CI SONO

SEZIONE B Lo spazio

6 Luoghi
Complete the crosswords using the names of the places.

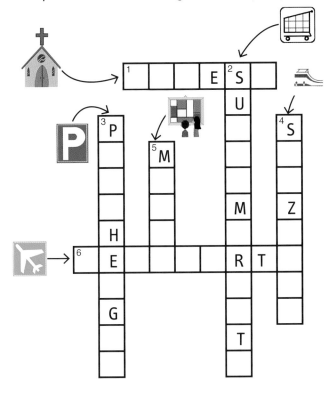

7 Espressioni di luogo
Match the sentences with the pictures.

1. Il cane è accanto al divano.
2. Il cane è sotto il divano.
3. Il cane è dietro al divano.
4. Il cane è sul divano.

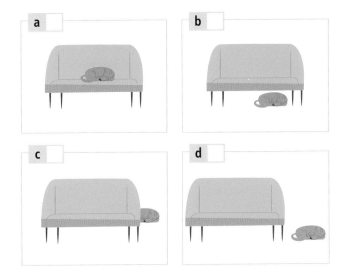

8 Chi c'è?
Look at the picture and respond to the questions.

1. Chi c'è accanto a Monica? _____
2. Chi c'è davanti a Laura? _____
3. Chi c'è dietro a Laura? _____
4. Carlo è davanti a Luca?   ○ sì ○ no
5. Luca è dietro a Fulvio?   ○ sì ○ no

9 Domandare informazioni
Select the correct answer.

1. Per andare in centro, che mezzi posso prendere?
   ○ Può prendere l'autobus o il taxi.
   ○ Ci vogliono 20 minuti.

2. Senta, scusi, con il treno quanto tempo ci vuole?
   ○ 10 euro.
   ○ 10 minuti.

3. Dov'è la fermata dell'autobus?
   ○ Davanti al bar Treviso c'è la banca.
   ○ Vede il supermercato? È lì davanti.

4. Dove posso fare il biglietto?
   ○ Sull'autobus o alla biglietteria automatica.
   ○ Con il treno.

10 Preposizioni
Underline the correct preposition between the **highlighted** ones.

1. Il festival del cinema di Torino è **a** / **da** novembre.
2. Preferisco andare a scuola **di** / **a** piedi.
3. Mi sa dire **da** / **in** dove parte l'autobus?
4. La fermata **della** / **del** metro è dietro al parcheggio.
5. A Milano ci sono molti bar **da** / **per** mangiare, bere e incontrare gli amici.
6. Quanto ci vuole **di** / **con** l'autobus?

11 Dare e domandare indicazioni
Organize the words and create the sentences.

1. sa | la fermata | senta, scusi | dov'è | della metro
   ↳ _____ ?

2. all'incrocio | arriva | a sinistra | e gira
   ↳ _____ .

3. lo | non | dispiace | so, mi
   ↳ _____ .

4. sinistra | a | gira alla | prima
   ↳ _____ .

12 Indicazioni stradali
Look at the map and complete the dialogue with the words in the list. The two people are where the pink dot is. Attention: there is an extra word.

alla piazza | **seconda** | **sinistra** | **dritto**
prima | **destra** | **all'incrocio**

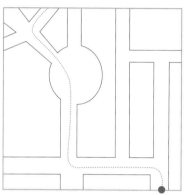

▶ Scusi, sa dov'è via Cavour?
● Sì, allora... Lei gira a _____, poi prende la _____ a destra e va sempre _____ . Quando arriva _____, gira a sinistra e _____ gira a _____ . Quella è via Cavour.

13 Preposizioni articolate
Form the compound prepositions, as shown in the example.

1. da + lo = *dallo*
2. in + il = _____
3. di + la = _____
4. su + l' = _____
5. a + le = _____
6. da + la = _____
7. a + gli = _____
8. su + la = _____
9. in + lo = _____
10. a + i = _____
11. di + l' = _____
12. in + i = _____

'ALMA.tv ▶
Watch the video *Le preposizioni articolate* in the column Linguaquiz.

14 Dov'è il ristorante?
In a phone conversation between two friends underline the correct words between the highlighted ones.

▶ Stasera ceniamo al ristorante "Il Torrino" con Michela, va bene?
● Sì, ma **quant'** / **dov'**è?
▶ Allora, da casa tua... Vai al **semaforo** / **incrocio** tra via Maggio e corso Italia. Da lì puoi **prendere** / **andare** l'autobus 14 e scendere **al** / **alla** fermata San Marco. Poi **prendi** / **gira** via La Pira e vai dritto fino **al** / **allo** supermercato. Dietro al supermercato **ci sono** / **c'è** il ristorante. È facile!
● Ok, grazie! A dopo!

'ALMA.tv ▶
Watch the video *È lontano il museo?* in the column Italiano in pratica.

15 Le ore
Look at the time and complete with the missing letters.

1. `12:30` : È m__zz__ gi__rn__ __m__z__ .
2. `07:50` : S__n__ le __ __ te e c__q__ __n__ .
3. `09:10` : __on__ l__ __n__v__ e d__ __c__ .
4. `11:55` : È __ez__ __ior__o __en__ __ci__ __ue.
5. `01:20` : __ l'__n__ e v__nt__ .

16 L'intruso
Look at the time and select the wrong one.

`01:40`
○ Sono le una e quaranta.
○ È l'una e quaranta.
○ Sono le due meno venti.

`06:45`
○ Sono le sei e un quarto.
○ Sono le sei e quarantacinque.
○ Sono le sette meno un quarto.

`12:00`
○ È mezzogiorno.
○ Sono le dodici.
○ È le dodici.

`03:30`
○ Sono le tre e mezza.
○ Sono le quattro meno trenta.
○ Sono le tre e trenta.

'ALMA.tv ▶
Watch the video *Che ore sono?* in the column Italiano in pratica.

17 In biglietteria

Listen to the audio track and complete with the missing words.

E6 ▶

▶ Buongiorno, _____
tre biglietti per la Galleria Borghese.

● Per _____?

▶ Per domani.

● Domani è lunedì, la Galleria è _____.
Può comprare i biglietti per martedì.

▶ No, martedì non _____ a Roma.
Dobbiamo partire.

● Allora niente, mi dispiace.

▶ Certo che venire a Roma e non _____
la Galleria Borghese...

● Scusi, eh, ma perché non _____ oggi?

▶ Ah, la Galleria è _____ la
domenica?

● Sì, certo.

▶ Ci sono posti?

● Non lo so... Eh, vediamo... Sì, ci sono.

▶ Ah, benissimo!

● Costano 16 euro a _____.
Tre biglietti, giusto?

▶ Sì, due biglietti _____ e un
biglietto _____ per il bambino.

● Va bene, il biglietto ridotto _____
10 euro. È interessato anche alla visita guidata?

▶ _____ costa?

● 8 euro a persona, il bambino _____
paga.

▶ Ok, prendo _____ la visita.

● D'accordo, allora _____ i 3 biglietti.

▶ Grazie.

● Questi invece sono i biglietti per la visita guidata.
L'_____ con la guida è
_____ all'entrata della Galleria.
La visita comincia a _____, ma
_____ essere lì 15 minuti prima.

▶ Che ore sono adesso?

● Le undici e un _____.
Non è lontano. A _____
ci vogliono 10 minuti. Noi siamo qui, per andare alla
Galleria deve _____ via Rossini
e girare alla seconda a destra, in via Donizetti...

18 Il Museo Pecci

Read the brochure and complete.

1. Dov'è il Museo? _____
2. Sono le 21:30 di venerdì. Posso visitare il museo?
   ○ sì   ○ no
3. Quanto pagano il biglietto queste persone?
   a. bambino di 4 anni: _____ €
   b. architetto di 45 anni: _____ €
   c. studente di 15 anni: _____ €
   d. giornalista di 63 anni: _____ €
   e. socio Touring Club di 34 anni: _____ €
4. Posso prenotare la visita guidata con una mail?
   ○ sì   ○ no
5. Quanto ci vuole per visitare il museo con la visita
   guidata? _____
6. Da Firenze in treno posso arrivare davanti al museo?
   ○ sì   ○ no

Museo di Arte Contemporanea Luigi Pecci

ORARI DI APERTURA

11 - 23
lunedì chiuso

TARIFFE BIGLIETTI

Intero 10 €

Ridotto 7 €
• fino a 26 anni e dopo
  i 65 anni
• soci Touring Club

Ridotto 5 €
insegnanti e studenti
universitari di Storia
dell'Arte, Architettura e
Accademie di Belle Arti

Ingresso libero
• bambini fino a 6 anni
• amici del Museo Pecci
• giornalisti

VISITE GUIDATE

Prenotazione al numero:
057 4531841 (lun - ven ore
9:00 - 12:00)
Durata: 60 minuti
Costo: 5 € + prezzo del
biglietto (gruppi max 25
persone)

COME ARRIVARE

In macchina da Firenze
Da Autostrada A11 (Firenze-
Mare): uscire a Prato Est.

In autobus da Firenze
Autobus *CAP* per Prato.

In treno da Firenze
Scendere alla stazione di
Prato Centrale e prendere
l'autobus *LAM*.

Viale della Repubblica 277, 59100 Prato

SEZIONE A Le mie abitudini

1 La vita quotidiana
<u>Underline</u> the correct option between the **highlighted** ones.

Io e Martina siamo una coppia e abitiamo insieme, ma le nostre **giornata / giornate** sono diverse!
La mattina io mi alzo presto perché lavoro in una scuola (faccio il **operaio / segretario**), Martina invece **sveglia / si sveglia** alle 10, la sera lavora in un **menù / ristorante** (fa la cuoca).
Io preferisco fare **cena / colazione** a casa (con latte e biscotti), invece Martina **preferisce / prefere** fare colazione al bar (con caffè e cornetto).
Io **ando / vado** al lavoro **in / per** macchina, invece Martina va al lavoro con la metropolitana o **a / con** piedi.
A pranzo io mangio un'insalata a casa, invece Martina mangia un primo o un **secondo / conto** nel ristorante dove lavora.
Durante la settimana io **non / -** esco mai, invece Martina **usce / esce** quasi sempre, dopo il lavoro.
La sera io vado a letto **presto / dormire**, invece Martina va a letto sempre molto tardi, dopo **mezzanotte / mezzogiorno**.

2 Verbi riflessivi e non riflessivi
Change the sentences, as shown in the example.

1. Cloe fa la cuoca.
   → Invece Anita e Roberto __*fanno*__ gli insegnanti.

2. Miriam esce quasi sempre.
   → Invece noi non _____ molto.

3. La mattina io mi alzo presto.
   → Invece voi _____ tardi.

4. Elena preferisce fare colazione a casa.
   → Invece Saverio e Irma _____ fare colazione al bar.

5. Io vado al lavoro in macchina.
   → Invece Anita e Roberto _____ al lavoro in autobus.

6. Valentina si sveglia alle 10.
   → Invece noi _____ alle 6:30.

3 La giornata di Iacopo e Laura
a *Conjugate the verbs in parenthesis at the present tense.*

Iacopo

La mattina non (*lui – alzarsi*) _____ mai presto, perché la sera (*tornare*) _____ a casa tardi. Di solito (*lui – fare*) _____ un po' di ginnastica e poi (*bere*) _____ un caffè. Alle 15 (*arrivare*) _____ il primo studente di pianoforte e (*lui – cominciare*) _____ a lavorare. Dopo due-tre ore di lezione, (*lui – mangiare*) _____ qualcosa e poi alle 20 (*uscire*) _____. Di solito (*lui – prendere*) _____ la bicicletta perché il club dove lavora (*essere*) _____ vicino a casa sua.

Laura

(*Lei – alzarsi*) _____ presto perché (*abitare*) _____ in campagna e (*lavorare*) _____ in città. Spesso non (*lei – avere*) _____ tempo di fare colazione. In 20 minuti (*lei – lavarsi*) _____, (*vestirsi*) _____ e (*uscire*) _____ di casa. In macchina (*lei – ascoltare*) _____ la radio. Dopo un'ora (*lei – arrivare*) _____ a scuola, ma prima (*prendere*) _____ un caffè al bar. (*Lei – fare*) _____ 4 ore di lezione e poi (*tornare*) _____ a casa. Qualche volta il venerdì (*lei – restare*) _____ in città: di solito (*andare*) _____ al cinema o (*uscire*) _____ con un'amica.

b *Read again the two texts and respond: the sentences are referred to Iacopo or Laura? Attention: two sentences go well for both.*

	IACOPO	LAURA
1. La mattina non lavora.	○	○
2. Fa due lavori.	○	○
3. Va al lavoro in macchina.	○	○
4. La mattina beve il caffè.	○	○
5. Fa l'insegnante.	○	○
6. La mattina si alza tardi.	○	○
7. Lavora lontano da casa sua.	○	○

4 Domanda e risposta

Match questions and answers.

1. Come vai al lavoro?
2. A che ora ti svegli?
3. Che cosa mangi a pranzo?
4. Dove fai colazione?
5. Esci la sera?
6. Ti fai la doccia la sera o la mattina?
7. Che cosa fai la sera?

a. Al bar.
b. A piedi o in metro.
c. Leggo un libro o guardo la televisione.
d. Un panino.
e. La sera.
f. Qualche volta.
g. Verso le sette.

SEZIONE B   Mi piace.

5 Ti piace o non ti piace?

Watch the images and complete with the words in the list.

piacciono | passione | ti | genere
piace | cavallo | leggere | non | si

1

Mi piace _____, è la mia _____.

2

_____ mi piace la verdura!

3

Il mio _____ musicale preferito è il rock. Non mi _____ il pop!

4

Mi _____ gli animali! Ho un _____ molto bello, _____ chiama Sultano.

5

Questa è la mia nuova bicicletta. _____ piace?

Bella!

6 Intervista a Roberto Bolle

Complete the interview of the dancer Roberto Bolle (R) using the questions of the journalist (J), as shown in the example.

QUESTIONS
1. Qual è la tua giornata tipica?
2. Che cosa ti piace fare nel tempo libero?
3. Ti piace andare in discoteca?
4. Quale genere musicale non ti piace?
5. ✓ Ti piace essere famoso?
6. Qual è il tuo piatto preferito?
7. Balli sempre, anche nel week-end?

J ▶ 5

R ● Non mi piace sempre, perché sono molto timido, ma è parte del mio lavoro.

J ▶ ☐

R ● La mattina ballo e il pomeriggio mi riposo. Mangio poco a pranzo (di solito riso, pesce e verdura) e vado in teatro, mi vesto e mi trucco. Mi preparo per lo spettacolo.

J ▶ ☐

R ● No, un giorno alla settimana mi riposo. È importante anche il relax, no?

J ▶ ☐

R ● No, non molto. Preferisco ballare in altre situazioni.

J ▶ ☐

R ● Mi piace tutta la musica. Ballo anche con le canzoni di Marylin Manson!

J ▶ ☐

R ● Mi piace cenare con gli amici, guardare la televisione, leggere, andare al cinema.

J ▶ ☐

R ● Il risotto!

www.marieclaire.com

SEZIONE C Non mi piace.

7 A me piace...
Read the dialogues and complete the sentences, as shown in the example.

Tamara

> A me non piace la cucina giapponese. E a te?

Silvio

> A me sì, molto!

1. A Tamara *non piace la cucina giapponese.*
   = *Non le piace la cucina giapponese.*

2. A Silvio _____
   = _____

Agata

> Mi piacciono i gatti.

Michele

> A me no.

1. A Agata _____
   = _____

2. A Michele _____
   = _____

Gustav

> Mi piace fare sport.

Filomena

> Anche a me.

1. A Gustav _____
   = _____

2. A Filomena _____
   = _____

8 Espressioni
Select the logical reaction.

1. L'Italia è molto bella.
   ○ Hai ragione. | ○ Povero!

2. Devo studiare inglese, ma non mi piace per niente!
   ○ Piace molto anche a me. | ○ Povero!

3. Oh no, Filippo è vegetariano!
   ○ A me no. | ○ E allora?

4. Mi piace questo formaggio.
   ○ Anche a me. | ○ Neanche a me.

9 Odio il pesce!

E7 *Complete the dialogue with the missing parts. Then listen to the audio track and check.*

piatto di carne | cucina mio padre | fai sabato hai ragione | piace per niente | a me no | povera sempre pesce | mangia il pesce | gli piace anche

▶ Lucia, che cosa _____ sera?

● Devo andare a cena dai miei genitori. Ma c'è un problema: _____.

▶ E allora? Qual è il problema?

● Mio padre cucina _____.

▶ Non ti piace?

● No, non mi _____! Io odio il pesce!

▶ _____! Neanche a me piace. Ma perché non dici a tuo padre di preparare anche un _____?

● Nooo, la carne non gli piace, è vegetariano.

▶ Vegetariano? Ma se _____...

● Sì, _____, ma non è un vegetariano vero: mangia il pesce e _____ il prosciutto!

▶ Hm, anche a me piace il prosciutto! E a te?

● _____!

SEZIONE D Usciamo venerdì sera?

10 In biglietteria

E8 *Listen to the two dialogues and select the correct option here below and on the next page.*

DIALOGUE 1

1. La signora vuole comprare:
   a. ○ un biglietto.   b. ○ due biglietti.

2. Per lo spettacolo delle 22:30:
   a. ○ non ci sono posti.   b. ○ ci sono posti.

3. Lo spettacolo delle 22:30 finisce:
   a. ○ alle 00:15.   b. ○ alle 00:30.

DIALOGUE 2

1. Il concerto inizia:
   a. ○ alle 9 di sera.   b. ○ alle 8 di sera.

2. Il signore compra:
   a. ○ due interi e un ridotto.
   b. ○ un intero e due ridotti.

3. Il signore paga:
   a. ○ con la carta.   b. ○ in contanti.

11 Orari di apertura
True (T) or false (F)?

Teatro La Fenice (Venezia)

Biglietteria: aperta tutti i giorni dalle 10:00 alle 17:00.
Al telefono: 041 786654, tutti i giorni dalle 9:00 alle 18:00.

	T	F
1. È possibile prenotare i biglietti anche la notte.	○	○
2. Il lunedì la biglietteria è aperta.	○	○
3. È possibile prenotare al telefono.	○	○
4. La domenica la biglietteria è chiusa.	○	○

Museo del cinema (Torino)

lunedì, mercoledì, giovedì, venerdì e domenica 9 – 20,
sabato 9 – 23, martedì chiuso

	T	F
1. È aperto tutti i giorni.	○	○
2. Chiude alle 20 tutti i giorni.	○	○
3. Il sabato mattina è aperto.	○	○
4. Il venerdì è aperto dalle 9 alle 20.	○	○

12 Preposizioni
Complete the dialogue with the prepositions in the list.

a | al | alle | con | di | per | per

▶ Ludovica, vuoi uscire _____ me e Letizia domani?

● Mi dispiace, domani ho il corso _____ tedesco, non posso.

▶ Allora venerdì? Possiamo vedere un film. _____ cinema Odeon c'è "Amore per sempre".

● Hm... Non mi piacciono _____ niente i film romantici. Ma all'Odeon non c'è anche un film di fantascienza?

▶ Sì, un film tedesco che si chiama "Europa 2100".

● _____ me va bene. _____ che ora comincia?

▶ _____ 21:30.

● Perfetto!

13 Risposte possibili
Select all the possible answers to the question.

> Andiamo al ristorante cinese domani sera?

1. ○ Non mi piace la cucina cinese. Andiamo all'indiano?
2. ○ Sì, va bene. A che ora?
3. ○ Va bene. Che spettacolo preferisci?
4. ○ Ci sono biglietti disponibili?
5. ○ Mi dispiace, non posso.
6. ○ Domani devo lavorare. Facciamo giovedì?
7. ○ Neanche a me.
8. ○ D'accordo. Va bene alle 20:30?

14 Appuntamento al museo
Complete the dialogue with the missing letters

▶ And[ ]a[ ]o al museo del design domani?

● Mi d[ ]sp[ ][ ]ce, domani non p[ ]s[ ]o.

▶ Facciamo ve[ ]er[ ]ì?

● Sì, va b[ ]n[ ].

▶ [ ]c[ ][ ] ora?

● Pr[ ]fer[ ]sci andare di mattina o di pomeriggio?

▶ Preferisco di mattina p[ ]r[ ]hé il pomeriggio ho il [ ]or[ ]o di cinese.

● Al[ ]o[ ]a andiamo alle 10:30, d'a[ ][ ]o[ ]do?

▶ Sì, a venerdì!

SEZIONE A Partire

1 Il tour dei vulcani

Read the response to Claudio Cateni's email in the A *section of the* Lezione *and indicate whether the sentences are true (*T*) or false (*F*). The sentences are not in order.*

Da: mauro@tesoriitaliani.it

OGGETTO: la Sua richiesta di informazioni

MESSAGGIO

Buongiorno Claudio,
grazie del Suo interesse per il tour di "Tesori italiani".

Le escursioni sono solo di giorno e vanno bene per i bambini (ci sono già cinque bambini nel gruppo). È importante avere scarpe da trekking (e anche la crema solare e un cappello), perché gli itinerari sul Vesuvio e sull'Etna sono abbastanza lunghi.
Il viaggio è organizzato in questo modo: due giorni per il Vesuvio e Napoli, due giorni per l'Etna e Catania, un giorno a Vulcano e due giorni a Stromboli.
A Stromboli, se volete, potete lasciare il gruppo e andare al mare. Ci sono spiagge molto belle. Sempre a Stromboli potete dormire nell'albergo del gruppo, o in un altro, per stare da soli. L'albergo del gruppo è vicino alla spiaggia (ci potete andare a piedi) e forse è la soluzione ideale per voi.

Un cordiale saluto, Mauro Renai

TESORI ITALIANI • viaggi di gruppo

	T	F
1. Il tour dura una settimana.	○	○
2. A Stromboli c'è un solo albergo.	○	○
3. In questo momento nel gruppo ci sono solo adulti.	○	○
4. A Stromboli il gruppo dorme in un albergo lontano dal mare.	○	○
5. È possibile lasciare il gruppo.	○	○
6. I bambini possono fare il trekking sul Vesuvio.	○	○

'ALMA.tv ▶

Watch the video
Che tempo fa? in the column
Italiano in pratica.

2 Ci

In 6 blanks you must place the word ci: *where?*

▶ Claudia, tu _____ conosci Genova?

● Sì, _____ vado spesso perché _____ abita la famiglia del mio ragazzo.

▶ E ti piace? Io _____ vado la prossima settimana e _____ vorrei un po' di informazioni.

● Oh sì, Genova _____ è bellissima! Con chi _____ vai?

▶ Con Cristina. Che cosa possiamo vedere secondo te?

● Be', a Genova è obbligatorio fare una visita all'acquario!

▶ Sì, certo, _____ andiamo di sicuro. Mi sai consigliare anche un parco per fare una passeggiata?

● Sì, _____ potete andare nella zona di Nervi, è molto verde. _____ potete arrivare in treno in pochi minuti.

▶ Ok, perfetto! Grazie mille.

3 Che tempo fa a Pisa?

Look at the images and write what the weather is like.

1. ....

2. ....

3. ....

4. ....

SEZIONE B Un racconto di viaggio

4 L'ausiliare giusto
Complete the verbs using the passato prossimo *with the right auxiliary, as shown in the example.*

A agosto Sonia e Damiano ___sono___ andati a Bali, Elio e Viola _____ fatto un trekking sul Monte Bianco, Francesca _____ visitato Barcellona e Berlino e poi _____ fatto un viaggio in Norvegia, Simone _____ tornato in Grecia anche quest'anno e _____ mangiato *souvlaki* tutti i giorni, Carola e Valentina _____ partite per la Francia, tu _____ stato tre settimane al mare e io... _____ rimasta a Milano e _____ lavorato come sempre. Odio l'estate!

5 Una giornata speciale
Complete with the verbs in the list, as shown in the example.

**ha dormito | è uscita | ha guardato
ha dato | è stata | hanno fatto | ✓è andata
è salita | ha ascoltato | è arrivato**

Lidia ha 15 anni e è felice perché quest'anno va a scuola negli Stati Uniti.

Ieri _____ una giornata speciale per lei. _____ di casa molto presto, alle 6, e ___è andata___ in aeroporto con i genitori (e con molti bagagli!). In aeroporto _____ colazione tutti insieme, poi Lidia _____ un bacio alla mamma e al papà e _____ da sola sull'aereo per New York. In aereo non _____ per l'emozione. _____ la musica e _____ un film. Dopo 8 ore, l'aereo _____ all'aeroporto JFK.

6 Un blog di viaggio
Conjugate the verbs in parenthesis at the passato prossimo.

I VIAGGI DI CLOE

**Ciao! Sono Cloe, di Roma, faccio l'insegnante e nel tempo libero... viaggio!
In questo blog racconto le mie avventure.**

BASILICATA: MARE, CULTURA E CIBO

MARATEA

STATUA DEL REDENTORE

MATERA

PISTICCI

Che belle, le vacanze!
Il 7 luglio io e il mio ragazzo Matteo (*partire*) _____ in macchina da Roma e dopo una notte a Napoli (*arrivare*) _____ in Basilicata. La Basilicata non è una regione molto famosa: ci sono ancora pochi turisti, ma è fantastica! Ci sono mare, campagna, città storiche e buon cibo. Il primo giorno io e Matteo (*andare*) _____ a Maratea, sul mare, e ci (*rimanere*) _____ tre giorni. Qui (*noi – fare*) _____ anche un trekking per arrivare alla Statua del Redentore (sulla montagna, vicino al mare, con una vista bellissima!). Poi (*noi – visitare*) _____ Matera e Pisticci, la città di Matteo. A Matera e a Maratea (*noi – dormire*) _____ in albergo ma a Pisticci (*stare*) _____ a casa dei genitori di Matteo, molto simpatici. (*Loro – cucinare*) _____ ogni giorno piatti tipici per noi, come il baccalà a ciauredda e il ragù lucano. Unico problema: Matteo adora questi piatti, così (*lui – mangiare*) _____ troppo e (*stare*) _____ male due giorni, che disastro! Domani purtroppo torniamo a Roma, ma voglio fare presto altre vacanze qui. Basilicata... arrivederci!

7 L'intruso "delle vacanze"

~~Delete~~ the odd one.

1. destinazione:

   mare | **montagna** | **bagagli** | **Parigi**

2. alloggio:

   pensione | **casa** | **fabbrica** | **campeggio**

3. mezzo di trasporto:

   camper | **treno** | **albergo** | **barca**

4. oggetti utili:

   occhiali da sole | **inverno** | **crema solare** | **costume**

5. periodo:

   estate | **ombrello** | **marzo** | **settimana**

SEZIONE C Una vacanza speciale

8 Combinazioni con il verbo *andare*

Write the words in the correct section, as shown in the example.

destra | **lavoro** | **fuori** | **campagna** | **centro**
Berlino | **via** | **spiaggia** | **ristorante** | **bar**
✓ **teatro** | **scuola** | **casa** | **mare** | **bicicletta**
cinema | **dritto** | **Giappone** | **ballare**

ANDARE A
teatro

ANDARE IN

ANDARE AL

ANDARE

9 Caro diario...

In Emma's journal, underline the correct option between the highlighted ones.

Caro diario,

sono molto stanca perché oggi sono andata con la mia classe per / a visitare Perugia e siamo / abbiamo camminato tutto il giorno. Sono stanca ma anche felice. Amo Perugia: è molto / mai bella e soprattutto è la città del cioccolato! Stamattina abbiamo preso / prenduto l'autobus molto presto (alle sei!) e io ho fatto il viaggio accanto a / sotto Elisabetta.
Siamo arrivato / arrivati a Perugia alle / verso nove, abbiamo esplorato la città a piedi / bicicletta e poi abbiamo visitato / partito la Cattedrale di San Lorenzo. Nel pomeriggio siamo andati alla Casa del Cioccolato. Qui ho fatto un disastro! Ho comprato un po' di cioccolato perché / per me e la mia famiglia ma poi / prima ho perso il sacchetto ☹
Per fortuna Elisabetta mi ha / hai dato un po' di biscotti tipici. Verso le cinque siamo partiti per tornare a casa e siamo arrivati un'ora fa / da. Ora vado a dormire perché è presto / tardi! A domani, Emma

10 Il messaggio di Carlotta

 E 9 a *Listen to the audio track and match the words, as shown in the example.*

1. siamo arrivate   a. le biciclette
2. abbiamo preso subito   b. i gamberi con la polenta
3. siamo andate   c. uccelli incredibili
4. ho visto   d. ieri mattina
5. siamo tornate   e. anche Giuseppe
6. abbiamo mangiato   f. dormire presto
7. siamo andate a   g. all'agriturismo
8. è venuto   h. a fare birdwatching

b *Listen to it again and underline the correct option between the highlighted ones.*

1. Viola e Carlotta sono arrivate al Parco del Delta del Po **alle 10:00 / alle 12:00**.

2. Al Parco del Delta del Po **c'è vento / non c'è vento**.

3. Carlotta e Viola hanno mangiato i gamberi con la polenta **per pranzo / per cena**.

4. Hanno fatto **due escursioni in bicicletta / un'escursione in bicicletta e una a piedi**.

5. Giuseppe è arrivato **ieri / oggi**.

6. Giuseppe **rimane / non rimane** con le ragazze fino alla fine delle vacanze.

11 Participi irregolari

Complete the crosswords with the past participles of the verbs.

ACROSS
1. perdere
4. mettere
8. dire
9. essere
10. fare

DOWN
2. rimanere
3. chiedere
5. scrivere
6. chiudere
7. nascere

SEZIONE D Tanti saluti e baci

12 Una cartolina

Complete the postcard with the words in the list.

bella | cara | baci | poi | sono | sole
natura | scorso | il | facciamo

Castellina in Chianti, giovedì 12 luglio

_____ Francesca,
ti scrivo da un posto magico... la Toscana!
_____ in viaggio con Sergio da sabato
_____ . Siamo stati a Firenze due giorni,
_____ 9 luglio siamo andati a San
Gimignano e _____ siamo venuti qui
in Chianti. Dormiamo in una _____
casa nella _____ e _____
lunghe passeggiate.
Il vino e il cibo qui sono eccezionali e c'è sempre
il _____ . Una vacanza di vero relax!

Vorrei vivere qui!

Tanti _____ e a presto, Federica

Noemi Del Prete

Via Principe Amedeo 12

70122 Bari

ITALIA 1€

13 È permesso o è vietato?

Observe the signs and indicate whether the statements are true (T) or false (F).

AREA FUMATORI — IO POSSO ENTRARE — riservato ai clienti

	T	F
1. Qui posso fumare.	○	○
2. Posso pagare in contanti.	○	○
3. È possibile pagare solo con la carta di credito.	○	○
4. È permesso entrare con un cane.	○	○
5. Tutti possono usare il parcheggio.	○	○

14 Espressioni di tempo

Order the expressions from the furthest to the nearest in time, as shown in the example.

ieri sera | ✓due anni fa | ieri mattina
due settimane fa | tre ore fa | sei mesi fa
un'ora fa | cinque giorni fa | l'anno scorso

più lontana ➝: 1. ___due anni fa___

2. _____ 3. _____
4. _____ 5. _____
6. _____ 7. _____
8. _____ 9. _____
10. adesso ← più vicina

SEZIONE A Facciamo festa!

1 Le feste preferite
Here is the ranking of the Italian's top favourite holidays.
Complete them with the missing letters.

1.
`☐ ☐ TA ☐ ☐`

2.
`☐ A ☐ Q ☐ ☐`

3.
`FE ☐ ☐ ☐ G ☐ ☐ ☐ O`

4.
`☐ PIF ☐ ☐ ☐ I`

5.
`☐ ☐ RN ☐ A ☐ E`

www.confesercenti.it

2 Gli italiani e il Natale
Complete the text in the column to the right with the words in the list.

tipici | cellulari | per | nei | panettone | quattro
dicembre | cena | comprano | agli | lo

Albero o presepe? Fanno il presepe solo _____ italiani su dieci. L'albero di Natale, invece, ha ancora molto successo: _____ fanno circa sette famiglie su dieci. Di solito, gli italiani fanno il presepe o l'albero l'8 _____.

I regali A Natale _____ italiani piace fare shopping online (46%) o _____ grandi centri commerciali. E che cosa _____? Regali molto comuni sono giocattoli, orologi, libri, profumi, _____.

Il cibo Nel sud Italia è tradizione fare una grande _____ il 24 dicembre e aspettare la mezzanotte _____ aprire i regali. Gli abitanti del nord Italia, invece, fanno un pranzo il 25. Non ci sono differenze per i dolci _____: per tutti sono il _____ e il pandoro.

3 Anni importanti
Spell out the date in letters next to each event, as shown in the example.

1789 | 1969 | 1492 | 1989 | ✓ 476 dopo Cristo | 1945

EVENT	YEAR
1. Neil Armstrong sulla Luna	
2. fine dell'Impero Romano	*quattrocentosettantasei dopo Cristo*
3. arrivo di Cristoforo Colombo in America	
4. inizio della Rivoluzione francese	
5. caduta del muro di Berlino	
6. fine della Seconda guerra mondiale	

'ALMA.tv ▶

Watch the video
Che giorno è? in the column
Italiano in pratica.

SEZIONE B Feste popolari

4 Il carnevale in Italia
*Underline the correct option between the **highlighted** ones.*

Tutti conoscono il carnevale di Venezia con le **loro / sue**
eleganti maschere... ma anche nei piccoli paesi in Italia
a carnevale **ci / gli** sono molti **feste / eventi** ricchi di
tradizione. Ecco due esempi **nell' / all'**Italia del nord.

La "Colossale Fagiolata" di Santhià, in Piemonte, è una
festa molto antica: **è / ha** nata nel 1318.
Tutto / Ogni anno 20000 persone mangiano **in / per**
piazza pane, salame, vino e soprattutto fagioli.

A Sauris, in Friuli Venezia Giulia, c'è la "Notte delle
Lanterne": le maschere fanno una passeggiata nella
natura con la luce delle lanterne.
Poi tutti **vi / si** riposano, bevono *vin brûlé*
accanto al / sotto al fuoco, cantano e ballano con
loro / i loro compagni nella piazza del paese.

5 Domande e risposte
*Match the questions with the answers. Then complete the
sentences to the right column using these options: prima,
volta, mai or dopo (twice).*

1. Tu e la tua famiglia
quando aprite i
regali?

2. La domenica andate
sempre a pranzo dalla
famiglia di Giorgio?

3. Avete comprato
il regalo di
compleanno per
Amelia?

4. Venite con noi in
Sicilia l'ultima
settimana di agosto?

5. Com'è il carnevale di
Viareggio?

a. No, lo compriamo
_____ .

b. Non lo so, non ci sono
_____
andato.

c. Il giorno
_____
di Natale.

d. No, solo una
_____
al mese.

e. No, mi dispiace.
_____
ferragosto dobbiamo
tornare al lavoro.

6 Frasi sbagliate
*In each sentence, there is <u>an</u> issue: <u>a</u> wrong word, <u>a</u>
missing word, <u>a</u> misplaced word, <u>an</u> extra word...
Write the correct sentences, as shown in the example.*

1. Quella è nostra casa.
   → *Quella è la nostra casa.*
   _____

2. Io e Luca andiamo in Sardegna due volte al anno: a
   maggio e a ottobre.
   → _____
   _____

3. Fabiana è nata 1981.
   → _____
   _____

4. Mai non ho festeggiato San Valentino. Non mi piace!
   → _____
   _____

5. Dopo di Pasqua tornate a Milano?
   → _____
   _____

6. A capodanno vado a New York, non ce sono mai stato.
   → _____
   _____

SEZIONE C La famiglia

7 I nomi dei familiari
Complete the sentences with the correct words.

1. Laura è la figlia di Paolo.
   ➥ Paolo è il _____ di Laura.
2. Gianluca è il marito di Anna.
   ➥ Anna è la _____ di Gianluca.
3. Silvana è la nonna di Ivan.
   ➥ Ivan è il _____ di Silvana.
4. Stefania è la cugina di Dora.
   ➥ Dora è la _____ di Stefania.
5. Delia è la zia di Alessio.
   ➥ Alessio è il _____ di Delia.
6. Giada è la sorella di Pierpaolo.
   ➥ Pierpaolo è il _____ di Giada.

8 La famiglia di Sara
Read the interview with Sara and write the definite articles only when necessary.

9 Aggettivi per descrivere le persone
a *Match the parts together creating an adjective, as shown in the example.*

MO	ANO
MA	IANO
CAST	DO
ANZ	CO
BAS	RO
TIMI	SO
SIMPATI	GRO

b *Use the adjectives from point a to complete the list of the opposite adjectives.*

1. giovane   ><   _____
2. robusto   ><   _____
3. alto   ><   _____
4. antipatico   ><   _____
5. socievole   ><   _____

Sara è di Modena ed è la madre di Anna, Bruno e Giulio... La cosa particolare? _____ suoi figli sono nati lo stesso giorno!

Mamma di tre gemelli: la prima reazione a questa notizia?
Onestamente? Ho pensato: "E adesso?!? Come facciamo? _____ nostro mini appartamento ha solo una camera da letto!".

E il papà?
Giacomo è molto felice! Davvero.

Ci sono gemelli nella tua famiglia?
Sì. Io sono figlia unica, ma _____ mia madre ha un gemello e anche _____ mia nonna.

Come sono stati _____ tuoi primi mesi da mamma?
Be'... Ogni giorno è stato un'avventura. Tre figli sono tanti, ma per fortuna _____ loro nonni sono speciali, un vero aiuto.

Quanto è difficile andare in giro con tre bambini piccoli?
È come essere un attore famoso: tutti per strada ti fermano e vogliono vedere i gemelli. _____ miei figli sono timidi e non amano questa cosa!

Come inizia e come finisce _____ vostra giornata?
Sveglia alle 6:30. Alle 7:45 usciamo di casa. Io e _____ mio marito andiamo al lavoro, i bambini all'asilo. Nel pomeriggio d'estate giocano al parco fino alle 18:00 con _____ loro baby sitter. E alle 20:30 per loro è l'ora della buona notte! In questo modo io e Giacomo abbiamo un po' di tempo per noi.

www.flymamy.com

10 Colleghi

Carla describes her work colleagues. Complete the text with missing letters.

Ciao! So___ Carla e lavoro __n uno studio di architettura. M__ piace molto il mi__ lavoro perché i mi__i colleghi s___o simpatici. Siamo solo in __ua__tro e ci conosciamo m__lt__ bene.

Il mio collega pre__eri__o è Mario, il ___stro grafico. Spesso do__o il lavoro io e lui an__ia__o a bere una b__rr__ insieme.

Al tavolo d__van__i al mio c'è Adele, una ragazza gi__van__ (h__ 23 anni) e un po' t__mi__a. È s__izzera, di Zurigo, e parl__ quattro lingue!

Poi __'è Giovanni, un ragazzo molto sportivo che ne__ suo tempo lib__ro fa sempre gi__nast__a. Adoro Giovanni perché il lu___dì mattina porta caffè e cornetti per tutt__!

Sonia Zito invece è la dire___ric__. Ha co__i__ciato a lavorare in questo studio qua___tadue anni f__.

SEZIONE D Tanti auguri!

E 10 ▶

11 Una festa di compleanno

a *Listen and select the objects that you hear.*

1

2

3

4

5

---

b *Listen to it again and complete with the missing words.*

Dario: Ciao, Melissa, scusa, ho fatto _____!

Melissa: Dario, ciao! Ma no, sei in _____! Tanti _____!

Dario: Grazie. Questi sono per te.

Melissa: Uh... Che _____ hai portato?

Dario: Una bottiglia di _____ e un regalo: una pianta per _____ _____ nuova casa.

Melissa: Ma come, fai gli _____ tu e tu fai un regalo a me? _____! Che gentile, grazie! Prego, prego! _____! Gli altri sono in soggiorno!
...

Dario: Tutto _____, Melissa!

Melissa: Grazie. Ma la cena non è _____, eh! Ho fatto anche un _____. Arrivo subito!... Ecco qua, una torta alle _____! Voglio fare una _____ quando spegni le candeline. Siete _____ per la canzone?

Tutti: Tanti auguri a te... Tanti auguri a te... Tanti auguri a Dario, tanti auguri a teeee!

Melissa: Facciamo un brindisi con _____ _____ _____?

Tutti: Auguri! Cin cin!

Dario: _____!

'ALMA.tv ▶
Watch the video *Tanti auguri!* in the column Italiano in pratica.

12 Fare e **avere**

~~Delete~~ *the expressions that don't belong in each series, as shown in the example.*

1. fare: **una domanda | ragione | una foto tardi | fame | gli anni**

2. avere: ~~**di Firenze**~~ **| caldo | colazione 22 anni | un brindisi | torto**

13 Le vacanze di Natale di Linda

Decide where to place the words on the list into the dialogue. Follow the example. The words are in order.

✓**durante | viaggio | in | nel | scorso quali | posso | la | dopo | con**

~~durante~~

▶ Linda, tu che cosa fai di solito ↓le vacanze di Natale?

● Mi piace fare un e quando posso vado un posto caldo. 2015 sono andata in Argentina e l'anno in Egitto.

▶ E sono i tuoi progetti per questo Natale?

● Quest'anno non viaggiare molto. Passo il Natale con mia famiglia, qui a Parma. Ma capodanno vado tre giorni a Vienna due amici.

9 ESERCIZI

ERIC   CORINNE   NILS   JUSTINE   CARLOTTA   FRED   EMANUELA

1 Abbigliamento
Look at the photo above and respond to the questions.

1. Chi ha una giacca rossa?

   _____

2. Di che colore è l'unica gonna nella foto?

   _____

3. Chi ha una camicia rosa?

   _____

4. Chi ha i pantaloni verdi?

   _____

5. Chi indossa qualcosa di giallo?

   _____

6. Chi porta una t-shirt arancione?

   _____

7. Chi ha una maglietta blu?

   _____

2 Domande in negozio
Imagine the appropriate questions to these responses. Several solutions are possible.

1. Client: _____?
   Salesperson: 75 euro.

2. Client: _____?
   Salesperson: No, purtroppo ci sono solo la large e la small.

3. Salesperson: _____?
   Client: Il 37.

4. Client: _____?
   Salesperson: Sì, del 40%.

5. Salesperson: _____?
   Client: In genere la large.

3 Abbigliamento e colori
Complete the adjectives with the correct vowels.

1. Il vestito è arancion ☐ e viol ☐.
2. La maglietta è ross ☐.
3. La camicia è bl ☐.
4. La giacca è verd ☐.
5. I pantaloni sono grig ☐.
6. La gonna è giall ☐.

4 Fare shopping
Complete the dialogue with the sentences said by the salesperson. Then underline all the direct pronouns.

SALESPERSON'S SENTENCES
1. In verde abbiamo questi pantaloni. Le piacciono?
2. 40 euro. La vuole provare?
3. Mi dispiace, non abbiamo la Sua taglia in verde. Vuole vederla in rosso?
4. Sì, costano solo 50 euro.

Client: Buongiorno. Vorrei provare questa gonna verde. Porto la small.
Salesperson: ☐
Client: Uhm... No, grazie. Vorrei qualcosa di verde.
Salesperson: ☐
Client: Sì, belli. Sono in saldo?
Salesperson: ☐
Client: Ok, allora li prendo. E questa camicia quanto costa?
Salesperson: ☐
Client: Sì, grazie. La provo per vedere se va bene con i pantaloni.

SEZIONE B Fare la spesa

5 Alimentari o supermercato?
Read the article. Say if the sentences refer to the grocery stores (G) or the supermarkets (S). Attention: one sentence goes well with both.

ALIMENTARI O SUPERMERCATO: CHI VINCE?

Negli ultimi anni hanno aperto molti nuovi supermercati e hanno chiuso molti alimentari. Per i piccoli negozi di quartiere è difficile continuare a avere clienti: nei supermercati (spesso aperti dal lunedì alla domenica) trovi ogni tipo di prodotto (anche i pomodori a gennaio), i prezzi sono bassi, di solito c'è un grande parcheggio gratuito.

Ma le statistiche dicono che c'è un fenomeno nuovo: nell'ultimo mese le vendite dei supermercati sono cresciute dello 0,3%, invece quelle degli alimentari sono cresciute dell'1%.

Perché le persone hanno ricominciato a fare la spesa nei piccoli negozi di quartiere? Le ragioni sono due.
Primo: i prodotti. Gli alimentari rimasti vendono prodotti diversi da quelli del supermercato. La qualità è molto buona anche nei supermercati, ma i piccoli negozi offrono prodotti speciali, come vini e salumi di piccole aziende locali o latte e formaggi a km 0.
Secondo: le relazioni umane. Il commerciante del piccolo negozio ha tempo per dare consigli e per raccontare la storia dei suoi prodotti. Spesa dopo spesa, crea un rapporto anche di amicizia con i clienti.

www.repubblica.it

	G	S
1. Molti sono aperti tutti i giorni.	O	O
2. Sono economici.	O	O
3. Vendono prodotti di qualità.	O	O
4. Creano rapporti personali con i clienti.	O	O
5. Negli ultimi anni, molti hanno chiuso.	O	O
6. Vendono prodotti fuori stagione.	O	O
7. Vendono prodotti di piccoli produttori.	O	O

6 La spesa
Find the listed words in the crossword puzzle. The words are across or down. Then place the words into the correct category, as shown in the example.

✓MELE | ETTO | PROSCIUTTO | LITRO
CACIOTTA | FORNO | GRAMMO | MACELLERIA
UOVA | CHILO | ALIMENTARI

```
A  L  L  A  B  I  A  (M  E  L  E)  E
D  F  E  L  I  P  R  A  T  T  O  R
D  O  B  I  N  R  E  C  H  I  L  O
G  R  A  M  M  O  F  E  G  G  I  A
E  N  N  E  S  S  E  L  B  E  T  O
C  O  U  N  E  C  E  L  I  A  R  E
O  T  U  T  T  I  L  E  T  T  O  R
U  O  V  A  F  U  R  R  A  R  B  I
V  I  O  R  E  T  T  I  L  A  E  M
C  A  C  I  O  T  T  A  M  I  C  O
A  M  B  A  D  O  S  S  I  P  A  L
```

UNIT OF MEASUREMENT

SHOPS

FOOD

mele

7 In un alimentari

Decide where to place the listed words into the dialogue, as shown in the example. The words are in order.

✓ **dica** | **stagionato** | **altro** | **confezione**
assaggiare | **Le** | **etti** | **la** | **basta**

- ▶ Buongiorno, mi. *dica*
- ● Volevo un etto di quel formaggio.
- ▶ Bene. Vuole?
- ● Sì, vorrei anche una di uova e due litri di latte.
- ▶ Latte e uova... D'accordo.
- ● Senta, posso quella caciotta romana?
- ▶ Certo, ecco qui... piace?
- ● Sì, molto buona. Quanto pesa?
- ▶ Tre.
- ● Va bene, grazie. Prendo.
- ▶ È tutto?
- ● Sì, così grazie.

> 'ALMA.tv ▶
> Watch the video *Quanto ne vuole?* in the column Italiano in pratica.

SEZIONE C Al mercato

8 I mercati di Padova

<u>Underline</u> *the correct option between the* **highlighted** *ones.*

PALAZZO DELLA RAGIONE

Nel centro di Padova **c'è / ci sono** molti mercati tradizionali **quando / dove** puoi comprare di tutto: cibo, fiori, piante, abbigliamento e anche prodotti esotici. Questi mercati **hanno / sono** pieni di gente: turisti, ma soprattutto padovani che non amano fare la spesa al **supermercato / alimentari** e preferiscono venire qui.

Piazza delle Erbe

Un mercato molto famoso dove puoi comprare frutta, verdura e fiori. Tutti prodotti di alta qualità a **orari / prezzi** economici.
Orari: **dal / del** lunedì al venerdì dalle 7:30 alle 13:30, il sabato **fino alle / durante le** 20.

Piazza dei Signori

In questo mercato non trovi cibo, ma puoi comprare abbigliamento, **borse / olive**, piante e fiori.

Sotto il Salone

Un mercato bellissimo e molto antico (ha 800 anni!), nel Palazzo della Ragione. Qui trovi molti negozi dove comprare prodotti **tipici / tipichi** locali (carne, pesce, formaggio, pasta, dolci e vini). Ci sono anche bar **a / per** fare un aperitivo, uno spuntino o bere un caffè.

9 Parole per cucinare

Match the words with the images.

pentola | **tagliare** | **burro** | **padella** | **forchetta**
versare | **cucchiaio** | **assaggiare**

1

2

3

4

5

6

7

8

> 'ALMA.tv ▶
> Watch the video *Insalata caprese* in the column L'italiano per la cucina.

10 Una ricetta al giorno

Listen to the audio track and complete the recipe with the missing words. **E 11** ▶

Benvenuti a "Una ricetta al giorno"!
Oggi parliamo di una ricetta facile e
_____ : gli spaghetti aglio, _____
e peperoncino. Per prepararla ci vogliono solo
_____ minuti e _____ ingredienti.
Per 4 persone servono 350 _____ di spaghetti,
due spicchi d'aglio, due peperoncini, sale e due
_____ di olio extravergine di oliva.
Allora, vediamo che cosa fare per
preparare la nostra pasta. Prima
di tutto, metto sul fuoco una
_____ con molta acqua
(almeno 4 litri) e con un po' di
_____ . Quando l'acqua
bolle, metto gli spaghetti a cuocere
(attenzione, _____ essere
al dente!) e intanto preparo il condimento.
Taglio a piccoli pezzi l'aglio e il peperoncino.
Metto l'olio in una _____ e quando è
_____ metto anche l'aglio e il peperoncino.
Dopo pochi minuti _____ versare gli spaghetti
nella padella.
Giro bene... e sono già pronti! Hmm... Buonissimi!

SEZIONE D Serviamo il numero 45.

11 Annunci
*Underline the correct word between the **highlighted** ones.*

1
Oggi offerta su
cereali e muesli:

paghi 2 e
offri / prendi / spendi 3!

2
SCONTI DI FINE ESTATE!
Collezione primavera-estate
uomo **da / in / a** offerta.
Sconti dal 30% al 50% su
maglioni / gonne / costumi
magliette, occhiali e scarpe.

3
Vuoi / Vorrei / Vuole rinnovare il tuo stile
in modo ecologico? Ti diamo un buono
da 5 € per ogni **vecchio / anziano** capo di
abbigliamento. **Fai / Hai / Usi** tempo fino
il / – / al 31 dicembre!

---

12 Al supermercato
Complete the text with the words in the list.

**cassa | lista | resto | carta | spazio | conto
contanti | carrello | solo | sacchetti | offerte**

La spesa intelligente
A casa faccio una _____ delle cose che devo
comprare.
Prendo sempre un _____ piccolo, così non
c'è _____ per le cose inutili.
Guardo le _____ ma riempio il carrello
_____ con le cose della lista.
Per fare la fila scelgo una _____ lontana,
perché di solito ci sono meno persone.
Porto sempre i _____ da casa, così non li
devo pagare.
Lascio la _____ di credito a casa e pago in
_____ , così non posso spendere troppo.
Alla fine non dimentico di prendere il _____
e controllo sempre il _____ .

13 Combinazioni con verbi
~~*Delete*~~ the odd one.

1. pagare: **alla cassa | in contanti | in offerta il conto**

2. riempire: **il resto | il carrello | i sacchetti la borsa**

3. prendere: **il resto | in contanti | il carrello l'autobus**

4. assaggiare: **il pecorino | la taglia | le olive il prosciutto**

5. fare: **la fila | la lista della spesa alla cassa | un brindisi**

6. comprare: **il vestito | le mele | il conto | le scarpe**

14 Risposte logiche
Select the logical response.

1. Quella caciotta quanto pesa?
   ○ 3 etti. | ○ 1 litro.

2. C'è la small di questa gonna?
   ○ Sì, in rosso e in bianco. | ○ Sì, io porto la small.

3. Quanto viene al chilo quel pecorino sardo?
   ○ 1 chilo e mezzo. | ○ 18 euro.

4. Vuole un sacchetto?
   ○ No, grazie.
   ○ Volevo un etto di quel prosciutto crudo.

5. Quanto viene quel maglione?
   ○ Sono 22 euro di resto. | ○ 30 euro. È in offerta.

6. In totale sono 46 euro e 90.
   ○ Posso pagare con la carta? | ○ Basta così.

10 ESERCIZI

SEZIONE A Lavori: pro e contro

1 Professioni: vantaggi e svantaggi

  a *Complete the descriptions of the jobs with the expressions in the list.*

fare | durante | non leggono | hanno fretta
poco | dove voglio | in piedi | soprattutto
stare chiuso | quando | molto

1.

Aspetti positivi:
posso ascoltare la radio _____ lavoro e non devo _____ in un ufficio tutto il giorno!
Aspetti negativi:
quando c'è traffico, il mio lavoro è terribile, soprattutto se i clienti _____! Torno a casa _____ nervoso.

2.

Aspetti positivi:
mi piace aiutare le persone, _____ gli anziani.
Aspetti negativi:
spesso devo lavorare di notte e anche _____ le feste nazionali.

3.

Aspetti positivi:
posso parlare con i clienti e ogni mattina faccio colazione gratis!
Aspetti negativi:
odio stare _____ tutto il giorno.

4.

Aspetti positivi:
adoro _____ un lavoro creativo, artistico. Un'altra cosa bella è che posso lavorare _____: a casa, al parco, in viaggio.
Aspetti negativi:
oggi le persone _____ molto e io... guadagno _____!

  b *Now match the professions with the descriptions from the previous point. Attention: there is an extra photo.*

infermiere: _____   barista: _____

tassista: _____   segretaria: _____   scrittore: _____

2 Un traduttore

  *Underline the correct option between the **highlighted** ones.*

Sono Leonardo e faccio - / il traduttore **per / da** dieci anni.
Ho studiato lingue, ma il mio inglese non **eri / era** molto buono quando ho finito **di / a** studiare all'università. Così, a 24 anni, sono andato **a / -** vivere **in / a** Irlanda e **ci / lì** il mio inglese è migliorato molto.
A Dublino ho cominciato **di / a** tradurre testi scientifici dall'inglese all'italiano per un'**amico / azienda**.
Poi **ho / sono** tornato in Italia e ho continuato **a / di** fare questo lavoro come freelance.
Il mio lavoro mi piace molto perché imparo **molto / molte** cose quando traduco e **posso / devo** lavorare quando e dove voglio.

3 Un'intervista sul lavoro

Complete the interview with the elements in the list.

perché | a quanti | com' | che cosa
da quanto | che cosa | che tipo

▶ _____ di lavoro fa?

● Un lavoro intellettuale.

▶ Ah. _____ fa di preciso?

● L'insegnante di matematica.

▶ _____ anni ha cominciato a lavorare?

● A 28.

▶ E _____ tempo insegna?

● Da 20.

▶ _____ era all'inizio in classe?

● Molto nervosa.

▶ _____?

● Perché sono una persona timida.

▶ _____ Le piace del Suo lavoro?

● La relazione con gli studenti.

SEZIONE B   Malesseri e rimedi

4 Disturbi

Match the sentences with the images, as shown in the example.

1. Mi fa male un dente.
2. Ho mal di schiena.
3. Ho mal di stomaco.
4. Mi fa male la testa.
5. Ho problemi al ginocchio.
6. Ho la tosse.
7. Ho mal di gola.
8. ✓ Ho la febbre.

a	b

c	d 8

e	f

g	h

5 Disturbi e consigli

Match the symptom to the cure. Then for each cure
*<u>underline</u> the correct option between the **highlighted** ones.*

SYMPTOM	CURE
1. Non vedo bene da lontano.	a. Vuoi venire a fare yoga con me? Può essere **utile / soluzione** per rilassarsi.
2. Mi fa male un ginocchio e non posso fare sport.	b. Devi portarlo subito **dal / al** medico di famiglia.
3. Mio figlio ha la febbre alta. Che cosa devo fare?	c. Sei andato dall'**occhiale / oculista**?
4. Sono molto stressato in questo periodo.	d. Ecco il numero di un otorino che gli può dare un **efficace / aiuto**.
5. A mio figlio fanno male le orecchie.	e. Mio padre fa l'ortopedico, può **darti / darvi** consigli utili.

6 Istruzioni contro lo stress da lavoro

Complete the text with the words in the list.

aiuto | piedi | rilassarsi | utile | calda | rispondere
corpo | parenti | problema | primo | piace | corsi
soluzione | notti | ufficio | svegli

Stressato per il lavoro? Ecco che cosa fare.

1. Il _____ consiglio è molto semplice: dormire molto, almeno 7-8 ore, tutte le _____. In questo modo, ti _____ pieno di energie per vivere bene la giornata.

2. Fuori dall'_____, basta lavoro! Non devi _____ al telefono e controllare le mail tutto il giorno.

3. Può essere un _____ parlare a qualcuno (agli amici, ai _____ o a uno psicologo) del tuo stress. Non sei l'unica persona che si sente così: il tuo _____ è molto comune.

4. Meditare è una _____ efficace per _____. In tutte le città ci sono _____ per imparare a farlo, devi provare!

5. Fare sport è molto _____. Lo sport non fa bene solo al _____, ma anche alla mente. Non ti piace fare ginnastica? Allora puoi andare al lavoro a _____.

6. Quando torni a casa dal lavoro, è importante fare una cosa che ti _____: vedere un amico, fare una doccia _____, leggere un libro...

7 Parole in disordine
Organize the words and then create the phrases in the text.

UNA VITA SANA E FELICE?
ECCO 6 SEMPLICI CONSIGLI PER STARE BENE.

1. a | bicicletta | va' in | ufficio | piedi | o in

   ➡ _____.

2. guardare | la | sera tardi | non | televisione la

   ➡ _____.

3. i | fa' | con | amicizia | colleghi

   ➡ _____.

4. ritmo | tua | rallenta | il | della | giornata

   ➡ _____.

5. stare | yoga | aiuta | bene | lo | a

   ➡ _____.

6. due | leggi | anno | minimo | all' | libri

   ➡ _____.

È un modo semplice e pratico per fare esercizio fisico.

Fa male agli occhi e non aiuta il riposo.

Passi con loro molte ore al giorno!

Fa' una pausa la mattina e una pausa il pomeriggio.

È l'attività perfetta per rilassare il corpo e la mente.

Leggere è una vera pausa dallo stress della giornata!

8 Vivi sano!
Conjugate the verbs in parenthesis at the imperative form of the subject "tu", as shown in the examples.
Attention: some verbs are at their <u>negative</u> form.

Consigli per vivere sani, felici e a lungo

1. (*Mangiare*) _____ molta frutta e verdura. Quando fai la spesa, (*comprare*) _____ prodotti biologici e (*tenere*) <u>non tenere</u> in casa *junk food*!

2. (*Bere*) _____ minimo 1,5 litri di acqua al giorno e (*bere*) _____ alcolici e bibite dolci tutti i giorni.

3. (*Dormire*) _____ molto e (*andare*) _____ a letto sempre alla stessa ora.

4. (*Trovare*) _____ il tempo di fare ginnastica almeno 2 volte alla settimana, ma (*rispettare*) _____ i tuoi ritmi: se è la prima volta che corri, (*correre*) _____ per un'ora! (*Cominciare*) _____ con una corsa di 10 minuti.

5. (*Camminare*) _____ all'aperto tutti i giorni, da solo o con un amico.

6. (*Seguire*) _____ le tue passioni. Nel tempo libero (*fare*) _____ le cose che ti piacciono veramente e (*essere*) _____ curioso: (*prova*) _____ anche nuove esperienze.

9 Una posizione yoga

Decide where to place in the text the words in the list. Follow the example. The words are in order. Then listen to the audio track and check.

E 12 ▶

✓ bene | non | alle | il | difficile
devono | a | fine | da | piedi

bene

Questa posizione in piedi è molto importante perché fa
alle gambe, alla schiena e alle braccia. Attenzione: fare
questo esercizio se hai problemi gambe.
Va' piano e segui le istruzioni passo dopo passo.
Prima rilassa corpo, respira... Sei pronto? Cominciamo.
Apri le gambe, a circa un metro e mezzo. Se per te è, va
bene anche 1 metro.
Apri anche le braccia... Fa' attenzione: le braccia essere
molto aperte.
Adesso gira il piede sinistro sinistra, poi piega il
ginocchio sinistro. Alla gira la testa a sinistra e guarda
davanti a te.
Rimani nella posizione per un minuto. Se pratichi yoga
molto tempo, anche per 2 minuti. Respira. Torna in e poi
ripeti la posizione a destra.

SEZIONE D   Ho bisogno di qualcosa di forte.

10 Risposte logiche in farmacia

Select the <u>two</u> logical responses for each question.

1. Da quanto tempo ha questo dolore?
   - ○ Una settimana fa.
   - ○ Da ieri.
   - ○ Da un po'.

2. Le fa molto male sempre?
   - ○ Solo la mattina.
   - ○ No, solo ogni tanto.
   - ○ Ha ragione.

3. Buongiorno. Di che cosa ha bisogno?
   - ○ Volevo qualcosa contro il mal di stomaco.
   - ○ Faccio come dice Lei.
   - ○ Il mio dottore mi ha consigliato questo farmaco. Lo avete?

4. Che cosa mi può dare per il mal di schiena?
   - ○ Le consiglio questo farmaco naturale, è molto efficace.
   - ○ Uhm... Prima deve andare dal medico per capire che tipo di problema ha.
   - ○ Ha bisogno di un oculista.

11 Prodotti in farmacia

Find in the advertising the synonyms (=) and the opposites (><) of the words in the list, as shown in the example. The words are in order.

una soluzione	=	_____
forte	=	_____
vecchia	><	*nuova*
anziano	><	_____
ingredienti	=	_____
pessima	><	_____
medicine	=	_____

FARMACIA LONGO

Una pelle perfetta

Prova la crema BELLISSIMA, un rimedio
potente, di (nuova) generazione, contro i segni
del tempo. Ti regala subito un viso giovane e
luminoso.

composizione: 99% origine naturale, con olio
di Argan e aloe vera

eccellente per le pelli delicate e sensibili

Crema BELLISSIMA

*Questa settimana sconto del 15% su:
prodotti cosmetici e farmaci per la pelle.*

NOTES

NOTES

NOTES

NOTES

NOTES

ZOOM GRAMMATICALE

ZOOM GRAMMATICALE

ARTICLES

INDEFINITE ARTICLES

masculine	un	un	uno
feminine	una	un'	

DEFINITE ARTICLES

	singular	plural
masculine	il	i
	l'	gli
	lo	
feminine	la	le
	l'	

NOUNS

NOUNS IN -O/-A

	singular	plural
masculine	libro	libri
feminine	penna	penne

NOUNS IN -E

	singular	plural
masculine	cane	cani
feminine	chiave	chiavi

ADJECTIVES

GROUP 1

	singular	plural
masculine	piccolo	piccoli
feminine	piccola	piccole

GROUP 2

	singular	plural
masculine	grande	grandi
feminine	grande	grandi

PRONOUNS

subject	direct object	indirect object
io	mi	mi
tu	ti	ti
lui / lei / Lei	lo / la / La	gli / le / Le
noi	ci	ci
voi	vi	vi
loro	li / le	gli

POSSESSIVE ADJECTIVES

SINGULAR		PLURAL	
masculine	feminine	masculine	feminine
(il) mio	(la) mia	(i) miei	(le) mie
(il) tuo	(la) tua	(i) tuoi	(le) tue
(il) suo	(la) sua	(i) suoi	(le) sue
(il) nostro	(la) nostra	(i) nostri	(le) nostre
(il) vostro	(la) vostra	(i) vostri	(le) vostre
(il) loro	(la) loro	(i) loro	(le) loro

PREPOSITIONS

SIMPLE PREPOSITIONS

a	*Quando vai a Roma?*
da	*John viene da New York.*
di	*Abito a Milano, ma sono di Roma.*
in	*Karl è nato in Germania.*
con	*Oggi studio con Giulia.*
per	*Abbiamo un regalo per te.*
su	*Ho lasciato il cellulare su un tavolo in classe.*
tra	*Il bar è tra la farmacia e la banca.*

COMPOUND PREPOSITIONS

	il	lo	l'	la	i	gli	le
di	del	dello	dell'	della	dei	degli	delle
a	al	allo	all'	alla	ai	agli	alle
da	dal	dallo	dall'	dalla	dai	dagli	dalle
in	nel	nello	nell'	nella	nei	negli	nelle
su	sul	sullo	sull'	sulla	sui	sugli	sulle

QUESTION WORDS

Che...?	*Che ore sono?*
Che cosa...?	*Che cosa prendi da bere?*
Come...?	*Come ti chiami?*
Dove...?	*Dove abiti?*
Di dove...?	*Di dove sei?*
Perché...?	*Perché studi italiano?*
Quale...? / Quali...?	*Quale albergo preferisci?*
Quanto...? / Quanta...?	*Quanto zucchero vuoi?*
Quanti ...? / Quante...?	*Quante lingue parli?*
Quando...?	*Quando parte il treno?*

ADVERBS

bene >< male

molto >< poco

sempre
v
spesso
v
qualche volta
v
raramente
v
mai

ALMA Edizioni | DIECI

VERBS

PRESENT TENSE: REGULAR VERBS

	-ARE	-ERE	-IRE	-IRE
io	abito	prendo	dormo	finisco
tu	abiti	prendi	dormi	finisci
lui/lei/Lei	abita	prende	dorme	finisce
noi	abitiamo	prendiamo	dormiamo	finiamo
voi	abitate	prendete	dormite	finite
loro	abitano	prendono	dormono	finiscono

PRESENT TENSE: IRREGULAR VERBS

	AVERE	ESSERE	FARE
io	ho	sono	faccio
tu	hai	sei	fai
lui/lei/Lei	ha	è	fa
noi	abbiamo	siamo	facciamo
voi	avete	siete	fate
loro	hanno	sono	fanno

	ANDARE	VENIRE	USCIRE
io	vado	vengo	esco
tu	vai	vieni	esci
lui/lei/Lei	va	viene	esce
noi	andiamo	veniamo	usciamo
voi	andate	venite	uscite
loro	vanno	vengono	escono

	POTERE	VOLERE	DOVERE
io	posso	voglio	devo
tu	puoi	vuoi	devi
lui/lei/Lei	può	vuole	deve
noi	possiamo	vogliamo	dobbiamo
voi	potete	volete	dovete
loro	possono	vogliono	devono

	SAPERE	DIRE	BERE
io	so	dico	bevo
tu	sai	dici	bevi
lui/lei/Lei	sa	dice	beve
noi	sappiamo	diciamo	beviamo
voi	sapete	dite	bevete
loro	sanno	dicono	bevono

PRESENT TENSE: REFLEXIVE VERBS

	SVEGLIARSI
io	mi sveglio
tu	ti svegli
lui/lei/Lei	si sveglia
noi	ci svegliamo
voi	vi svegliate
loro	si svegliano

PASSATO PROSSIMO

	AUSILIARE *AVERE*	AUSILIARE *ESSERE*
io	ho mangiato	sono andato/a
tu	hai mangiato	sei andato/a
lui/lei/Lei	ha mangiato	è andato/a
noi	abbiamo mangiato	siamo andati/e
voi	avete mangiato	siete andati/e
loro	hanno mangiato	sono andati/e

verbi con ausiliare *ESSERE*:
andare, arrivare, entrare, essere, nascere, partire, rimanere, stare, tornare, uscire, venire

REGULAR PAST PARTICIPLES

-ARE → -ato   -ERE → -uto   -IRE → -ito

IRREGULAR PAST PARTICIPLES

APRIRE → aperto	**BERE** → bevuto
CHIEDERE → chiesto	**CHIUDERE** → chiuso
DIRE → detto	**ESSERE** → stato
FARE → fatto	**LEGGERE** → letto
METTERE → messo	**PERDERE** → perso
PRENDERE → preso	**RIMANERE** → rimasto
SCRIVERE → scritto	**VEDERE** → visto
VENIRE → venuto	

INFORMAL IMPERATIVE

REGULAR VERBS
-ARE → guarda   -ERE → leggi
-IRE → apri   -IRE → finisci

IRREGULAR VERBS
AVERE → abbi   DIRE → di'
ESSERE → sii

VERBS WITH DOUBLE FORM
ANDARE → va' / vai   DARE → da' / dai
STARE → sta' / stai FARE → fa' / fai

ZOOM GRAMMATICALE

VERBS

These illustrations will help you memorize which verbs take the auxiliary *essere* and which *avere* in compound tenses. (This is just a selection of the most commonly used verbs. In general, keep in mind that the majority of verbs take the auxiliary *avere*.)

LA CASA DI ESSERE	LA CASA DI AVERE

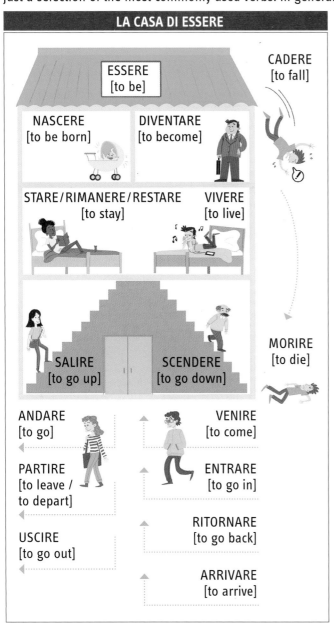